Hiltrud Leenders/
Michael Bay/Artur Leenders

Totenacker

Kriminalroman

Rowohlt Taschenbuch Verlag

Originalausgabe

Veröffentlicht im Rowohlt Taschenbuch Verlag,

Reinbek bei Hamburg, April 2011

Copyright © 2011 by Rowohlt Verlag GmbH,

Reinbek bei Hamburg

Zitat Seite 73: Bettina Winter: Verlegt nach Hadamar.

Landeswohlfahrtsverband Hessen. Kassel 1991.

Zitate Seite 196 und 213: Marie-Monique Robin:

Mit Gift und Genen. DVA. München 2009.

Umschlaggestaltung any.way, Cathrin Günther

(Foto: plainpicture /Arcangel)

Satz Bembo PostScript (InDesign) bei

hanseatenSatz-bremen, Bremen

Druck und Bindung CPI – Clausen & Bosse, Leck

Printed in Germany

ISBN 978 3 499 25525 0

Eins «Ich fürchte, du musst rauskommen, Norbert. Die Schweinerei hier sollte sich einer von euch angucken.»

Der Kollege Schuster von der Streife, den normalerweise nichts so leicht erschüttern konnte, klang ernst und wütend.

«Selbstverständlich haben die erst mal so getan, als hätten sie nichts gesehen! Das kennt man ja. Immer schön den Kopf in den Sand stecken.»

Kriminalhauptkommissar Norbert van Appeldorn seufzte leise in sich hinein.

Es war Freitagnachmittag, und er hatte gerade sein Team ins Wochenende entlassen, weil nichts mehr anlag, das nicht bis Montag warten konnte. Auch er war schon auf dem Sprung gewesen, als das Telefon geklingelt hatte.

«Jetzt mal langsam, Pit. Wo steckst du denn?»

«Am Spoykanal, unten am Opschlag. Die machen hier doch gerade das Ufer neu. Und dabei haben die Arbeiter heute Knochen gefunden.»

«Und?» Van Appeldorn wunderte sich über die Aufregung. Der Opschlag war im Mittelalter ein Umschlagplatz für Waren gewesen. Auf dem Treidelpfad dort waren die Lastensegler durch Pferde- oder Menschenkraft den Kanal entlanggezogen worden. Treidler hatten dort gewohnt, und vermutlich hatten die dort auch hin und wieder einen toten Hund begraben oder eine Katze. Immer wieder stießen Bauern in der Gegend beim Pflügen auf knöcherne Überreste von Haustieren, Hunden, Schweinen, manchmal sogar Rindern.

«Es sind Menschenskelette, Norbert!»

Van Appeldorn zog einen Stuhl heran und setzte sich. «Skelette? Du meinst, mehr als eins?»

«Aber hallo! So, wie ich das heraushöre, hat der Baggerführer die Knochen entdeckt und erst mal versucht, sie schnell wieder unter der Erde verschwinden zu lassen. Man muss ja im Zeitplan bleiben. Aber dann waren es ihm wohl doch zu viele. Jedenfalls hat er seinen Polier angerufen, der natürlich schon im Feierabend war, ist klar. Und der hat dann 110 gewählt.»

Schuster wurde plötzlich leise. «Hier liegen vier Schädel, vielleicht noch mehr. Scheiße, Norbert, das sieht mir aus wie ein Massengrab.»

Van Appeldorn griff nach seinem Autoschlüssel. «Ich komme. Sperrt schon mal ab.»

Die Stadt hatte sich endlich dazu durchgerungen, das heruntergekommene Kanalufer zu verschönern, davon hatte van Appeldorn in der Zeitung gelesen, angeschaut hatte er sich die Baustelle noch nicht.

«Du lieber Gott», entfuhr es ihm. «Tod durch Backstein. Der Führer hätte seine helle Freude daran gehabt.»

Offensichtlich hatte Schuster einen zweiten Streifenwagen gerufen. Die vier Beamten waren gerade dabei,

Flatterband zu spannen, und sie hatten ihre liebe Mühe, gleichzeitig die Schaulustigen in Schach zu halten. Ein Pulk Kinder war ihnen wohl entwischt. Die Kleinen drängten sich aneinander und starrten sprachlos in die gut zwei Meter tiefe Grube hinunter.

Van Appeldorn lief los, stolperte über ein Abflussrohr, fing sich wieder und brüllte: «Macht, dass ihr wegkommt, aber dalli!»

Die Kinder stoben auseinander.

Hinter einem Kompressor entdeckte er zwei Fotografen von der örtlichen Presse. Anscheinend hörten die immer noch den Polizeifunk ab, wenn sie nichts zu tun hatten.

Er steckte die Hände in die Hosentaschen.

Seit Wochen hatte es nicht geregnet, hier am Ufer war der Boden sandig und trocken, und die Knochen waren deutlich zu erkennen. Ein bizarres Gewirr von Gliedmaßen, Rippen, Schädeln. Vier hatte Schuster gezählt, aber van Appeldorn entdeckte einen weiteren unter einer Beckenschaufel, halb in der Erde noch.

Die Gebeine waren dunkelbraun, ausgemergelt, sie mussten schon lange hier gelegen haben, Jahrhunderte womöglich. Vielleicht hatte hier irgendwann früher einmal eine Kapelle gestanden mit einem kleinen Friedhof.

«Was meinst du?» Pit Schuster war herangetreten.

Van Appeldorn drehte sich um. «Ich würde gern wissen, ob die hier schon so auf einem Haufen gelegen haben oder ob der Bagger dafür verantwortlich ist.»

Schuster rieb sich den Nacken. «Du meinst, das könnten normale Gräber gewesen sein?»

«Möglich, oder? Ich unterhalte mich mal mit den Jungs da drüben.» Er schaute zu dem roten Bagger hinüber, neben dem fünf Arbeiter in Signalwesten zusammenstanden und rauchten.

«Viel Glück.» Schuster grinste. «Soll ich die Spusi rufen?»

«Ja, mach das. Van Gemmern soll ein Zelt mitbringen und Licht. Es wird bald dunkel. Und ruf noch ein paar von euren Jungs aus der Bereitschaft. Wir müssen sehen, dass wir die Gaffer loswerden.»

Schuster tippte sich an den Mützenschirm und wollte sich schon auf den Weg machen, als ihm noch etwas einfiel. «Ach, übrigens, ich hab heute deinen Aushang gesehen wegen der Fußballmannschaft. Da wäre ich gern dabei.»

«Du spielst Fußball?», staunte van Appeldorn. «Ich hätte dich eher in der Tennisfraktion vermutet.»

«Nun ja, ist schon länger her, aber früher in Gerresheim war ich mal ein ziemlich guter Rechtsaußen.»

«Okay, ich setze dich auf die Liste. Aber jetzt bringen wir erst einmal das hier auf die Reihe.»

Die Bauarbeiter standen auf der anderen Seite der Grube, und da die Herzogbrücke durch Maschinen, Schutthaufen und gigantische Kabelrollen versperrt war, musste van Appeldorn den längeren Weg über die Opschlagbrücke nehmen.

Im funzeligen Betontunnel am Spoycenter stank es wie immer nach Urin.

Im Gehen zog van Appeldorn sein Handy aus der

Tasche und versuchte, seine Frau zu erreichen, erwischte aber nur ihre Mailbox. Er schaute auf die Uhr, Ulli musste in der Wochenbesprechung sein. «Hallo, Schatz, es wird leider später. Ich melde mich nochmal, wenn ich mehr weiß.»

Dann überlegte er. Toppe, sein Chef und langjähriger Weggefährte, machte mit seiner Liebsten gerade Urlaub in der Karibik. Cox und Penny hatten eigentlich dienstfrei und wollten die letzten Tage des Altweibersommers auskosten und noch einmal eine Motorradtour machen. Also blieb nur Bernie, dem er das Wochenende vermiesen konnte.

Und in der Gerichtsmedizin musste er anrufen. Arend Bonhoeffer würde dabei sein wollen, wenn die Spurensicherung die Gebeine barg, die er dann später in der Pathologie untersuchen würde.

«Was soll denn so wichtig daran sein, wie die ursprünglich gelegen haben?», herrschte der Polier van Appeldorn an. «Tot ist tot, oder sehe ich das falsch?»

Der Baggerführer, ein Zweimetermann, der gut und gerne 150 Kilo auf die Waage brachte, hatte eine nörgelige Knabenstimme. «Ich habe alles genau nach Vorschrift gemacht. Ist schließlich nicht das erste Mal. So was kommt öfter vor in meinem Beruf. Habe ich dem Schupo doch schon alles gesagt.»

«Dann erzählen Sie es mir eben noch einmal», gab van Appeldorn unfreundlich zurück.

Der Mann wechselte einen fixen Blick mit dem Polier und verdrehte die Augen. «Na gut, ich habe ganz normal geschachtet. Dann dachte ich, ich hätte ein Stück Knochen gesehen. Das hat man schon mal, wie gesagt. Denkt man sich nichts bei. Man springt ja nicht jedes Mal von der Maschine, wenn was ist, sonst käme man gar nicht voran. Egal, die nächsten drei, vier Schaufeln war jedenfalls nichts. Und dann auf einmal ein Totenkopf, direkt oben auf dem Aushub. Und dann, klar, ich sofort die Maschine abgestellt und den Chef angerufen. Muss ich ja. Was denn sonst?»

Bernie Schnittges hatte sich gerade frustriert auf eine Bank am Fischmarkt fallen lassen, als van Appeldorns Anruf ihn erreichte.

Das war nun schon die vierte Wohnung gewesen, die er sich in dieser Woche angeschaut hatte, und wieder ein Reinfall. Dabei hatte sich die Anzeige ganz gut angehört: *Von privat, 3Z, KDB, Tiefgar.platz, zentr. Lage m. Blick a.d. Burg, geh. Ausstattg., KM 395.-.*

Vorgefunden hatte er düstere Kämmerchen mit niedrigen Decken, Fliesenboden aus den Siebzigern und ein fensterloses Bad in Beige und Braun.

Er würde wohl doch in den sauren Apfel beißen und einen Makler mit der Suche beauftragen müssen. Inzwischen waren ihm die Mehrkosten schon beinahe egal, Hauptsache, er kam endlich fort aus Kessel.

Vor anderthalb Jahren hatte er sich wegen einer unseligen Liebschaft aus seiner Heimatstadt Krefeld nach Kleve versetzen lassen und unbedingt ein Haus in einem Dorf mieten wollen, weil ihm ein Leben in ländlicher Idylle reizvoll erschienen war. Für Kessel hatte er sich entschieden, weil er ein paar Leute vom dortigen Laientheater kannte und er sich vorgestellt hatte, sie würden ihm helfen, ins Dorfleben aufgenommen zu werden.

Aber dann war am Tag seines Umzugs ein Mord passiert, keine zweihundert Meter von seinem Häuschen entfernt. Ein Mord, in den Männer verwickelt waren, die bis heute erhobenen Hauptes durch das Dorf spazierten, weil man ihnen nichts hatte nachweisen können.

Unglücklicherweise hatte er einen Mietvertrag über drei Jahre abgeschlossen, und bis vor zwei Monaten war es ihm einfach nicht gelungen, einen Nachmieter für das Haus am Seeweg zu finden. Nur wenn es gar nicht anders ging, hatte er dort übernachtet. Ansonsten hatte er seine freie Zeit wieder in Krefeld verbracht und war bei einem seiner fünf Geschwister untergekrochen. Seit die Nachmieter eingezogen waren, kampierte er bei seinen Eltern. Er mochte seine laute, fröhliche Familie, keine Frage, aber jetzt hatte er lange genug seine Wunden geleckt und wollte endlich wieder ein eigenes Dach über dem Kopf, einen Ort, an dem es ruhiger zuging.

Nur ein Gutes hatten die letzten achtzehn Monate gehabt: In seinem Liebeskummer und dem ganzen Elend mit dem Haus hatte er angefangen zu laufen und Spaß daran bekommen, und seit Anfang des Sommers ging er jetzt auch noch regelmäßig zum Karatetraining. Für seine Schwestern war er immer «unser Teddybär» gewesen, aber nun hatte er nicht mehr viel Knuddeliges an sich, und das gefiel ihm. Das Theaterspielen vermisste er kaum.

Sein Handy summte. «Schnittges ... ach, Norbert, du bist's ... Am Opschlag? Ich bin gleich um die Ecke, keine fünf Minuten.»

Die Leute von der Spurensicherung hatten große Zelte über der Grube aufgebaut und waren dabei, Licht zu verlegen, immer darauf bedacht, sich dabei von den Gebeinen fernzuhalten, um nicht noch mehr Spuren zu verwischen.

Jetzt leuchteten die Lampen auf. Klaus van Gemmern, der Chef der Spusi, schaute sich um.

«Das reicht noch nicht», entschied er und bückte sich wieder. Er verlegte gerade ein paar Planken, damit der Gerichtsmediziner näher an die Skelette herankommen konnte.

Van Appeldorn und Schnittges blieb im Moment nichts weiter zu tun, als zuzuschauen, wie Arend Bonhoeffer Schutzkleidung überzog, van Gemmern seinen Koffer hinüberreichte, dann vorsichtig den provisorischen Steg entlangbalancierte und sich am Ende hinkniete.

Es war ruhig geworden, die meisten Schaulustigen waren verschwunden, weil sie in der Dämmerung sowieso nichts mehr erkennen konnten. Nur einige Reporter von den Lokalzeitungen standen in der Nähe.

Wieder gingen die Lichter an, und man sah Bonhoeffer mit Sonden und Pinseln hantieren. Schließlich stand er auf, wechselte ein paar Sätze mit van Gemmern und kam zu den Kripomännern herüber.

«Es hat keinen Sinn, heute noch weiterzumachen», sagte er und zog sich die Kapuze vom Kopf. «Wir brauchen Tageslicht. Der Bagger hat die Skelette völlig durcheinandergeschoben. Wir müssen die Erde Schicht für Schicht abtragen und durchsieben, um alle Knochen zu finden.»

«Das hatten wir schon befürchtet», nickte van Appeldorn. «Was meinst du, wie alt sind die Skelette?»

Bonhoeffer zog die Überschuhe aus und schälte sich aus dem Overall. «Die Standardantwort würde lauten: Liegezeit zwischen fünfzig und hundert Jahren. Aber nach allem, was ich so über die Jahre gesehen habe, schätze ich, dass die Menschen vor etwa fünfundsechzig bis siebzig Jahren begraben worden sind.»

«Scheiße», murmelte Schnittges. Van Appeldorn schaute ihn fragend an, aber er schüttelte den Kopf.

«Das muss natürlich noch verifiziert werden», fuhr Bonhoeffer fort. «Und was das Lebensalter der einzelnen Personen angeht, mal sehen, vielleicht werde ich einen Anthropologen hinzuziehen.» Er schaute auf seine Uhr. «Wenn ich mich beeile, schaffe ich es noch. Ich habe nämlich eine Verabredung zum Essen und dachte schon, ich müsste sie absagen.» Dann nahm er seinen Koffer. «Klaus und ich fangen morgen gleich bei Sonnenaufgang an. Aber es wird schon ein paar Tage dauern, bis ich die Knochen zugeordnet und die einzelnen Skelette zusammengefügt habe.»

«Entschuldigen Sie?» Der Journalist von der *Niederrhein Post* kam auf sie zu. Van Appeldorn kannte ihn, er war ein vernünftiger Bursche. Bis jetzt hatten sie Glück gehabt, dass die Sensationspresse noch keinen Wind von dem Knochenfund bekommen hatte. Aber egal, wie klein morgen die Notiz im Lokalteil sein mochte, sie würde die überregionalen Geier auf den Plan rufen.

«Können Sie mir schon etwas sagen?» Der Mann klang angenehm sachlich.

Bonhoeffer spreizte die Hände. «Nur sehr wenig, fürchte ich. Es handelt sich um die Gebeine von mindestens sechs Menschen.»

«Liegezeit zwischen fünfzig und hundert Jahren», fügte Schnittges hinzu.

«Handelt es sich um ein Massengrab?»

«Das kann man beim besten Willen nicht mehr sagen», antwortete van Appeldorn.

«Verstehe, die Bauarbeiten ...»

«Wie auch immer, heute passiert hier nichts mehr», sagte Schnittges schroff und wandte sich zum Gehen. «Ich kümmere mich um die Nachtwachen, Norbert, und treffe dich dann nachher im Präsidium.»

Arend Bonhoeffer sagte seine Einladung zum Abendessen doch noch ab.

Er würde am 30. November in den Ruhestand gehen, also blieben ihm knappe sechs Wochen, diesen Fall zu Ende zu bringen, was ohne Hilfe unmöglich schien.

Bis heute war nicht klar, ob seine Stelle neu besetzt oder die gerichtsmedizinische Abteilung in Emmerich aufgelöst werden sollte. Wenn er gute Arbeit leistete, wenn der Fall groß durch die Presse ging, würde sein Dienstherr sich vielleicht für den Erhalt der Pathologie entscheiden.

Er würde gut sein, das wusste er, aber er musste auch schnell sein, und das war ein Problem. Ein Problem, das er unauffällig und vor allem sofort zu lösen gedachte. Und die Lösung hieß Marie Beauchamp. Die Tochter eines Studienkollegen hatte bisher an verschiedenen Universitäten gearbeitet, gerade war ihr Vertrag am Institut in Bologna ausgelaufen, und sie wartete nur darauf, sich auf seine Stelle zu bewerben, wenn diese denn neu ausgeschrieben würde. Es reizte sie, eigenverantwortlich zu arbeiten, auch wenn sie dafür in die Provinz ziehen musste, aus demselben Grund hatte auch er damals in Emmerich angefangen.

Noch vom Opschlag aus führte er zwei Telefonate und machte sich dann auf den Weg zum Verwaltungschef seiner Klinik, der irgendeinen Topf auftun sollte, aus dem man Marie für ihre Mitarbeit bezahlen würde.

Wohnen konnte sie bei Sofia und ihm auf Haus Eyll, das würde ihr bestimmt gefallen. Sie hatte in den letzten Jahren öfter mal ein Wochenende bei ihnen verbracht, wenn sie auf einer ihrer Radwandertouren gewesen war, und sich immer wohl bei ihnen gefühlt.

Als Bernie Schnittges ins Präsidium kam, hatte van Appeldorn seinen Bericht schon geschrieben.

«Gib mir mal einen Aktendeckel rüber, du stehst gerade.»

Schnittges tat, wie ihm geheißen, und setzte sich dann. «Vor fünfundsechzig bis siebzig Jahren, sagt Arend, das heißt doch, die Leute sind während des Krieges begraben worden», überlegte er.

«Ja, sieht so aus», stimmte van Appeldorn zu. «Warum guckst du denn so finster?»

«Ach, mir ist etwas eingefallen. Vor drei oder vier Jahren hat man in Stuttgart ein Massengrab entdeckt mit Skeletten, die etwa genauso lange dort gelegen haben. Es sollen Häftlinge aus einem Konzentrationslager gewesen sein, die man dort auf die Schnelle entsorgt hat, als die Alliierten anrückten. Monatelang ist dort gegraben und geforscht worden, jede Menge Archäologen und Anthropologen waren dabei und eine Sondereinheit für NS-Verbrechen vom LKA. Ich hoffe nur, dass uns hier nicht auch so etwas blüht.»

Van Appeldorn schüttelte den Kopf. «Bei uns hier hat es kein KZ gegeben und auch kein Arbeitslager.»

«Das ist schon mal gut.» Bernie lehnte sich zurück und schaute van Appeldorn nachdenklich an. «Vielleicht sind es ja Bombenopfer. Kleve ist doch schwer bombardiert worden, oder?»

«Zweimal», bestätigte van Appeldorn. «Am 26. September 44 gab es einen Angriff auf die Unterstadt, und am 7. Oktober ist dann die restliche Stadt fast vollständig ausradiert worden.»

«Aber die Stadt war doch sicher schon vorher evakuiert worden, oder?», fragte Schnittges. «Wenn ich mich richtig erinnere, war die Front doch schon ab Mitte September 44 am Niederrhein.»

«Ja, stimmt, aber es gab wohl Probleme. Die Leute wollten nicht weg. Soweit ich weiß, hatte man es bis Anfang Oktober geschafft, gerade mal die Hälfte der Bürger zu evakuieren.»

«Dann könnten unsere Toten tatsächlich Bombenopfer sein.» Schnittges stand auf und ging zum Stadtplan hinüber, der an der Wand hing. «Haben dort am rechten Kanalufer vor dem Krieg Häuser gestanden?»

«Ich bin mir nicht sicher.» Van Appeldorn rieb sich die Augen. «Aber ich habe zu Hause ein paar Bücher über die Stadtgeschichte, auch alte Bildbände. Wenn ich da nichts finde, müssen wir am Montag ins Stadtarchiv.»

«Ja.» Schnittges fuhr sich durchs Gesicht. «Ich habe Hunger. Sollen wir was essen gehen?»

«Nein, lieber nicht. Meine Frau wartet auf mich.» Van Appeldorn zögerte. «Aber für ein schnelles Bier reicht die Zeit noch.»

Doch Schnittges hob abwehrend die Hand. «Kein Alkohol für mich, ich muss noch nach Krefeld.»

«Sag bloß, du hast immer noch keine Wohnung gefunden.»

Bernie wunderte sich, dass Norbert überhaupt etwas von seiner Misere mitbekommen hatte. Beruflich verstanden sie sich nach ein paar Startschwierigkeiten ganz gut, aber privat hatten sie nichts miteinander zu tun. Auch die Kollegen schienen keinen engeren Kontakt zu van Appeldorn zu haben. Er blieb gern mit seiner Familie für sich und nahm wohl an, dass die anderen es am liebsten genauso hielten.

«Bei uns um die Ecke steht ein Haus leer», sagte er jetzt. «Ich könnte mal fragen.»

«Ihr wohnt doch in Nütterden, nicht?» Bernie lachte. «Nein danke, nett von dir, aber mich kriegen keine zehn Pferde mehr in ein Dorf.»

Auch van Appeldorn lächelte, dann runzelte er die Stirn. «Warte mal, mir fällt da was ein. Ich habe neulich meinen früheren Vermieter getroffen, der hat mir was von einer Kernsanierung erzählt, die wohl gerade abgeschlossen ist. Es ging um das Häuschen am Blauen Himmel, in dem ich mal gewohnt habe. Vielleicht ist es ja noch frei.»

«Das ist doch gleich an der Schwanenburg, oder? Eine tolle Lage.» Bernie wurde ganz kribbelig.

«Ja, ich habe gern dort gewohnt. Es war auch günstig, aber ich weiß nicht, wie viel er jetzt nach der Sanierung dafür haben will. Soll ich ihn mal anrufen?»

«Am liebsten sofort.»

Zwei

Bonhoeffer mochte kaum glauben, wie schnell sie vorankamen.

Marie war bei ihren Eltern in Bonn gewesen, als er sie auf dem Handy erreicht hatte.

Ob sie Lust hätte, ihm zu helfen? Die Frage sollte wohl ein Witz sein!

Keine drei Stunden später hatte sie schon bei ihm vor der Tür gestanden und am Samstag im ersten Morgenlicht neben ihm an der Baugrube, wo Klaus van Gemmern schon ein Raster ausgelegt und angefangen hatte, die ersten Abschnitte des Gräberfeldes zu fotografieren.

Marie war als Kind ein Wirbelwind gewesen und auch heute noch quirlig, aber wenn es um ihre Arbeit ging, war sie gründlich und äußerst besonnen.

Bonhoeffer hatte beobachtet, dass van Gemmern sie immer wieder musterte, und Wohlwollen in dessen Blick entdeckt – ein Ritterschlag.

Gegen halb zehn hatte man die ersten sicher verpackten und beschrifteten Knochenfunde in die Pathologie abtransportiert.

«Wir sollten uns dann wohl an unsere Arbeit machen», hatte Bonhoeffer gesagt. «Hier werden wir nicht mehr unbedingt gebraucht.»

«Nein, Klaus weiß genau, was er tut», hatte Marie zugestimmt. «Ein guter Mann.»

«Das ist er, völlig monoman, aber zweifelsohne gut.»

In der Pathologie gab es zwar zwei Sektionstische, sie brauchten aber für jedes einzelne Skelett einen eigenen Tisch, mussten parallel arbeiten, um die Knochen richtig zuordnen zu können. Der Technische Dienst der Klinik hatte mit Sägeböcken, Brettern und Türblättern ausgeholfen, sodass, als gegen Mittag der zweite Knochentransport eintraf, acht improvisierte Bahren an den Wänden des großen Prosekturraumes aufgereiht waren und sie mit ihrer Puzzlearbeit beginnen konnten. Die beiden Sektionstische mit der Spülvorrichtung würden sie brauchen, um die Erde von den Knochen abzuwaschen, bevor sie sie untersuchen konnten.

Als Bonhoeffer das erste Mal auf die Uhr geschaut hatte, war es nach acht gewesen.

«Mach Schluss für heute, Arend, und fahr nach Hause. Ich komme auch bald.»

Er hatte seinen Blick über die Exponate auf der Plane schweifen lassen, die sie in der Mitte des Raumes ausgebreitet hatten, dann die augenscheinlich immer noch putzmuntere Marie angeschaut und geseufzt.

Jetzt saß er zu Hause am Küchentisch und trank seinen zweiten Espresso. Es war Sonntag früh, er hatte fast acht Stunden geschlafen und spürte doch jedes einzelne Lebensjahr in seinen Knochen.

Oben wurde die Dusche abgestellt, und zehn Minuten später kam Marie in die Küche gehuscht. Sie hatte ihren blonden Lockenwust mit einem roten Gummiring irgendwie zusammengewurschtelt, ihre Augen strahlten. «Morgen!»

Bonhoeffer seufzte wieder. «Möchtest du auch einen Kaffee, oder soll ich dir lieber einen Tee kochen?»

«Ein Espresso wäre herrlich, danke. Und gibt's auch irgendwas zu essen? Ich komme um vor Hunger.»

«Das kann ich mir vorstellen.» Er schaltete den Kaffeeautomaten ein. «Dein Abendessen stand im Backrohr. Hast du meinen Zettel nicht gefunden?»

«Doch, aber ich war zu müde, tut mir leid.»

Bonhoeffer lächelte. «Rührei mit Schinken?»

«Gern, aber setz dich wieder, das kann ich doch selbst ...»

«Das wär ja noch schöner!» Er stellte eine Pfanne auf den Herd und nahm die Butter aus dem Kühlschrank. «Wie lange hast du denn noch gearbeitet?»

«Weiß nicht genau, so bis drei, glaub ich. Vier Skelette sind so gut wie komplett, aber ich habe da ein Problem.»

Irgendwo klingelte ein Handy.

«Das ist meines.» Bonhoeffer drückte Marie den Pfannenwender in die Hand. «Hängt zum Aufladen an der Steckdose, Sekunde.»

«Es war van Gemmern», sagte er, als er zurückkam. «Er hat drei Kinderskelette ausgegraben, fast unversehrt. Sie lagen wohl so tief, dass der Bagger sie nicht durcheinandergeschoben hat. Auch der Bereich daneben scheint unberührt zu sein, sodass wir es vielleicht jetzt ein bisschen leichter haben.»

Marie schüttelte den Kopf. «Klaus ist jetzt schon wieder vor Ort?»

«Ich würde tippen, noch immer.» Bonhoeffer grinste. «Ich sagte doch: monoman.»

Auch Norbert van Appeldorn stand früh auf an diesem Sonntagmorgen.

Irgendwann in der Nacht war Paul zu ihnen ins Bett gekrochen, quengelnd und fiebrig, und es hatte lange gedauert, bis Ulli ihn beruhigt hatte.

Der Kleine ging seit ein paar Wochen in den Kindergarten und brachte seitdem einen Infekt nach dem anderen nach Hause.

Gegen sechs wachte van Appeldorn auf, weil er pinkeln musste, und als er ins Schlafzimmer zurückkam, hatten seine beiden sich im Bett so breit gemacht, dass er sie aufwecken würde, wenn er wieder unter die Decke schlüpfte.

Eigentlich war er sowieso hellwach.

Er gönnte sich nur eine Katzenwäsche, stellte die Kaffeemaschine an und ging in den Keller hinunter, wo die Kartons standen, die er aus seinem früheren Leben mitgebracht hatte. Sie waren immer noch zugeklebt und unbeschriftet, deshalb dauerte es eine Weile, bis er den richtigen fand – den mit seinen alten Büchern.

Er schleppte die ganze Kiste ins Arbeitszimmer und suchte diejenigen zusammen, die er brauchte. Dann holte er sich einen Becher Kaffee aus der Küche und setzte sich an den Schreibtisch.

Er nahm sich die Bildbände vor: Kleve vor dem

Zweiten Weltkrieg – hatten damals am rechten Spoyufer Häuser gestanden?

Er fand eine Menge Aufnahmen von der Unterstadt, aber keine einzige, die genau diesen Kanalabschnitt zeigte.

Das dicke Buch über den Krieg am Niederrhein, das er damals in einem Antiquariat gefunden hatte: viele Fotos, eindringliche Bilder von Zerstörung und menschlichem Elend, aber kein einziges, das seine Frage beantwortete.

Er hatte das Buch mehr als einmal gelesen, das wusste er noch, aber das meiste war ihm längst wieder entfallen.

Wo hatten sich die Menschen, die in der Stadt geblieben waren, während der Bombenangriffe aufgehalten? In ihren Kellern? In öffentlichen Luftschutzbunkern? Er glaubte sich zu erinnern, dass man in aller Eile noch Bunker gebaut hatte. Aber wo in der Stadt waren die gewesen? Hatte es am Opschlag einen gegeben?

Er machte einen Satz, als Ulli ihn von hinten umschlang.

«Morgen, ich wollte dich nicht erschrecken, sorry.»

«Ist schon gut.» Er zog sie auf seinen Schoß und küsste sie. «Schläft Paul noch?»

«Ja, Gott sei Dank. Er hat wohl auch kein Fieber mehr. Weiß der Himmel, was das wieder war.»

Sie rieb ihre Nase an seiner, stand dann auf und schaute sich die Bücher an. «Ich habe gar nicht gewusst, dass du dich für die Stadtgeschichte interessierst», sagte sie und klang ein klein wenig verunsichert.

«Na ja, das ist auch schon lange her», sagte er leichthin.

Dass er endlich eine seiner Pandorakisten geöffnet hatte, war ein kleines Wunder.

«Geht es um die Skelette, die ihr gestern gefunden habt?»

Er nickte nur, klappte die Bücher zu und stapelte sie auf.

Er wusste sehr gut, wen er fragen konnte, kannte jemanden, der während des Krieges in der Stadt gewesen war, aber er würde sich hüten, ihn aufzusuchen. Besser, er erkundigte sich im Stadtarchiv.

Ulli runzelte die Stirn. Norbert hatte den einsamen Entschluss gefasst, seinen Beruf strikt von seinem Familienleben zu trennen, was natürlich absurd war.

«Glaubst du, die Leute sind während des Krieges umgekommen?»

«Vielleicht, aber wir werden es erst sicher wissen, wenn Arend mit seinen Analysen fertig ist, und das kann dauern.»

Er ging zur Terrassentür und schaute hinaus. «Es scheint wieder ein herrlicher Tag zu werden. Ich kann mich nicht erinnern, dass wir schon einmal so einen warmen Herbst hatten. Was wollen wir unternehmen?»

Sie lächelte nachsichtig. «Das überlegen wir beim Frühstück. Erst mal gucken, ob Paul wirklich schon wieder fit ist.»

«Okay, ich besorge in der Stadt ein paar Brötchen. Dann kann ich mir im Präsidium auch gleich die Fußballerliste abholen. Mal sehen, wer sich alles so eingetragen hat. Das Kind hat jetzt übrigens endlich einen Namen: ‹*Euregio*-Polizei-Fußballcup› oder ‹Politie›, da sind wir uns noch nicht einig.»

Ulli lachte. «Was hat denn die *Euregio* damit zu tun? Ich dachte, es geht um ein blödes Freundschaftsspiel zwischen dem Nimwegener Präsidium und euch.»

Auch van Appeldorn grinste. «Die holländischen Kollegen haben der *Euregio* das Preisgeld aus den Rippen geleiert, zweitausendfünfhundert Euro immerhin.»

Ulli klatschte in die Hände. «Wir werden reich! Oder bekommst du als Trainer etwa nichts von dem Batzen ab?»

«Keine Ahnung.»

Am Sonntagabend brachte van Gemmern selbst die letzten Gebeine in die Pathologie. «Genau wie bei den Kindern werdet ihr mit diesem hier nicht viel Arbeit haben», sagte er. «Für mich sieht es intakt aus.»

Dann schaute er sich um, ging langsam an den Bahren entlang, auf denen die wieder zusammengefügten Skelette lagen.

«Alle Achtung», entfuhr es ihm. «Dass ihr das so schnell geschafft habt!»

Bonhoeffer wunderte sich. Sie hatten viele Jahre lang gut zusammengearbeitet, einander auf die Schulter geklopft hatten sie nie. Nun denn, vielleicht war das Kompliment ja eher an Marie gerichtet. Die stand am Mikroskoptisch am anderen Ende des Raumes und hatte nur kurz gegrüßt, als van Gemmern hereingekommen war.

«Möchtest du vielleicht einen Kaffee? Wir haben ihn eben frisch aufgebrüht.»

Van Gemmern schüttelte sich. «Wenn ich noch mehr Kaffee trinke, hebe ich ab. Hat sich deine Schätzung bestätigt, was die Liegezeit angeht?»

«Ja», nickte Bonhoeffer, «ich bin gerade eben mit den Tests fertig geworden.»

«UV-Fluoreszenz?»

«Auch, Benzidinreaktion, Aminosäuren, Prolin, das ganze Spektrum. Zweiundsechzig bis fünfundsechzig Jahre, wie ich es mir gedacht hatte.»

«Und was treibt Marie dahinten?»

«Sie arbeitet an der Altersbestimmung der Leichen. Da gibt es ein neues Verfahren, höchst spannend.»

«Willst du mal durchschauen, Klaus?», rief Marie, die zwar weitergearbeitet, aber offenbar auch zugehört hatte. «Ich habe hier gerade einen besonders guten Schnitt.»

Van Gemmern ließ sich nicht zweimal bitten. Er schob die Brille auf die Stirn und schaute durchs Okular.

«Hm», brummte er, «was ist das?»

«Ein Schnitt von einem Zahn», antwortete Marie. «Du musst dir das so vorstellen wie bei den Jahresringen von Bäumen. Auch im Zahnzement kann man den Wechsel von Sommer und Winter feststellen. Man muss die Ringe nur abzählen, und schon weiß man, wie viele Jahre der Mensch gelebt hat.»

«Toll», sagte van Gemmern. «Und das funktioniert aufs Jahr genau?»

«So ziemlich, ich nehme immer einen Spielraum von dreißig Monaten an, um auf der sicheren Seite zu sein.»

«Toll», meinte van Gemmern wieder und lächelte sie versonnen an.

Bonhoeffer schlug die Augen gen Decke. Das konnte doch nicht wahr sein, van Gemmern hatte sich verknallt!

«Zur Todesursache kann ich bei keinem einzigen bisher etwas sagen», holte er den ED-Mann wieder auf die Erde zurück.

«Das ist seltsam.» Van Gemmern ging wieder zu den Bahren hinüber und betrachtete die Toten. «Sehr seltsam. Ich habe auch nichts ...» Er hielt inne. «Na ja, ich siebe noch, vor morgen Nachmittag lege ich mich nicht fest. Wie sieht es bei euch aus? Können wir Norbert morgen um 14 Uhr unsere vorläufigen Berichte liefern?»

Dann stutzte er. «Da müsst ihr euch aber vertan haben!»

Er starrte das für ihn eindeutig jugendliche Skelett an, dem die Pathologen ein in der Länge voll ausgewachsenes linkes Bein zugeordnet hatten.

Dann hörte er Marie kichern und drehte sich um.

«Daran bin ich letzte Nacht fast verzweifelt», gab sie zu. «Durch deine Fotos wusste ich ja, dass die Knochen nebeneinandergelegen hatten, und habe irgendwann auch entdeckt, dass die linke Hüftpfanne merkwürdig ausgeleiert war und der Gelenkkopf hier am Oberschenkel durchaus hineinpassen konnte, trotzdem war ich komplett verunsichert. Aber gottlob gibt es Arend.

Der hat heute Morgen nur einen Blick darauf geworfen: Klippel-Tréaunay-Weber-Syndrom. Ist übrigens extrem selten.»

«Das ist eine Fehlbildung, bei der es zu einem Längenriesenwachstum einzelner Gliedmaßen kommt», erklärte Bonhoeffer, «gefäßbedingt. Gibt es tatsächlich nicht so häufig, ist aber eben sehr auffällig.»

Van Gemmern richtete seinen Blick auf eine andere Bahre: das Skelett eines Kleinkindes mit einem ungewöhnlich großen Schädel.

«Das sieht nicht gut aus», murmelte er.

Drei Die Berichte über den Knochenfund in den Lokalteilen der beiden Zeitungen waren, wie van Appeldorn gehofft hatte, kurz und sachlich gewesen, man hatte nicht einmal Fotos gebracht.

Dennoch waren schon am Samstagnachmittag die ersten Kamerateams und Reporter der Privatsender aufgetaucht, und über den Sonntag waren es noch mehr geworden.

Die Schutzpolizei hatte es geschafft, den Opschlag so weiträumig abzusperren, dass van Gemmern und seine Spurensicherung ungestört arbeiten konnten, aber allein die Anwesenheit der Fernsehleute brachte Unruhe in den Ort, halb Kleve schien sich an diesem Wochenende in der Unterstadt zu tummeln.

Als Norbert van Appeldorn am Montag früh ins Präsidium kam, erwartete ihn ein genervter Pressesprecher. «Die rennen mir hier die Bude ein», ächzte er. «Und ich kann nichts anderes tun, als sie mit irgendwelchen Floskeln abzuspeisen. So langsam brauche ich mal etwas Konkretes von euch.»

«Wir wissen doch selbst noch nichts», gab van Appeldorn zurück. «Aber okay, sag ihnen, dass die Knochen momentan von Pathologen, Historikern und Anthropologen untersucht werden. Und da es sich um einen historischen Fund handelt, werden wir wohl auch Archäologen anfordern müssen.»

«Stimmt das denn?» Der Kollege schaute ihn skeptisch an.

Van Appeldorn zuckte die Achseln. «Bonhoeffer wollte einen Anthropologen hinzuziehen. Aber er hat sich noch nicht wieder bei uns gemeldet. Setz für morgen um elf eine Pressekonferenz an. Bis dahin werden wir ja wohl zumindest ein vorläufiges Ergebnis haben.»

«Ich nagele dich darauf fest, Norbert.»

«Das kannst du.»

Im Büro begrüßte ihn ein ausgesprochen fröhlicher Bernie Schnittges.

«Ich habe die Wohnung am Blauen Himmel bekommen. Wenn ich will, kann ich sofort einziehen. Sie ist toll.» Er streckte van Appeldorn seine Hand entgegen. «Danke für die Vermittlung. Du hast was gut bei mir.»

Aber van Appeldorn winkte ab. «Keine große Sache. Hast du schon was gehört?»

«Klaus war eben da. Heute Mittag um zwei will er uns einen vorläufigen Bericht liefern, er bringt auch Arend mit – und Marie.»

«Wer ist Marie?»

«Arends neue Assistentin, wie es sich anhört.»

«Eine Anthropologin?»

Schnittges zuckte die Achseln. «Weiß ich nicht. Auf alle Fälle muss sie ein Genie sein, Klaus ist richtig ins Schwärmen geraten.»

«Klaus? Ins Schwärmen?» Van Appeldorn zog ungläubig die Augenbrauen hoch.

Bernie schmunzelte. «So würde ich es beschreiben, ja.»

«Ach was? Und? Hat er vielleicht auch irgendwas Sachdienliches preisgegeben?»

«Nur dass sich die Liegezeit bestätigt hat, ungefähr fünfundsechzig Jahre.»

«Dann geht uns das ja tatsächlich etwas an.» Es war Peter Cox, ihr Aktenführer, der hereingekommen war und die letzten Sätze gehört hatte. «Ich hab's gestern in der Zeitung gelesen: ‹Skelettfund am Opschlag›, und mich gefragt, ob wir da vielleicht tätig werden müssen.» Er hängte seine Jacke über seinen Schreibtischstuhl und setzte sich. «Dann erzählt mal.»

Aber dazu kam es nicht, denn jetzt stand auch Penny in der Tür, die vierte in ihrem Team.

Penny Small, die junge Engländerin, arbeitete seit fast drei Jahren beim KK11 und war seit dem vergangenen Sommer mit Peter Cox verheiratet.

«Morgen.»

Schnittges schaute sie besorgt an. Sie sah aus, als hätte sie stundenlang geweint, und auch Peter war ungewohnt blass. «Was ist denn mit euch?», fragte er und biss sich sofort auf die Lippen. Vielleicht hatten die beiden Krach miteinander, und das ging ihn nun wirklich nichts an.

Aber Penny antwortete sofort: «Bei unserer Motorradtour ist jemand ums Leben gekommen.»

«Das ist ja furchtbar.»

«Jetzt setz dich mal hin, Mädchen», sagte van Appeldorn, «sonst kippst du uns noch um. Wie ist das denn passiert?»

Sie schüttelte nur stumm den Kopf, sodass Cox schließlich einsprang. «Es war am Freitag, gleich zu Beginn unserer Tour, kurz hinter Moyland. Gereon ist in einer Kurve weggerutscht und unter seine Maschine geraten. Er war sofort tot.»

Penny hatte sich inzwischen gesetzt und die Stirn in die Hände gestützt. «Ich begreife es einfach nicht. Er war direkt hinter mir, und es war eine völlig harmlose Kurve. Ich habe sie ganz locker genommen, und ich war sicher schneller als er.»

«Gereon?», fragte van Appeldorn. Der Name war ungewöhnlich. «Gereon Vermeer, der Ökobauer aus Bedburg?»

«Ja», bestätigte Cox. «Kanntest du ihn?»

«Wir kaufen manchmal in seinem Hofladen ein. Ich wusste nicht, dass er zu eurer Motorradgruppe gehört.»

«Doch, schon von Anfang an, seine Frau eigentlich auch.» Cox musste schlucken. «Aber Britta war diesmal nicht mit dabei, weil sie vor einer Woche ein Kind bekommen haben.»

«Ach du Scheiße!»

«Ich kann es einfach nicht begreifen», sagte Penny, jetzt lauter. «Gereon ist einer der besten Fahrer, die ich kenne. Und wieso ist er nicht abgesprungen? Man springt doch ab, wenn man die Kontrolle über die Maschine verliert, das macht man ganz automatisch.»

Es blieb eine Weile still.

Endlich fragte Cox vorsichtig: «Geht's wieder?»

Penny straffte sich. «Ja, sicher», und schaute van Appeldorn an. «Dann bringt uns mal auf den Stand der Dinge. Wir wissen nur, was in der Zeitung stand.»

«Wir müssen also warten, bis Klaus und Arend heute Nachmittag kommen», meinte sie, als van Appeldorn geendet hatte. «Sind die Skelette intakt?» Sie hob die Hand, als sie van Appeldorns unmutiger Blick traf. «Ich weiß schon, der Bagger. Ich dachte nur, wenn es sich um Bombenopfer handelt, dann müssten die Knochen doch kaputt sein.»

«Das habe ich beim besten Willen nicht erkennen können.»

«Es schadet auf keinen Fall, wenn wir uns im Stadtarchiv die Bebauung am Opschlag vor dem Krieg anschauen», sagte Bernie. «Besser, als bis zwei hier zu sitzen und Däumchen zu drehen.» Was auch ihm einen verärgerten Blick einbrachte.

«Na, dann macht euch auf», meinte Cox schnell. «Ich halte die Stellung und gucke mal, was ich im Netz darüber finde.» Er fuhr seinen Computer hoch. «Man könnte vielleicht auch mal Jupp fragen, der kennt bestimmt jemanden, der etwas darüber weiß.»

Josef Ackermann, ein Kollege vom Betrugsdezernat, war am Niederrhein geboren und aufgewachsen und kannte immer einen, der einen kannte, und er half stets höchst erfreut bei der Mordkommission aus.

«Jupp ist gar nicht im Lande.» Van Appeldorn hörte sich beinahe erleichtert an. «Soweit ich weiß, ist er in Spanien einem internationalen Subventionsbetrug auf der Spur.»

Als sie aus dem Stadtarchiv zurückkehrten, hängte van Appeldorn erst einmal die Kopie eines Stadtplans aus dem Jahr 1929 an die Ermittlungstafel.

An der rechten Seite des Kanals zwischen den beiden Brücken hatten damals keine Häuser gestanden, das wussten sie jetzt.

Der Archivar war sehr hilfsbereit gewesen, hatte den drei Kripoleuten die verschiedensten Quellen gezeigt, und wenn die Zeit nicht gedrängt hätte, wären sie sicher viel länger geblieben. So hatten sie nur das Wichtigste kopiert und setzten sich nun zusammen, um sich ein erstes Bild der Stadt während der Kriegsjahre zu machen.

«Als Ende August 1944 die Front näher rückte, erging der Befehl, einen Panzergraben auszuheben, der sich vom Dorf Keeken an der holländischen Grenze bis zur Anhöhe des Reichswaldes zog, ein 3 Meter 50 tiefer, oben 8 Meter breiter Graben, der die Panzer der Alliierten aufhalten sollte», begann van Appeldorn. «Da die wehrtüchtigen Männer alle an der Front kämpften, wurden Hilfskräfte aus dem Ruhrgebiet herangeschafft. Männer, sechzig Jahre und älter, gruben täglich, auch sonntags, von morgens um acht bis abends um sechs. Aber die Arbeit ging nicht schnell genug voran, also brachte man Kriegsgefangene, Holländer, Italiener, Polen, Russen, Ukrainer, Tausende.

Untergebracht wurden sie zu Hunderten in Baracken, Kuhställen, Scheunen und Schulen. Das Essen war knapp, dünne Suppe und Brot, es gab kein fließendes Wasser, keine sanitären Anlagen, Infektionen breiteten sich aus, die Männer waren unterernährt und schwach. Die Aufsicht über diese verzweifelte Aktion hatte die SA.

Während der gesamten Bauzeit griffen immer wieder Tiefflieger die Schanzarbeiter an, aber es wurde auch auf Eisenbahnen geschossen, auf Tiere und Zivilisten.

Am 17. September 1944 beim Grenzort Wyler «fiel die Front vom Himmel». Die amerikanische 82. Luftlande-Division ließ ihre Truppe mit Fallschirmen abspringen, Lastensegler setzten schweres Gerät ab, brachten Waffen und Munition.

Die SA-Leute machten sich aus dem Staub und ließen die Schanzarbeiter zurück.

Plötzlich war der ganze Kreis Kleve überschwemmt mit fremden Arbeitern und zurückflutenden Truppen.

Auch in der Stadt herrschte Chaos. Parteigenossen versteckten ihre Uniformen und schlossen sich den aus Holland Richtung Wesel fliehenden Frontsoldaten an. Fremdarbeiter zogen durch die Straßen, desertierte Soldaten schoben Handkarren mit Möbeln und Haustieren, Plündergut aus Holland und den Dörfern auf deutscher Seite.

Die Front erstarrte auf deutschem Boden zwischen Wyler und Zyfflich, keine zehn Kilometer von der Stadt entfernt. Die Alliierten versuchten, Nachschubstraßen und Bahnlinien zu zerstören, dadurch war Kleve immer wieder Jaboangriffen ausgeliefert.»

«Jabos, das sind Jagdbomber, nicht wahr?», fragte Penny und las aus ihren Notizen vor: «Am 22. September 1944, einem Freitagnachmittag, fallen in Kleve dreizehn Menschen einem Jaboangriff zum Opfer, Stadthaus und Stadtbad werden zerstört, sieben Menschen sterben in ihrem Wohnhaus an der Kalkarer Straße. ‹In der Wohnung gefallen durch Feindeinwirkung›, steht hier. Könnte das denn nicht auch auf unsere Toten zutreffen, selbst wenn dort am Opschlag kein Haus gestanden hat? Vielleicht waren sie Besucher des Schwimmbads, das lag doch gleich um die Ecke.»

«Nein», entgegnete van Appeldorn. «Man hätte sie auf dem Friedhof beigesetzt, in jedem Fall.»

«Weißt du das wirklich so genau? In dem Chaos?», fragte Penny. «Hört mal, hier: ‹Einen Tag später nur ist das Bahngelände den ganzen Tag lang Jaboangriffen ausgesetzt, dabei kommen am Güterbahnhof mehrere Menschen um.›»

Auch Cox hatte seine Zweifel. «Wir haben gelesen, dass Hunderte von Fremdarbeitern auf der Flucht durch die Stadt gekommen sind, dass auch auf Zivilisten geschossen wurde. Was, wenn unsere Toten Schanzarbeiter waren? Kein Mensch in Kleve kannte diese Leute, sie hatten hier keine Verwandten, vermutlich wollte auch niemand etwas mit ihnen zu tun haben. Also hat man sie einfach begraben, möglichst schnell, vielleicht dort, wo sie umgekommen sind. Es war Krieg, da war nichts mehr normal.»

«Sicher», nickte Schnittges, «möglich ist alles.»

Es klopfte, und Bonhoeffer und van Gemmern kamen herein.

«Ihr seid allein», beschwerte sich van Appeldorn.

«Schade, ich hatte gehofft, wir würden die wunderbare Marie kennenlernen.»

Bonhoeffer lachte, van Gemmern nicht, er zog sich auf einen Stuhl in der Ecke zurück.

«Ich konnte sie leider nicht von ihren Analysen weglocken», erklärte Bonhoeffer. «Und sie ist in der Tat wunderbar. Ohne sie wären wir längst noch nicht so weit.»

Während er erzählte, wie er so schnell eine Assistentin gefunden hatte, legte er jedem von ihnen einen Ausdruck hin und blieb dann am Fenster stehen.

«Es handelt sich um die Skelette von acht Personen», begann er. «Bei keinem habe ich die Todesursache feststellen können, es gibt keinen Hinweis auf äußere Gewaltanwendung. Wie Klaus mir sagt, habt ihr mit dem Gedanken gespielt, die Menschen könnten Bombenopfer sein. Das ist mit Sicherheit nicht der Fall, denn es gibt keine Verletzungen, die auf ein solches Trauma hindeuten.

Welche Personen sind es nun, die dort vor ungefähr fünfundsechzig Jahren begraben wurden?

Als Erstes wäre da ein etwa vierzig Jahre alter Mann vermutlich slawischen Ursprungs, bei dem einige Zeit vor seinem Tod eine fachgerechte Oberschenkelamputation rechts durchgeführt wurde. Dann ein circa fünfundzwanzig Jahre alter Mann mit schweren Gesichtsverletzungen, die ebenfalls fachgerecht behandelt worden waren, ich habe Drähte gefunden. Eine junge Frau, noch keine zwanzig Jahre alt, mit Riesenwuchs am linken Bein. Eine weitere Frau, zwischen fünfundvierzig und fünfzig, mit pes equinovarus, also einem Klumpfuß. Schließlich eine etwa dreißig Jahre alte Frau mit Kyphose durch Rachitis.»

«Ja», nickte er Bernie zu, der den Finger gehoben hatte. «Mit einem Buckel, sagt man wohl. Und dann haben wir drei Kinder. Zwei von ihnen etwa zehn bis zwölf Jahre alt, männlich, beide mit Trisomie 21, also Down-Syndrom oder Mongolismus, wie man früher sagte. Und ein kleines Mädchen, vielleicht zwanzig Monate alt, mit einem Hydrozephalus, einem Wasserkopf.»

Es war Bernie, der schließlich als Erster sprach.
«Unwertes Leben ...» Seine Stimme klang rau.
«Wie bitte?» Penny blickte verstört.
«Lebensunwertes Leben, die Nazis, Euthanasie, du weißt schon.»
Sie nickte unsicher.
«Ich habe im Erdreich in der Umgebung der Skelette übrigens keinerlei Hinweise auf Kleidung gefunden», meldete sich van Gemmern nun auch zu Wort. «Keine Knöpfe, keine Schnallen, keine Fasern. Das bedeutet wohl, dass die Leichen dort nackt vergraben wurden.»
Penny schüttelte den Kopf, als könnte sie es nicht glauben. «Menschen mit Missbildungen oder Verletzungen, die man nackt verscharrt hat, weil sie ‹unwertes Leben› waren?»
Cox schaute Bonhoeffer fragend an. «Aber du sagtest doch, es gibt keinen Hinweis auf äußere Gewalt.»
«Das stimmt zwar», entgegnete Bonhoeffer. «An den

Knochen kann man keine Gewaltanwendung feststellen, es gibt keine Schussverletzungen, keine Schädelfrakturen. Aber das heißt nicht, dass sie nicht gewaltsam zu Tode gekommen sind. Sie könnten erwürgt, erdrosselt, ertränkt oder vergiftet worden sein.»

«Oder vergast», fügte Schnittges finster hinzu.

«Hier in Kleve? Bestimmt nicht», beteuerte van Appeldorn. «Davon hätte ich gehört.»

«Aber das Landeskrankenhaus in Bedburg-Hau war eine Euthanasieklinik, wie du wahrscheinlich weißt. Und so weit ist das ja nicht weg.»

«Du kannst nicht beweisen, dass sie ermordet wurden, Arend?», wollte Penny wissen.

«Nein, bis jetzt nicht. Marie sitzt gerade an der toxikologischen Untersuchung der Knochen und Zähne, aber wir müssten schon sehr viel Glück haben, wenn wir dort noch etwas nachweisen könnten.»

«Das bedeutet doch ... entschuldigt, aber das habe ich alles schon zu Hause erlebt ... das heißt doch, dass der Staatsanwalt, wenn er sich stur stellt, gar kein Verfahren eröffnen muss.»

«Weil sie alle eines natürlichen Todes gestorben sind?», fragte Bernie böse. «Nach dem Motto: Treffen sich acht nackte Krüppel am Opschlag, schaufeln eine Grube und legen sich zum Sterben hin?»

«Nun mal halblang», versuchte van Appeldorn die Wogen zu glätten. «Bei dem Presseauftrieb wird der Staatsanwaltschaft gar nichts anderes übrigbleiben, als zu ermitteln.»

«Und wir suchen dann Mörder, die wahrscheinlich

schon tot sind, nach fünfundsechzig Jahren.» Penny schien immer noch ein bisschen außer Fassung.

Cox fragte sich, wie gut sie eigentlich Bescheid wusste über Nazideutschland und all das Grauenvolle, das damit zusammenhing.

Dann fiel ihm etwas ein. «Sag mal, Arend, könntest du mit deinem neuen 3-D-Programm Gesichtsrekonstruktionen hinbekommen?»

«Ja, selbstverständlich, aber das dauert natürlich ein paar Tage.»

«Glaubst du denn wirklich, dass irgendjemand die Menschen heute noch erkennen würde?», fragte Penny.

«Warum denn nicht?», sagte Schnittges. «Diese Kinder hatten Eltern, vielleicht Geschwister. Und es könnte doch auch jemand auf alten Familienfotos seine Tante wiedererkennen. Auf jeden Fall wäre es ein guter Anfang, wenn wir wüssten, wer diese Menschen waren.»

Vier

Van Appeldorn war zur Staatsanwaltschaft gefahren.

Schnittges stand vor dem alten Stadtplan. «Habt ihr das gesehen? Dort, wo heute das Rathaus ist, war früher ein Krankenhaus.»

«Ja.» Peter Cox fischte ein Blatt aus dem Stapel, der vor ihm lag. «Das habe ich auch im Netz gefunden. Das St.-Antonius-Hospital gab es seit 1845, es wurde von Nonnen geführt, den Clemensschwestern, und war vor dem Krieg mit 320 Betten das größte und beste Krankenhaus am unteren Niederrhein. Bei den Bombenangriffen auf die Stadt ist es zerstört worden, und man hat nach dem Krieg an der Albersallee ein neues gebaut.»

Bernie schaute sich immer noch die Karte an. «Vom Hospital bis zum Opschlag sind es nur ein paar hundert Meter.»

«Ja, schon», stimmte Cox ihm zu, schüttelte dann aber den Kopf.

Penny gab sich einen Ruck. «Ich glaube, ihr müsst mir mal ein bisschen auf die Sprünge helfen. Ihr habt die Geschichte eures Landes vermutlich schon mit der Muttermilch eingesogen, aber ich bin halt – wie sagt Jupp immer so nett – eine kleine Engländerin.» Sie fuhr sich mit beiden Händen durchs hellrote Haar. «Ich meine, ich weiß, dass die Nazis sechs Millionen Juden umgebracht haben, Zigeuner und Menschen, die sie für kriminell hielten. Aber ihr hattet das sofort parat: ‹unwertes Leben› ... Bei der sogenannten Euthanasie ging es denen doch darum, die arische Rasse rein zu halten, nicht wahr? Aber wenn ich mich richtig erinnere, war Euthanasie doch keine Erfindung der Nazis, oder?»

«Nein», bestätigte Schnittges. «Diesen Gedanken gab es schon Anfang der zwanziger Jahre. Man bezog sich auf die Naturvölker, die angeblich immer schon eine Auslese getroffen hatten, und nannte es Tötung von ‹Ballastexistenzen› und ‹leeren Menschenhülsen›.»

Penny starrte ihn an, und Cox ergänzte: «Aber erst die Nazis haben die systematische Ausmerzung ‹lebensunwerten› Lebens bewusst geplant und in ihrem Euthanasie-Programm durchgeführt. Über 100 000 Menschen sind damals umgebracht worden.»

Penny zeigte auf den Stadtplan. «Aber diese Tötungen hat man doch nicht einfach in normalen städtischen Krankenhäusern durchgeführt.»

«Nein», gab Bernie zu. «Die Menschen wurden deportiert und an Sammelstellen zusammengebracht, wo sie, wie man es ausdrückte, ‹abgespritzt› wurden.» Ein bitteres Lächeln huschte über sein Gesicht. «Menschen aus unserer Region, die psychisch auffällig waren oder auch nur als ‹arbeitsscheu› galten, saßen damals in Bedburg. Dort wurden sie als Allererstes einmal zwangssterilisiert. Und ich habe irgendwie im Kopf, dass an diesen Sterilisationen auch ein Klever Arzt beteiligt war.»

Er schaute in fragende Gesichter.

«Ein Freund von mir hat seine Doktorarbeit über die Nazizeit in der Bedburger Klinik geschrieben», erklärte er. «Er ist Psychiater. Die Arbeit liegt irgendwo bei den Sachen, die ich in der Garage meiner Eltern eingelagert habe.» Er sah auf die Uhr. «Ich fahre los und hole sie. Ich muss sowieso noch meinen Umzug organisieren.»

«Du hast endlich eine Wohnung gefunden!» Cox freute sich.

«Ja, tatsächlich. Und ihr werdet nicht raten, wer mir dazu verholfen hat.»

Er zeigte auf van Appeldorn, der gerade hereinkam, beide Daumen in die Höhe gereckt.

«Der Staatsanwalt hat nur mal kurz aus seinem Burgfenster geschaut und die Ü-Wagen gesehen, da war dann die Ermittlung gegen unbekannt keine Frage mehr.» Er schien aufgekratzt. «Für morgen um elf habe ich eine PK angesetzt. Bevor wir also für heute Schluss machen, müssen wir uns überlegen, was wir denen erzählen wollen. Setzt sich einer von euch freiwillig mit mir aufs Podium?»

«Das kann ich machen», meldete sich Schnittges.

Van Appeldorn grinste. «Aber bitte nichts von nackten Krüppeln in der Grube!»

Penny hatte versucht, Britta Vermeer anzurufen, aber es war keiner ans Telefon gegangen.

«Wir probieren es später noch einmal.» Peter hatte sie in den Arm genommen. «Jetzt lass uns erst mal ein bisschen runterkommen.»

Also hatten sie auf dem Heimweg eingekauft und dann zusammen gekocht. Sie waren beide keine Profis, hatten sich aber ein paar gute Kochbücher zugelegt und eine Menge Spaß daran, gemeinsam Dinge auszuprobieren.

Sie hatten in aller Ruhe gegessen und abgespült und saßen jetzt in dem kleinen Wintergarten, der erst vor ein paar Wochen fertig geworden war.

Das alte Haus, das sie gekauft hatten, war ziemlich heruntergekommen, und sie hatten viel Arbeit hineinstecken müssen. Aber sie hatten sich Zeit gelassen und sich über jeden Fortschritt gefreut.

Jetzt hatten sie die Schiebetüren geöffnet und genossen den Duft von Dahlien und frisch gemähtem Gras, der aus ihrem verwilderten Garten hereinwehte.

Penny hatte ihnen Pimm's gemixt, einen Cocktail, den sie in England nie getrunken hatte – zu sehr Upperclass –, hier weckte er nette Heimatgefühle. Pimm's mit Orangen-, Zitronen- und Gurkenstücken, Minze, ganz viel Eis und dann mit Gingerale aufgefüllt.

Sie hatte ihre nackten Füße in Peters Schoß gelegt und zwirbelte an ihren Haaren herum.

«Woran denkst du?», fragte er.

«Ich versuche mir vorzustellen, wie es wohl war im Krieg hier in der Stadt. Denkst du, wir beide wären hier zu Hause geblieben? Oder wären wir geflüchtet, als die Front kam?»

«Na ja», antwortete Cox, «ich wäre wohl Soldat gewesen und gar nicht bei dir.»

Er fragte sich, wie sehr der Krieg sie in ihrer Kindheit betroffen hatte. Er war 1962 geboren, da war der Krieg lange vorbei gewesen und für die anderen in seinem Alter kein Thema mehr. Aber er war nach dem frühen Tod seiner Mutter bei seinen Großeltern aufgewachsen, und ihnen hatte das Grauen noch so tief in den Knochen gesteckt, dass es für ihn immer nah gewesen war, seine ganze Jugend überschattet hatte. Doch Penny war fast dreizehn Jahre jünger als er und in England zur Welt gekommen. Ihr Vater war Engländer, ihre Mutter zwar Deutsche, aber schon als junges Mädchen mit ihren Eltern nach Großbritannien ausgewandert.

Penny schien seine Gedanken zu lesen.

«Weißt du, bei uns gibt es so eine Art Familienwitz: Mein Vater sagt immer, für ihn sei der Krieg ein Segen gewesen. Er kommt aus dem Londoner East End, du weißt schon, nicht gerade die feinste Adresse. Sein Vater schlug sich mit irgendwelchen Gelegenheitsjobs durch, und seine Mutter trank die meiste Zeit. Bei Kriegsbeginn wurde sein Vater eingezogen, und die Mutter musste in einer Rüstungsfabrik arbeiten. Als die Bombenangriffe auf London begannen, hat man die Kinder evakuiert, aufs Land geschickt, allein, zu irgendwelchen Menschen, die bereit waren, die Stadtbrut aufzunehmen und durchzufüttern. Für viele Kinder war das schrecklich, sie kamen zu Leuten, die sie wie Sklaven arbeiten ließen. Mein Dad war erst zwei Jahre alt, und er kam nach Pershore zu diesem netten, kinderlosen Paar, Granny und Grampa Small. Grampa hatte ein Holzbein und musste deshalb nicht in den Krieg. Als der ganze Horror dann vorbei war, waren Dads leibliche Eltern beide tot, und die Smalls haben ihn adoptiert. Und so hatte er eine wunderbare Kindheit, eine gute Schulbildung, die er sonst nie bekommen hätte, und konnte sogar studieren. Und meine Mutter kennenlernen. And they lived happily ever after.»

Dann wurde sie unvermittelt ernst. «Ich rufe jetzt Britta an. Bestimmt kümmert sich Gereons Familie um die Beerdigung, aber vielleicht braucht sie ja doch unsere Unterstützung.»

Van Appeldorn wartete, bis Ullis Atemzüge gleichmäßig waren, und stand dann wieder auf. Leise ging er durchs dunkle Haus ins Arbeitszimmer, schaltete die Schreibtischlampe ein und vertiefte sich in sein Buch. Sofort stellten sich Bilder ein: Am 26. September 1944 wurde Kleve zum ersten Mal schwer bombardiert. Das Hauptziel war die Unterstadt. In der Minoritenkirche stürzte ein Teil des Gewölbes ein. Das St.-Antonius-Hospital wurde so schwer beschädigt, dass es geräumt werden musste, im Isolierhaus war der Keller eingestürzt, die Kinderstation brannte.

Innerhalb von fünfzehn Minuten kamen achtundsechzig Einwohner von Kleve ums Leben.

Über der Stadt kreisten jetzt immer öfter nicht nur Jabos, sondern auch viermotorige Bomber. Sie hatten die Flakstellungen und die deutschen Truppen im Visier, die im Reichswald lagen.

Schon seit 1939 gab es Pläne für eine geordnete Evakuierung der Stadt, aber die stießen in der Bevölkerung auf wenig Gegenliebe. Nachdem am 17. September die

Front vom Himmel gefallen war, wurde die Frage, was mit der Zivilbevölkerung passieren sollte, dringlicher, denn man rechnete mit feindlichen Vorstößen. In den anderen Städten des Reiches hatten Zwangsevakuierungen zu Schwierigkeiten geführt, deshalb war man in Kleve vorsichtig. Das Ansehen der Partei war sowieso schon schwer angeschlagen. Bis zum 7. Oktober 44 hatte etwa ein Drittel der Bürger Kleve verlassen, meist allerdings nicht, wie von den Nazis gewünscht, in den Gau Magdeburg-Anhalt, sondern zu Verwandten und Freunden in Gemeinden, die ein wenig weiter von der Front entfernt lagen.

Im Herbst 1944 gab es kaum noch eine Möglichkeit, schnell aus der Stadt herauszukommen. Bahnhof und Gleisanlagen waren zerstört. Züge fuhren erst wieder ab Moers oder Kempen und wurden von Tieffliegern beschossen. Lastwagen und Omnibusse fehlten. Glücklich diejenigen, die ein Fahrrad besaßen, alle anderen mussten sich zu Fuß auf den Weg machen.

Der 7. Oktober, ein Samstag, war ein klarer, ungewöhnlich warmer Herbsttag. Den ganzen Morgen schon kreisten Flugzeuge über der Stadt, aber für die Klever war das jetzt schon fast alltäglich. Wenn es brenzlig wurde, konnte man ja immer noch schnell in den Keller laufen. Nach dem 26. September hatten einige Hals über Kopf die Stadt verlassen, aber viele waren noch dabei, ihre Sachen zusammenzupacken. Was man nicht mitnehmen konnte, wurde versteckt, irgendwie in Sicherheit gebracht, denn die abziehenden deutschen Soldaten, die durch den Ort kamen, plünderten.

Dann hieß es plötzlich um 13 Uhr 40: akute Luftgefahr! Am Himmel standen ‹Christbäume›, rote und grüne Leuchtkugeln, die das Zielgebiet der Bomber absteckten.

Das Bombardement dauerte dreißig Minuten und zerstörte die ganze Stadt. Über 600 Klever Bürger kamen um. Ukrainische Fremdarbeiter hoben auf dem Friedhof Massengräber aus.

Van Appeldorn lehnte sich zurück.

Wie passten ihre Toten in das Szenario?

Die beiden Männer, einer beinamputiert, der andere mit einem zerstörten Gesicht, das konnten Frontsoldaten gewesen sein, die man versehrt in die Heimat zurückgeschickt hatte. Dann hatten sie vielleicht im Krankenhaus gelegen. Aber was war mit den Frauen und den Kindern? Konnten auch sie im Krankenhaus gewesen sein? Bei dem Angriff am 26. September waren sie nicht verletzt worden, ihre Knochen waren heil.

Hatte man das Krankenhaus danach komplett geräumt? Er blätterte ein paar Seiten zurück. Und wohin hatte man die Kranken gebracht?

Endlich fand er es: nach Bedburg.

Auf einmal fühlte er sich todmüde. Die Buchstaben tanzten vor seinen Augen. Er fror.

Fünf Nach der Frühbesprechung war Penny gleich wieder zum Stadtarchiv gefahren. Sie hatte sich einen Tisch am Fenster gesucht und sich weitere Unterlagen vorgenommen. Schließlich stützte sie ihren Kopf in ihre Hände und sah auf die Straße hinaus.

Konnten die beiden männlichen Toten wirklich verletzte Frontsoldaten gewesen sein, die, als am 26. September die Bomben fielen, im Klever Krankenhaus gelegen hatten?

Aber wie passten sie dann zu den toten Frauen und Kindern? Frontsoldaten waren Helden gewesen – kein «unwertes Leben». Der Begriff ließ sie wieder schaudern.

Vielleicht war Peters Überlegung nicht so falsch: Die beiden konnten Schanzarbeiter gewesen sein – einer von ihnen war doch Slawe gewesen, hatte Arend gesagt –, die bei einem Tieffliegerangriff verletzt worden waren. Dann hätten sie während des ersten Bombardements im Antonius-Hospital gelegen.

Der Stadtarchivar brachte ihr einen zweiten Stapel Unterlagen über das Krankenhaus, Fotos aus der Zeit vor dem Krieg und Aufnahmen vom ausgebombten Gebäude. Penny betrachtete die Fotos, ordnete sie chronologisch und begann dann, wieder zu lesen.

Seit das ehemalige Minoritenkloster als Krankenhaus genutzt worden war, war es immer wieder baulich erweitert worden, es hatte eine Infektionsstation gegeben, eine Wäscherei, eine Großküche. Die Krankenpflege hatte, obwohl es auch einige weltliche Angestellte gab, fest in den Händen der Nonnen gelegen, die auch als ambulante Krankenschwestern in der Stadtpflege tätig waren.

Beim Großangriff im September hatte das Hospital mehrere Volltreffer abbekommen. Das Isolierhaus war zur Hälfte zerstört worden, das Leichenhaus völlig in Schutt und Asche gelegt. Alle Kranken konnten rechtzeitig in den Schutzkeller gebracht werden. Nach dem Angriff wurden sie in Begleitung von zehn Nonnen und ein paar weltlichen Schwestern nach Bedburg transportiert.

«Ich muss Sie leider schon wieder stören.» Der Archivar legte ihr leise die Hand auf die Schulter. «Das hier könnte von Interesse für Sie sein. Es sind Augenzeugenberichte vom Angriff auf die Unterstadt.»

Penny lächelte ihn an. «Danke.»

Die Schrift auf den Kopien war blass, und sie hatte ein wenig Mühe, alles zu entziffern: Eine Nonne brachte alle Kleinen von der Kinderstation in der Bäderabteilung in Sicherheit. Nach dem Angriff fuhr sie mit ihnen in die Klinik nach Bedburg, wo man auf Säuglinge und Kleinkinder nicht eingerichtet war. Es gab keine Babynahrung, keine Windeln. Die Kinder litten, bis irgendjemand sich am nächsten Tag nach Kleve durchschlagen und das dringend Benötigte aus den

Trümmern des Antonius-Hospitals holen konnte. Die Säuglingsfläschchen waren kaputt, man behalf sich mit leeren Bierflaschen und bastelte Sauger aus Gummihandschuhen.

Die Nonnen und Angestellten verließen das Krankenhaus nach dem Angriff nicht. Sie lebten im Keller, räumten im noch intakten Teil des Gebäudes Schutt weg und schafften so Platz für die schwerverletzten Bombenopfer aus der Stadt, die gebracht wurden.

Chefarzt Dr. Zirkel operierte unverdrossen, rettete Leben, sein Oberarzt Reiter organisierte die Bergung von Möbeln, OP-Tischen, Instrumenten, Pflegeartikeln und Medikamenten, überwachte auch den Abtransport der Kranken nach Bedburg.

Einige Nonnen kämpften sich durch den Schutt auf den Straßen und versorgten die Leichtverletzten und Kranken in den Häusern, die noch standen, brachten Lebensmittel.

Überall in der Stadt tobten Brände, es gab Hunderte von Verschütteten, die manchmal zwölf Stunden und länger bis zu ihrer Rettung ausharren mussten. Für einige kam jede Hilfe zu spät, sie erstickten qualvoll.

Die Schilderungen der Krankenschwester waren so plastisch, dass Penny unwillkürlich schauderte. Sie lehnte sich zurück. Ersticken, dachte sie. Was, wenn man die Menschen, deren Skelette sie gefunden hatten, irgendwo zusammengepfercht hatte, wo sie verschüttet wurden und erstickten? Keine Spur von äußerer Gewaltanwendung. Lebensunwertes Leben ...

Sie schaute sich noch einmal die Fotos von der Unterstadt nach dem Bombenangriff an. Die Herzogbrücke hatte ein riesiges Loch, die «Neue Brücke», wie sie damals noch hieß, hing halb im Wasser, die Gebäude an ihrem Kopf waren völlig zerstört, der Opschlag ein einziger großer Bombentrichter.

Penny schob ihre Notizen zusammen und ging hinüber zum Pult in der Ecke, wo der Archivar in einem Folianten blätterte.

«Ich habe die Namen von zwei Ärzten gefunden, die während des Krieges im Hospital gearbeitet haben.»

«Da haben Sie Glück gehabt», sagte er. «Alle Unterlagen des alten Krankenhauses, Patientenakten, Personallisten, sind beim zweiten Angriff auf die Stadt verbrannt.» Er überlegte. «Die Namen haben Sie aus dem Bericht der jungen Nonne, nicht wahr? Möglich, dass es da noch mehr gibt. Das Archiv der Clemensschwestern ist in Münster. Wenn Sie dort Einsicht nehmen wollen, kann ich gern den Kontakt herstellen.»

Cox kam endlich dazu, eine Ermittlungsakte zusammenzustellen.

Er ordnete und archivierte Arends bisherige Ergebnisse und legte für alles, was van Gemmern und seine Kriminaltechniker in der Baugrube gefunden hatten und immer noch ins Labor brachten, Akten an.

Selbst das Fundstück Nr. 214, eine blau-silberne Blechdose, die einmal ein isotonisches Getränk enthalten hatte, bekam mit genauer Beschreibung ihrer auf das Raster bezogenen Lage einen eigenen Aktendeckel. Auch sie könnte ja etwas mit den Toten zu tun haben.

Was auf den ersten Blick natürlich Schwachsinn war. Es sei denn, jemand hatte vor fünfzehn Jahren oder später acht alte Skelette von irgendwoher zum Opschlag gebracht, sie dort verbuddelt und sich dabei einen trendy Drink gegönnt.

Dieser vermaledeite Bagger!

Er wählte van Gemmerns Handynummer. «Wo steckst du gerade?»

«Im Labor.»

«Dann komme ich mal eben rüber.»

Van Gemmern gab ein Knurren von sich. «Das brauchst du nicht. Ich habe nichts Neues.»

«Gar nichts?»

«Spuren von Arsenik im Erdreich», rang van Gemmern sich ab.

«Aber das ist doch was», rief Cox. «Wenn man die Menschen mit Arsen vergiftet hat, dann wäre das Gift nach ihrem Tod doch sicher noch in den inneren Organen und in der Haut gewesen.»

«Und beim Verwesungsprozess in die Erde gelangt», vollendete van Gemmern. «Das Problem ist nur, die Konzentration ist nicht hoch genug. Spuren von Arsen finden sich häufig im Boden, das ist nichts Besonderes. Aber ich fahre gleich nach Emmerich. Marie ist gerade dabei, die Erde zu untersuchen, die sie abgekratzt und asserviert haben, bevor die Knochen abgespült wurden. Mal schauen, wie das da mit der Konzentration aussieht.»

«Na gut, viel Glück dann.»

Cox schob alle Gedanken beiseite und nahm seine

Arbeit wieder auf: eine Akte für einen verrosteten Fahrradlenker mit neongelben Handgriffen. Ein Ruderblatt aus Eiche – «das Holz fast schwarz und hart wie Beton, sicher zwei- bis dreihundert Jahre alt, die C-14-Methode wird Aufschluss geben», hatte van Gemmern notiert. Eine Plastiktüte mit Tierknochen – «Katze vermutlich». Das Blatt von einem Spaten – «von Rost überzogen, im Kern noch solide, könnte vom Alter her hinkommen (C-14)».

Normalerweise machte Cox das ein wenig eintönige Archivieren nichts aus, er tat es sogar ganz gern, aber heute hatte er Hummeln im Hintern.

Er rief in der Pathologie an.

«Ganz schlechtes Timing, Peter», meinte Bonhoeffer.

«Ich dachte nur, ich rufe mal an, Klaus hat etwas von Arsen gesagt.»

«Mit Arsen sind sie nicht vergiftet worden, das ist sicher. Weißt du, das Problem ist, nur ganz wenige Gifte lassen sich in Haaren, Zähnen und Knochen nachweisen, wenn sie nur ein einziges Mal verabreicht wurden. Und anderes Gewebe steht uns ja nicht zur Verfügung.»

«Aha.»

«Jetzt sei nicht eingeschnappt.» Man hörte das Lächeln in Bonhoeffers Stimme. «Mit schlechtem Timing meinte ich nur, du bist einfach ein kleines bisschen zu früh dran. Wir haben gerade eine erste Knochenprobe vom Skelett des kleinen Mädchens genommen und sind noch dabei, sie zu untersuchen.»

Cox hörte eine Frauenstimme im Hintergrund, dann legte Bonhoeffer offenbar die Hand auf die Muschel.

«Marie hat Spuren von Barium entdeckt», meldete er sich dann wieder.

«Barium?», fragte Cox. «Das sagt mir gar nichts.»

«Bariumsulfat zum Beispiel benutzt man als Kontrastmittel bei Röntgenaufnahmen, und Bariumcarbonat wurde früher als Rattengift eingesetzt», erklärte Bonhoeffer und fügte ziemlich streng hinzu: «Keine voreiligen Schlüsse, bitte. Das ist die erste Probe vom ersten Skelett und bedeutet zunächst einmal gar nichts.»

Der Staatsanwalt Dr. Müller war neu in der Stadt, recht jung noch und ein bisschen schnöselig, aber er verstand es ganz gut, sich vor der Presse in Szene zu setzen.

«Selbstverständlich ist mir bekannt, dass in einem Fall wie diesem die Ermittlungsgruppe ‹Nationalsozialistische Gewaltverbrechen› vom Landeskriminalamt hinzugezogen werden muss», beantwortete er die Frage eines Journalisten. «Das habe ich natürlich sofort in die Wege geleitet. Aber wie man mir von jener Seite mitteilte, ist es zunächst vorrangig, dass sich Lokalhistoriker mit unserem Fall befassen. Und darum kümmert sich Hauptkommissar van Appeldorn mit seinem Team bereits sehr erfolgreich.» Er nickte Norbert ermunternd zu.

Und das aus dem Munde eines Mannes, der sich noch mit keiner Silbe nach den bisherigen Ermittlungsergebnissen erkundigt hatte, dachte van Appeldorn und wollte eben anfangen zu sprechen, als Dr. Müller es sich noch einmal anders überlegte.

«Ich möchte außerdem darauf hinweisen, dass

Dr. Bonhoeffer die forensischen Untersuchungen leitet. Dr. Arend Bonhoeffer ist, wie Sie wissen, einer der führenden und erfahrensten Forensiker unseres Landes. Und er wird in diesem besonderen Fall von einer Kollegin der Universität Bologna unterstützt.»

Bernie Schnittges beugte sich zu van Appeldorn herüber. «Du hast gar nicht erzählt, was der für ein Windei ist.»

«Sollte eine Überraschung sein», raunte Norbert zurück.

«Selbstverständlich habe ich Dr. Bonhoeffer und Frau Dr. Beauchamp zu dieser Konferenz eingeladen, aber beide möchten keine Zeit verlieren, sondern ihre Untersuchungen zügig zu einem Ergebnis bringen», schloss der Staatsanwalt endlich.

Van Appeldorn zog das Mikrophon näher heran. «Sie haben alle eine Pressemappe bekommen», begann er. «Wie Sie ihr entnehmen können, handelt es sich bei dem Fund um acht Skelette, die vor etwa fünfundsechzig Jahren begraben wurden, zwei Männer, drei Frauen und drei Kinder.»

«Ja», rief einer der Reporter, «und es sind alles ... alles Behinderte. Da springt einem der Begriff ‹unwertes Leben› doch geradezu ins Gesicht.»

Van Appeldorn schluckte kurz an der Formulierung, nickte dann aber. «Das ist richtig. Im Augenblick gibt es allerdings keinerlei Hinweise auf eine gewaltsame Tötung, bei keinem der Menschen.»

«Was ist mit Vergasen? Könnte man das heute überhaupt noch feststellen?»

«Es gibt in der Geschichte nirgendwo einen Hinweis auf eine Tötungsanstalt in unserer Region.»

«Und wie sieht es mit Gift aus?»

«Die toxikologischen Untersuchungen sind noch nicht abgeschlossen.»

Schnittges meldete sich. «Wir brauchen Ihre Hilfe. Es ist wichtig, dass Sie die einzelnen Opfer möglichst detailliert beschreiben. Vielleicht gibt es Leute in der Stadt, die sich an diese Menschen erinnern und uns sagen können, wer sie waren.»

«Nach fünfundsechzig Jahren?», höhnte jemand, und Bernie wunderte sich wieder einmal, dass es in einer solchen Gruppe immer ein oder zwei Reporter gab, die davon überzeugt waren, dass die Polizei dämlich war.

«Es gibt Familienfotos», antwortete er ruhig, «und Familiengeschichten, die weitergegeben werden. In ein paar Tagen können wir Ihnen höchstwahrscheinlich Rekonstruktionen der Gesichter liefern, dann wird es noch einfacher.»

Auf dem Rückweg zum Büro gestand sich van Appeldorn zähneknirschend ein, dass kein Weg mehr daran vorbeiführte: Er würde sich mit seinem Onkel in Verbindung setzen müssen.

Van Appeldorn und sein holländischer Kollege hatten hin und her überlegt, wo das Fußballspiel stattfinden sollte, und sich schließlich auf das Gelände des SV Siegfried Materborn geeinigt. Die Plätze waren gut, die Flutlichtanlage neu, vor allem aber kannte van Appeldorn die Verantwortlichen dort. Er hatte selbst bei dem

Verein gespielt und war später noch lange Jugendtrainer gewesen.

Der Vereinsvorstand hatte darauf bestanden, Schirmherr der Veranstaltung zu sein, und so musste van Appeldorn, bevor das erste Training beginnen konnte, an einer «erweiterten Vorstandssitzung» teilnehmen.

Heinz Winkels saß an der Stirnseite des Tisches im kleinen Saal der Vereinskneipe.

«Hiermit eröffne ich in meiner Funktion als Erster Vorsitzender die außerordentliche Vorstandssitzung, zu der fristgerecht eingeladen wurde. Als Gast begrüßen wir unseren Sportsfreund Norbert van Appeldorn. Franz, schreibst du mit?»

Der Schriftführer nickte lässig.

«Gut. Also, Norbert, wie hast du dir das denn so vorgestellt?»

«Am allerwichtigsten ist, dass wir diese und nächste Woche jeweils dreimal trainieren können. Das Spiel ist dann am 1. November, nachmittags um drei, aber das hatten wir ja schon abgesprochen, Heinz. Für den Platzwart ist das auch okay.»

«Ja, an Allerheiligen, das ist gebongt», bestätigte der Vorsitzende. «Und mit dem Training ... lass mich mal auf den Plan gucken. Für heute hattest du dich ja eingetragen, zwei Stunden, geht klar. Wie wäre es dann donnerstags zwischen D-Jugendtraining und A-Jugend, also von 18 bis 20 Uhr? Und würde dir Samstag passen ab 16.30 Uhr? Da müsstet ihr dann wohl auf den kleinen Platz, der große muss für die Erste Mannschaft am Sonntag tipptopp sein.»

«Das hört sich prima an», antwortete van Appeldorn. «Ich bin ja froh, dass ihr uns überhaupt unterbringen könnt.»

Heinz Winkels lächelte breit. «Tut man doch gern für einen alten Kameraden. Ist ja auch ein Renommee für den Verein, das musst du auch mal so sehen. Franz hat die Presse schon bestellt. So, und wie sieht das denn jetzt mit dem Ablauf aus?»

«Ablauf?» Van Appeldorn schmunzelte. «Ich würde sagen, wir gehen auf den Platz und spielen.»

Winkels riss die Augen auf. «Das meinst du doch wohl nicht ernst! Nee, nee, da hängt doch ein bisschen mehr dran. Erst mal muss die gegnerische Mannschaft angemessen begrüßt werden, damit fängt es schon mal an. Herbert, hast du dich schon um die Mikros gekümmert?»

Der Angesprochene hob die Hand. «Hab ich, kein Problem, geht klar.»

Winkels schaute van Appeldorn an. «Ich habe mir gedacht, dass ich als Vorsitzender die offizielle Begrüßung übernehme. Es sei denn, du willst das selber übernehmen, Norbert.»

«Bloß nicht!», gab van Appeldorn zurück und malte sich im Stillen aus, wie die deutsche Vereinsseligkeit wohl bei den niederländischen Kollegen ankommen mochte.

«Dann ist ja gut. Franz, zum weiteren Verlauf wolltest du dir Gedanken machen.»

Der Schriftführer erhob sich. «Ich finde, eine internationale Veranstaltung muss vom Bürgermeister eröffnet werden. Die Anfrage hab ich schon abgeschickt. Und bei Pastor Giskens habe ich auch schon mal vorgefühlt, der sagt auch gern ein paar segnende Worte. Und nach dem Spiel, das Preisgeld von der *Euregio* muss angemessen überreicht werden, also feierlich. Da dachte ich wieder an den Bürgermeister. Sonst kann Heinz das übernehmen als Erster Vorsitzender. Aber nach meiner Meinung sollte jeder Spieler auch noch eine besondere Erinnerung an das Ereignis mit nach Hause nehmen, und zwar in Form einer Urkunde. Herbert, hast du schon bei der Druckerei gefragt wegen dem Preis? Wenn das zu teuer wird, wir haben noch ein paar hundert Blanko-Urkunden.»

Van Appeldorn blickte zur Vereinsvitrine hinüber, in der einige Urkunden präsentiert wurden. Bei allen prangte fett gedruckt gleich unter dem Vereinslogo: «Dem Volke dient's, wenn wir zu spielen scheinen».

«Großartig, ganz großartig», dachte er und hatte das «Heil Hitler» der holländischen Freunde bereits im Ohr. Es würde schon schwierig genug werden, sie an dem Eingangsschild vorbeizulotsen: «Siegfried Kampfbahn».

«Keine Urkunden», beschied er. «Ist nett gemeint, aber das Preisgeld reicht vollkommen.»

Winkels schaute säuerlich. «Du musst es ja wissen. Gut, dann kommen wir jetzt zum Thema Verpflegung. Unser Vereinswirt hat – so kennen wir ihn ja – sich bereit erklärt, für das leibliche Wohl zu sorgen. Franz, du hast dir das doch notiert.»

Der Schriftführer hatte sich noch nicht wieder hingesetzt. «Von den ‹Siegfried Open› sind noch ein paar

Rollen Biermarken übrig. Wir stellen uns vor, dass jeder aktive Teilnehmer zwei Biermarken gratis erhält, das heißt, die Kosten würde die Vereinskasse tragen. Wobei eine Biermarke für ein Getränk gilt, also auch Cola und Wasser. Aber zwei Marken hätten auch den Gegenwert von einmal Pommes rot-weiß.»

«Und was ist, wenn die ihre Frauen mitbringen?», wollte Herbert wissen. «Kriegen die auch zwei Gratismarken?»

Franz fasste sich ans Ohr. «Bist du taub? Ich sagte aktive Teilnehmer, nicht Zuschauer!»

«Nach meiner Meinung sieht das aber ganz schön geizig aus, bloß zwei Biermarken. Da kann man das besser gleich seinlassen.»

Van Appeldorn schob seinen Stuhl zurück. «Ich muss dann los. Meine Spieler kommen. Ihr könnt mir dann ja am Donnerstag Bescheid sagen. Vielen Dank erst mal.»

Auf dem Parkplatz standen ein paar Männer mit ihren Sporttaschen ziemlich verloren da.

Neunzehn Kollegen hatten sich in van Appeldorns Liste eingetragen, kein Einziger von der Kripo. Ackermann wäre ganz bestimmt dabei gewesen. Der hatte noch lange aktiv gespielt, war das Wiesel im Angriff der Kranenburger Mannschaft gewesen, gefürchtet wegen seiner unorthodoxen Spielweise, zu Deutsch: wegen seiner gemeinen Tricks. So einen könnte er gut gebrauchen.

Neben Schuster entdeckte er Look und freute sich. Der war mal Torwart bei Victoria Goch gewesen, eine Bank, ein absoluter Elfmeterkiller. Er hatte oft gegen ihn gespielt und oft verloren.

Look kam auf ihn zu. «Na, dann mal los, Chef. Dass du uns aber jetzt nicht anfängst mit erst mal zwanzig Runden laufen von wegen Fitness.»

Van Appeldorn grinste. «Keine Sorge, ein bisschen Stretching, und dann geht's gleich los. Du kannst mir helfen, Bälle und Hütchen zu holen.» Dann stutzte er. «Kommt da nicht Heuvens von der Kriminaltechnik? Der hat sich gar nicht in die Liste eingetragen.»

Auch Look wunderte sich. «Hat der nicht Zucker? Darf der überhaupt Sport machen?»

Sechs Nach dem Duschen hatten sich alle an der Theke der Vereinskneipe eingefunden. Van Appeldorn wäre lieber sofort nach Hause gefahren, aber ihm war klar, dass er wenigstens noch auf ein Bier bleiben musste.

Die Jungs waren fitter, als er angenommen hatte, aber die meisten waren ja auch runde fünfzehn Jahre jünger als er. Und Derks aus Rindern war gerade einmal vierundzwanzig und spielte noch im Verein. Der würde sein Mittelfeldmann werden, er hatte die meiste Puste und für sein Alter erstaunlich viel Übersicht.

Fürs erste Training war es gar nicht so schlecht gelaufen, entsprechend aufgekratzt waren die Männer.

Look stupste ihn mit dem Ellbogen. «Kannst du mich bis Donsbrüggen mitnehmen? Dann könnte ich mir noch ein zweites Bier zischen.»

«Vielleicht auch drei oder vier», kam es von der Seite.

«Kann ich machen», sagte van Appeldorn, «aber ich bleibe nicht mehr allzu lange.»

«Nimm dir doch ein Taxi», rief einer. «Wir könnten uns eins teilen.»

Schuster stützte die Arme auf den Tresen. «Es ist echt zum Kotzen hier auf dem Land. In Düsseldorf könnte man einfach die Bahn nehmen.»

«Mein Gott, Pit, wie lange bist du jetzt in Kleve? Zehn, zwölf Jahre? Und immer noch löllst du uns die Ohren voll mit deinem Scheiß Düsseldorf.»

«Aber ist doch wahr!», murrte Schuster und ging zum Klo.

«Apropos Bahn», meldete sich Derks und bekam sofort rote Ohren. «Wir hatten da was Komisches heute. Ich würde gerne mal eure Meinung dazu hören. Ein Lokführer hat uns angerufen: Zwischen Bedburg und Pfalzdorf läge ein toter Mann neben den Schienen. Wir sind natürlich sofort hingefahren, aber der war gar nicht tot, nur bewusstlos. Und als wir da waren, wurde der gerade wieder wach. War total durch den Wind und wusste nicht, wie er dort hingekommen war. Sagte er. Mein Kollege tippt ja auf Selbstmordversuch. Und er meinte, das Ganze ginge uns sowieso nichts an, wäre Sache der Bahnpolizei.»

«Und recht hat der Mann! Was habt ihr gemacht?»

«Den Notarzt gerufen.»

«Hatte ich auch schon mal, jemanden, der sich vor einen Zug geworfen hat. Ist schon ein paar Jahre her, war furchtbar. Ein junges Mädchen, schrecklich.»

«Ob die sich überhaupt ein Bild davon machen, was die dem Lokführer antun?»

«Und uns.»

«Und uns, wir haben ja die ganze Sauerei vor Augen.»

«Ich glaube, die machen sich überhaupt kein Bild mehr, sonst würden sie so was nicht tun.»

«Stimmt auch wieder.»

«Hab ich erzählt, was wir vorige Woche hatten? Da bin ich immer noch nicht mit fertig. Ruft uns eine Frau, weil ihr Nachbar draußen vor seinem Haus liegt und heult. Wir sofort hin. Zwei gebrochene Beine. Und will uns weismachen, er wäre die Kellertreppe runtergefallen. Hallo? Die Kellertreppe runter, dann wieder hoch, durch den Flur bis vors Haus. Mit zwei gebrochenen Beinen! Das kann der seiner Oma erzählen.»

«Und? Was habt ihr gemacht?»

«Den Notarzt gerufen. Der wollte die Kripo einschalten, aber gehört hab ich nichts mehr. Du, Norbert?»

«Nein, keinen Ton.» Van Appeldorn legte einen Zehneuroschein hin und klopfte auf die Theke. «Ich bin dann weg, Jungs. Wir sehen uns am Donnerstag in alter Frische.»

«Aber verschärft. Die sollen sich schon mal warm anziehen, die lieben Kaasköppe.»

Ulli hatte es sich mit einem Tee vor dem Fernseher gemütlich gemacht.

«Da bist du ja schon! Wie war's denn?»

«Gar nicht so schlecht fürs erste Training. Was guckst du denn da?»

«Ach, eine Komödie, ziemlich seicht, ist gleich aus. Möchtest du auch einen Tee?»

«Nee, lass mal, ich bleibe bei Bier.»

Er holte eine Flasche aus der Küche und streckte sich neben Ulli auf dem Sofa aus.

«Ich habe heute meinen Onkel angerufen.»

Ulli schaute ihn mit großen Augen an und schaltete den Fernseher aus.

«Du hast deinen Onkel angerufen?»

«Onkel Fricka, ja.»

Ullis Gedanken purzelten durcheinander. Norbert war zehn Jahre alt gewesen, als sein Vater die Familie verlassen hatte und nach Kanada ausgewandert war. Die Mutter hatte sich, Norbert und seine jüngere Schwester allein durchbringen müssen, was nicht leicht gewesen war. In ihrer Enttäuschung und ihrem Zorn hatte sie jeden Kontakt zur Familie ihres Mannes abgebrochen, und so hatte auch Norbert seine Großeltern und seinen Onkel Karl-Friedrich seitdem nicht mehr gesehen. Die Mutter war dann an Krebs gestorben, als Norbert gerade angefangen hatte zu studieren, und die Schwester war zum Vater nach Kanada gezogen. Das alles hatte Norbert ihr einmal erzählt und seitdem nie wieder von seinen Verwandten gesprochen. Sie hatte nicht einmal gewusst, dass der Onkel noch lebte.

«Onkel Fricka?», fragte sie gedehnt.

«So hab ich ihn als Kind genannt, ja.»

«Und du hast ihn heute, nach all den Jahren, einfach so angerufen? Warum denn nur?»

Ihr war ein bisschen flau im Magen.

«Er kann uns vielleicht bei unserem Fall helfen.» Van Appeldorn rieb sich den Nacken. «Er war in Kleve während der Bombenangriffe, weil er Flakhelfer war oder so was. Seine Mutter und der kleine Bruder, mein Vater, waren nach Mitteldeutschland evakuiert worden, aber er ist in der Wohnung am Mittelweg geblieben. Ich glaube, er war erst vierzehn.»

«Woher weißt du das alles?»

«Als ich klein war, konnte ich gar nicht genug kriegen von seinen Geschichten. Die waren, na ja, hört sich heute komisch an, aber für mich waren die spannender als Karl May.»

«Das ist über vierzig Jahre her. Seitdem hast du nichts mehr mit ihm zu tun gehabt?»

«Ich habe ihn auf der Beerdigung meiner Mutter gesehen», räumte er ein.

Ulli nickte langsam. «Das war vor dreißig Jahren.» Sie schob ihre Teetasse zur Seite und nahm einen Schluck aus Norberts Bierflasche. «Und jetzt rufst du ihn einfach so an?»

«Na ja, so einfach war das gar nicht.» Er nahm ihre Hand.

«Ist er nicht aus allen Wolken gefallen?»

«Nein, gar nicht», antwortete er und schaute in die Ferne. «Er hat sich gefreut. So hat es sich jedenfalls angehört. Ich besuche ihn morgen Abend.»

Bernie Schnittges legte einen dicken Stapel gehefteter Blätter auf seinen Schreibtisch und gähnte.

«Schwere Nacht gehabt?», fragte van Appeldorn.

«Das kann man wohl sagen», antwortete Schnittges und unterdrückte ein weiteres Gähnen. «Mein Bruder konnte gestern einen Transporter organisieren, also haben wir meinen ganzen Kram aus Krefeld in meine neue Wohnung gebracht.»

«Du bist tatsächlich schon umgezogen?», staunte Cox.

«Nicht wirklich. Bis auf mein Bett steht noch gar nichts.»

Cox wechselte einen Blick mit Penny. «Wenn du Hilfe brauchst, wir beide hätten heute Abend Zeit.»

«Das ist nett, danke, aber ich habe meiner Schwester meinen Schlüssel überlassen, und wie ich sie kenne, bleibt nicht einmal mehr für mich heute Abend noch was zu tun.» Er ging zum Fenster. «Habt ihr was dagegen, wenn ich ein bisschen Sauerstoff hereinlasse?»

«Als ich dann endlich im Bett lag», sagte er, nachdem er das Fenster weit geöffnet und ein paarmal durchgeatmet hatte, «ließ mir das da keine Ruhe.» Er zeigte auf die Papiere im dunkelroten Einband. «Die Dissertation über die Klinik Bedburg-Hau im Dritten Reich. Ich bin leider nur bis zur Hälfte gekommen, dann war es halb vier, und mir sind die Augen zugefallen.»

«Steht denn irgendwas drin, das uns weiterhilft?», wollte van Appeldorn wissen.

«Ich glaube schon.»

Das Telefon klingelte, und Cox nahm ab. «Ja sicher, schick ihn hoch.»

«Arend ist hier», erklärte er und schüttelte den Kopf. «Seit wann lässt der sich denn anmelden?»

«Der junge Derks sitzt vorn an der Wache», sagte van Appeldorn. «Der muss erst noch lernen, wie das bei uns so läuft.»

Auch Bonhoeffer wirkte übernächtigt.

«Das Mädchen macht mich fertig», stöhnte er und

suchte sich einen Sitzplatz. «Aber ich hätte es wissen müssen, sie war als kleines Kind schon ein Irrwisch.»

«Dr. Beauchamp?» «Marie?», fragten van Appeldorn und Cox gleichzeitig.

«Selbige», bestätigte Bonhoeffer. «Doch ich sollte nicht jammern, sie ist wirklich gut, und dass wir jetzt schon ein Ergebnis haben, verdanken wir hauptsächlich ihrer Ausdauer. Also, dann fange ich mal an. Wir haben in den Knochen aller Toten erhebliche Mengen Bariumchlorid nachweisen können. Bariumchlorid entsteht aus einer Reaktion von Bariumcarbonat mit der Salzsäure im Magen. Bariumcarbonat ist ein weißes Pulver, hochtoxisch, nur etwa zwei bis vier Gramm sind als Einzeldosis für den menschlichen Organismus tödlich. Die Symptome nach der Einnahme sind Übelkeit, Erbrechen und Durchfall. Anders als bei einer Arsenikvergiftung kommt es nicht zum Kollaps, weil der Blutdruck nicht absinkt. Der Tod tritt bei vollem Bewusstsein nach wenigen Stunden ein.»

Er hielt einen Moment inne.

«Bariumcarbonat wird oral verabreicht. Die Kriminalgeschichte berichtet von Fällen, in denen das Pulver mit Mehl vermischt in ein Brot gebacken dem Opfer verabreicht wurde. Und da habe ich jetzt ein Problem. Im Euthanasie-Programm hat man neben dem Gas mit allem Möglichen experimentiert: Injektionen mit einem Scopolamin-Morphium-Gemisch, auch mit Veronal in hohen Dosen oder mit einer Überdosis Luminal, die zu einer tödlichen Lungenentzündung führte. Aber ich habe bisher noch nie von einem oral verabreichten Gift gehört.»

«Du gehst aber davon aus, dass bei allen acht Menschen eine Bariumvergiftung die Todesursache war?», fragte Schnittges.

«Bei der Konzentration mit an Sicherheit grenzender Wahrscheinlichkeit, ja.»

«Du hast mir doch erzählt, dass man Barium als Kontrastmittel beim Röntgen benutzt», hakte Cox nach. «Auch damals schon?»

Bonhoeffer nickte. «Auch damals schon.»

«Dann gab es Barium in jedem Krankenhaus.»

«In jedem, das eine Röntgenabteilung hatte», bestätigte Bonhoeffer. «Allerdings nur in Form von Bariumsulfat, das vom Körper nicht resorbiert wird», wandte er ein. «Das wurde in den Jahren auch als Pflanzenschutzmittel eingesetzt.»

Bernie hatte sich Notizen gemacht, die er jetzt vor sich ausbreitete. «Ich muss ein bisschen ausholen, wenn man nachvollziehen will, was damals abgelaufen ist.»

Van Appeldorn verteilte Kaffee. «Nimm dir Zeit», sagte er und setzte sich.

«Die meisten Heil- und Pflegeanstalten wurden im 19. Jahrhundert eingerichtet – Bedburg erst 1911 –, um Menschen, die geistig zurückgeblieben oder behindert waren, einen sicheren Ort und gute Pflege zu bieten. Dieser Gedanke kippte im Dritten Reich ins Gegenteil um. Wie wir alle wissen, wurden psychisch kranke Menschen als Bedrohung für die Volksgesundheit betrachtet, das war auch fest im Denken der meisten Ärzte verankert. Im Februar 1936 ordnete der Reichsinnenminister die ‹Erbbiologische Bestandsaufnahme in den Heil- und Pflegeanstalten› an. In Bedburg hatte man jedoch schon 1932 damit begonnen, Krankenblätter mit Angaben zur möglichen Erblichkeit von psychischen Erkrankungen zu erstellen, also vier Jahre vor der Anordnung. Das lässt einen doch nachdenklich werden. Erfasst wurden in diesen Karteien neben psychisch Kranken auch ‹sozial Untüchtige›, ‹Arbeitsscheue› und ‹Hilfsschüler›.

Hitlers ‹Gesetz zur Verhütung erbkranken Nachwuchses› führte dazu, dass die Menschen, die in der Kartei standen – das waren 1938 mehr als 750 000 Personen –, sterilisiert wurden. Anfangs mussten die Patienten oder deren Vormund noch ihre Zustimmung geben, bald jedoch genügte die Anordnung des behandelnden Psychiaters.

Ich habe eine Liste gefunden, die die Klinik Bedburg-Hau als eine der Anstalten ausweist, die den Eingriff vornehmen durften. Die Zwangssterilisationen in Bedburg wurden durchgeführt von Dr. Zirkel, dem Chefarzt des katholischen St.-Antonius-Hospitals in Kleve.»

Penny schnappte hörbar nach Luft. «Der Dr. Zirkel, der nach dem Bombenangriff so unermüdlich operiert und selbstlos Menschenleben rettet, wie die Nonne schreibt?»

«Genau der. Katholische Krankenhäuser durften sich auf Anweisung der Kirche nicht an den Sterilisierungen beteiligen, also hat Dr. Zirkel in Bedburg operiert und in den ersten drei Jahren dort 838 Menschen zwangssterilisiert. Das macht über den Daumen gepeilt ein bis zwei pro Arbeitstag.

Mit Kriegsbeginn nahm die Zahl der Sterilisationen ab, weil die Ärzte zur Wehrmacht kamen. Sterilisiert wurde nur noch vereinzelt von Amtsärzten, wenn eine ‹besonders große Fortpflanzungsfähigkeit bestand›. Was auch immer das heißen mag.»

«Das fragt man sich tatsächlich.» Cox ballte die Hände. «Heute bleibt einem die Luft weg, wenn man liest, wie deutlich sie ihre Menschenverachtung sprachlich formuliert haben. Aber sie kam ja von Leuten, die im Volk geachtet wurden, denen man begierig zuhörte, weil man glaubte, die könnten einen aus dem eigenen Elend erlösen. Es wurde normal, von ‹dem Juden›, von der ‹Durchseuchung der Volksgesundheit›, von ‹lebensunwertem Leben› zu sprechen. Der ganze Irrsinn wurde nicht in Frage gestellt, es war ja alltäglicher Sprachgebrauch und damit Realität.»

Er besann sich. «Entschuldige, Bernie, sprich weiter.»

«Du hast ja recht.» Schnittges nahm seinen zweiten Notizzettel zur Hand.

«Im November 1939 wurde in Bedburg ein Wehrmachtslazarett eingerichtet, und da war dann für viele Patienten kein Platz mehr. Sie wurden in andere psychiatrische Kliniken verlegt – zunächst. Ende Oktober 1939 unterzeichnete Hitler einen Erlass – rückwirkend zum 1. September.» Er schaute Penny an. «Der Beginn des Zweiten Weltkrieges, der Angriff auf Polen:

‹Ab 5 Uhr 45 wird zurückgeschossen.› Wartet mal, den Erlass habe ich wörtlich. Dieser Dr. Brandt, von dem da die Rede ist, war übrigens Hitlers Leibarzt, der mit seinem Kollegen den Führer in den letzten Jahren mit Amphetaminen und anderen netten Sachen versorgt hat, damit er durchhielt. Also: ‹Reichsleiter Bouhler und Dr. med. Brandt sind unter Verantwortung damit beauftragt, die Befugnisse namentlich zu bestimmender Ärzte so zu erweitern, dass nach menschlichem Ermessen unheilbaren Kranken bei kritischer Beurteilung ihres Krankheitszustandes der Gnadentod gewährt werden kann.›»

Er schaute auf. «Auch wenn man das eigentlich alles schon weiß, muss man doch immer wieder schlucken.»

Die anderen schwiegen, Penny war blass.

«Die Zeit der Euthanasie, der organisierten Tötung, fing mit der Erschießung von Kranken in Polen im September 1939 an. Deshalb die Rückdatierung des Erlasses. Im selben Jahr noch wurden Vergasungsanstalten eingerichtet, und ab Oktober 1940 begann dann der systematische Massenmord durch Gas.

In Bedburg selbst wurde nicht getötet, man begann aber schon 1939 damit, besonders lästige oder aufmüpfige Patienten in Euthanasiekliniken zu verlegen, und im März 1940 kam es zu Massendeportationen in Vergasungsanstalten.

Bis hierhin bin ich gekommen. Das Folgende habe ich nur überflogen, eine Menge Daten über die Transporte, und irgendwo kam auch Kleve vor. Am besten, ich klemme mich jetzt gleich wieder dahinter.»

«Ja», sagte van Appeldorn leise, «mach das.»

«Dr. Zirkel war also ein Nazi», stellte Penny fest.

«Das waren die meisten», gab Cox zu bedenken. «Aber so, wie es sich anhört, war er nicht nur ein Mitläufer. Er hat hinter der Ideologie gestanden und aktiv mitgemacht. Und zwar freiwillig, denn ich kann mir nicht vorstellen, dass man ihn als Katholiken dazu hätte zwingen können.»

«Woher weißt du, dass er katholisch war?», fragte Penny verblüfft.

«Weil in katholischen Einrichtungen nur Katholiken arbeiten durften. Das ist ja heute in vielen Gegenden immer noch so.»

Van Appeldorn griff nach seinen Autoschlüsseln.

«Ich fahre zum Krankenhaus. Die müssen dort doch irgendwelche Unterlagen haben, eine Chronik vielleicht. Der Mann war immerhin Chefarzt.»

«Und ich könnte nach Münster fahren, zum Archiv der Clemensschwestern», schlug Penny vor. «Der Stadtarchivar meint, es könnte dort noch mehr Unterlagen geben, Tagebücher der Nonnen vielleicht. Womöglich haben die auch etwas über die Ärzte geschrieben.»

«Das ist eine gute Idee.»

Cox faltete die Hände. «Ich verstehe immer noch nicht, wie unsere Toten in das Ganze hineinpassen. Sie waren alle behindert, also aus Nazisicht ‹unwertes› Leben. Wieso waren sie dann überhaupt in Kleve, alle zusammen, eine Gruppe? Warum hat man sie nicht nach Bedburg gebracht und von dort aus deportiert?»

Sieben Den ewigen Studenten hatten sie Onkel Fricka in der Nachbarschaft genannt, aber das hatte es nicht ganz getroffen. Durch den Krieg hatte er etliche Schuljahre verloren, erst spät Abitur machen können und dann Biologie studiert, ein paar Jahre bei Bayer in Leverkusen gearbeitet und dann noch ein Studium abgeschlossen, Agrarwissenschaften. Und sich das Geld dafür verdient, indem er in den Semesterferien in Nierswalde in einer Gärtnerei gearbeitet hatte – Hornhaut an den Händen und dunkelbraun gebrannt.

Sie hatten alle in einem Haus gewohnt, am Mittelweg, unten die Großeltern, Oma und ihr Gemüsegarten, Opa und seine Karnickel, und oben die «jungen van Appeldorns», seine Eltern, die kleine Marlies und er.

Es hatte immer viel Streit gegeben, meist weil kein Geld da war, böse Blicke und bitteres Schweigen. Die Oma, die «es immer schon gewusst hatte», und der Großvater, der mit der Faust auf den Tisch schlug: «Das ist immer noch mein Haus! Und solange ich hier das Sagen habe ...»

Aber an den Wochenenden kam Onkel Fricka und brachte schöne Frauen mit, die Petticoats trugen und Söckchen in flachen Schuhen, getupfte Halstücher und

Sonnenbrillen mit weißem Plastikgestell. Und sie rochen nach Parfüm.

Und immer war Sommer gewesen, und Opa hatte ein Kaninchen geschlachtet, weil Fricka kam und «der Junge doch was auf die Rippen braucht, wo er doch so viel studiert. Aus dem wird nochmal wer ganz Großes.»

Und Norbert hatte vorn auf dem Tank sitzen dürfen, wenn Fricka auf dem Motorrad mit ihm eine Runde gedreht hatte – Mittelweg, Scholtenstraße, Ackerstraße, Beethovenstraße, Mittelweg.

Und abends, samstags nach dem Baden, hatte er ihm Geschichten erzählt, spannende, gruselige Geschichten, die er wirklich erlebt hatte, damals im Krieg. «Jetzt mach mir den Jungen nicht verrückt, er soll doch schlafen.»

Und dann war sein Vater gegangen, und sie waren aus Opas Haus weggezogen in die kleine Wohnung in der Unterstadt, Meilen entfernt, Mutter, Marlies und er.

«Die ist für mich gestorben, die ganze Mischpoke!» Trotzdem hatte seine Mutter immer ganz genau gewusst, was mit Onkel Fricka war.

«Er musste heiraten, das wundert mich nicht.»

1972 musste das gewesen sein – da war Fricka schon über vierzig –, als er Henriette Glogau zur Frau genommen hatte, eine Musiklehrerin vom Lyzeum, nicht viel jünger als er. Im selben Jahr hatten sie eine Tochter bekommen, Merle.

«Das ist doch kein Name für ein Kind, Norbert!» Mit gerade einmal siebzehn hatte er das damals genauso gesehen. Wie er so vieles von seiner Mutter übernommen hatte, ihr Schweigen, ihre Unerbittlichkeit.

Onkel Fricka hatte im *Haus Riswick* gearbeitet, der landwirtschaftlichen Versuchsanstalt, die es heute noch gab, war später dort der Chef gewesen. Den Bericht über seine feierliche Verabschiedung irgendwann in den Neunzigern hatte van Appeldorn in der Zeitung entdeckt, auch vor drei Jahren die Todesanzeige: Henriette van Appeldorn, geb. Glogau, als Traueranschrift eine Adresse in Bedburg-Hau.

Er hatte mit dem Gedanken gespielt, zur Beerdigung zu gehen oder wenigstens anzurufen und sein Beileid auszudrücken. Aber alles war zu lange her gewesen, und er hatte selbst so viele Probleme gehabt, die niemanden etwas angingen.

«Komm nach der Tagesschau, Junge», hatte Onkel Fricka gesagt. «Die gucke ich jeden Tag, in meinem Alter ist ein geregelter Ablauf ganz wichtig.»

Einundachtzig musste er jetzt sein oder vielleicht schon zweiundachtzig.

Van Appeldorn bog in den Weg ein, der am äußersten Rand von Bedburg-Hau ins Nichts zu führen schien, rechts dunkler Tannenwald, links Felder bis zum Horizont. Es gab keine Straßenlaternen, der Weg war asphaltiert, aber so schmal, dass er hoffte, es würde ihm niemand entgegenkommen.

Ein paar hundert Meter weiter vorn links gab es ein paar Lichtflecke in der Finsternis. Rechts tauchte unvermittelt ein Gehöft auf. Er bremste und erhaschte einen Blick auf abblätternden Putz hinter einem rostigen

Gatter und einer wirren Dornenhecke. Schweinegestank drang ihm in die Nase, obwohl die Autofenster geschlossen waren.

Er ließ den Wagen langsam weiter auf die Lichter zurollen.

Ein weißer Flachdachbungalow, Alufenster, eine Haustür aus dunklem Holz: Bauhaus in Bedburg.

Die Außenbeleuchtung sprang an, als er den Wagen an den Wegrand lenkte, und ließ die Hausnummer aus kühlem Stahl erkennen: «3».

Es war das richtige Haus.

Die Tür wurde geöffnet, bevor er klingeln konnte.

«Ich habe die Autoscheinwerfer gesehen.»

Ein großer, schlanker Mann mit immer noch fast schwarzem, ziemlich langem Haar, hohen Wangenknochen und fein gezeichneten Brauen, Onkel Frickas Augen und demselben Lächeln noch, ein Mann, dem man ansah, dass er den größten Teil seines Lebens im Freien verbracht hatte.

«Ich freue mich so, Norbert, komm rein.»

Er ging voraus in einen gemütlich beleuchteten Raum mit schlichten Sitzmöbeln aus Teakholz und grauem Leinen, deckenhohen Bücherregalen, einem Stutzflügel und farbenfrohen abstrakten Drucken an den Wänden.

Ein wenig steif setzte er sich in einen Sessel, der so aussah, als wäre er für ihn angefertigt worden, und zeigte auf den Tisch, auf dem zwei Bierflaschen standen.

«Setz dich, bitte, und bediene dich. Ich habe sie gerade eben aus dem Kühlschrank geholt. Du trinkst doch Bier?»

«Sehr gern sogar.» Van Appeldorn öffnete beide Flaschen und zögerte.

«Ach, entschuldige», Onkel Fricka machte Anstalten aufzustehen, «du möchtest sicher ein Glas.»

Aber van Appeldorn hielt ihn mit einer Handbewegung zurück. «Ich brauche kein Glas, ich trinke Bier am liebsten aus der Flasche.»

Der Onkel lehnte sich wieder zurück und nickte zufrieden. «Genau wie ich.»

Er machte es Norbert leicht, stellte keine Fragen, erzählte ein bisschen von sich.

Seit dem Tod seiner Frau lebte er allein, hatte aber eine Zugehfrau, die fünfmal in der Woche kam, für ihn einkaufte und kochte, den Haushalt versah.

Merle war Archäologin und reiste durch die Welt, kam aber immer mal wieder zwischen den verschiedenen Grabungsprojekten zu ihm nach Hause und blieb ein paar Wochen.

«Wir verstehen uns gut.»

«Das ist schön», sagte van Appeldorn.

Onkel Fricka lächelte verschmitzt. «Aber du bist nicht gekommen, um in Familiengeschichten zu schwelgen. Wie kann ich dir helfen, mein Junge? Geht es um die Skelette aus dem Krieg, die ihr gefunden habt, von denen ich heute in der Zeitung gelesen habe?»

«Ja, aber ich weiß eigentlich gar nicht, ob du mir wirklich helfen kannst. Du bist nur der einzige Mensch, den ich kenne, der auch während des Krieges in der

Stadt war, der weiß, was passiert ist, der Leute gekannt hat – Kleve war damals doch noch viel kleiner als heute. Früher hast du mir oft von der Kriegszeit erzählt, erinnerst du dich?»

Onkel Fricka schloss die Augen. «Was hat mich nur geritten, dir von dieser furchtbaren Zeit zu erzählen?»

«Aber du hast doch nichts Furchtbares erzählt», wandte van Appeldorn hastig ein. «Du hast von deinen Abenteuern berichtet. Dass du Motorrad gefahren bist, obwohl du nicht einmal fünfzehn warst. Dass du Bombensplitter gesammelt hast und Munition. Und mit deinen Freunden hast du deine Schätze getauscht, genauso wie ich es damals mit meinen Fußballbildern gemacht habe. Vom Radiokrieg hast du gesprochen, weißt du noch?»

Ein Lächeln huschte über das Gesicht des Onkels. «So habe ich das ausgedrückt? Na ja, für uns Jungen war es das anfangs ja auch, ein Radiokrieg. Als Achtjähriger hatte ich stundenlang vor dem Kasten gehockt und die Olympiade in Berlin verfolgt. Olympische Spiele in unserem Land, das war sensationell. Als der Krieg anfing, war ich elf und saß wieder Tag für Tag vor dem Radio, meist zusammen mit meinem Freund Kurt von nebenan, und statt der Medaillengewinner lernten wir die Luftkriegshelden auswendig.

Der wirkliche Krieg war weit weg. Gut, manchmal gab es Fliegeralarm, und wir rannten in den Keller. Ein Abenteuerspiel, mehr nicht. Die Flugzeuge flogen immer über Kleve hinweg Richtung Ruhrgebiet, unsere Stadt interessierte keinen. Warum auch?

Aber es war Krieg. Krieg war unser Kinderalltag. Und wenn schon nicht wirklich etwas passierte, haben wir eben Krieg gespielt, Unterstände gebaut, in den Gärten mit Wasserpistolen die Bienen abgeschossen, mit der Zwille Tauben von den Bäumen geholt. Mit ausgebreiteten Armen sind wir Jungs brummend durch die Straßen gerannt, waren selbst Jabos und Stukas. Ein Spiel – bis Mitte 44. Da hat die HJ mich doch noch entdeckt, darauf hatte ich schon nicht mehr gehofft. Ich wurde Jungpimpf, Luftwaffenhelfer bei der Flak. Vater war irgendwo draußen an der Front und ich als sein Stellvertreter im kriegswichtigen Einsatz in der Heimat. Ich war stolz wie Bolle.

Eine kurze Ausbildung, und dann wurden wir sofort eingesetzt an der Schanzbaustelle zum Schaufeln. Ein paar tausend Männer und wir Pimpfe.

Dann kam der Luftlandeangriff, und wir kriegten den Befehl, sofort abzurücken. Wie sind gerannt wie die Karnickel, Kurt und ich immer nebeneinander. Hinter uns schlugen die Bomben ein. Die Schanzarbeiter kamen alle um, aber das wussten wir da noch nicht.

Um uns herum Chaos, LKWs mit Soldaten, die von der Front abhauten, die ganze Tiergartenstraße verstopft.

Uns trieb nur ein Gedanke: nach Hause!

Und immer wieder hinter uns der Donner. Kam er näher? Wir sprangen in jedes Einmannloch, das auf unserem Weg lag. Dann wieder weiter über die Gruft den Berg hoch.

Hatte ich Schiss? Wahrscheinlich, aber das war nicht

mein stärkstes Gefühl. Die Front war da! Hier bei mir zu Hause. Ich wurde gebraucht, jetzt war ich kriegswichtig!»

Er trank einen Schluck Bier und lehnte sich wieder zurück. «Ende 44 sollten wir dann evakuiert werden, meine Großeltern, eine Tante, meine Mutter und mein kleiner Bruder Erich, dein Vater. Auch ich sollte mit, aber für mich stand fest, ich würde bleiben. Auch Kurt wollte bleiben, wir wollten die Heimat verteidigen. Unseren Müttern haben wir erzählt, wir hätten den Befehl dazu, und sie haben das geschluckt.

Erich lag mit Scharlach im Krankenhaus, alle hofften, dass man ihn rechtzeitig entlassen würde, damit er mitfahren konnte in die sichere Zone.

Am Tag vor der Abreise hieß es plötzlich, die Bahngleise wären kaputt gebombt, es würden überhaupt keine Züge von Kleve aus mehr fahren. Das musste ich natürlich kontrollieren.

Ich schnappte mir mein Fahrrad und radelte mitten hinein in den ersten großen Angriff auf die Stadt. Konnte den Bahnhof schon sehen, die Bomben, die ersten Einschläge. Drehte ab in die Kalkarer Straße, raus aus der Stadt! Bin gerast wie ein Irrer.

Schwerer Fehler, freies Feld rechts und links, die Straße wie ein Damm in der Mitte.

Als ich zurückschaute, drehten die Bomber ab, weite Kurve, dann direkt auf mich zu.

Bin abgesprungen, habe Fahrrad Fahrrad sein lassen, bin in den Straßengraben, platt auf den Bauch. Da waren Einschläge vor mir, keine hundert Meter entfernt, dann direkt hinter mir, höchstens zwanzig Meter. Irgendwie, irgendwohin bin ich vorwärtsgerobbt. Musste mich festkrallen in der Erde, um nicht von den Detonationen hochgerissen zu werden.

Plötzlich war Stille. Ich habe aufgeschaut: überall Qualm, geborstene Bäume. Mein Fahrrad war unter Astwerk begraben. Ich habe es rausgezerrt, bin losgefahren Richtung Unterstadt. Überall Soldaten, Zivilisten auf den Straßen, Gesichter, Rufe. ‹Das Krankenhaus ist getroffen!›

Es war kein Durchkommen. Ich habe das Rad fallen lassen und bin gerannt. Dann stand ich vorm Hospital. Erichs Zimmer, die ganze Isolierstation war weg, ein qualmender Berg aus Steinen, Mörtel, Gestänge. Auf der Wiese lagen Kranke, die Nonnen liefen mit Decken und Kissen herum. Eine fasste mich an der Schulter. ‹Ich habe deinen Bruder gerade noch gesehen.›

Ich weiß nicht, wo ich mein Fahrrad gelassen hatte, also bin ich weitergerannt, die ganze Stadt hoch zum Mittelweg. Und da saß Erich, bleich und zitternd, sprach nicht, lange nicht. War einfach nach Hause gelaufen.

Evakuiert worden sind sie dann am nächsten Tag doch noch. Irgendwer hatte einen Lastwagen organisiert, der sie ins Ruhrgebiet brachte, von wo aus noch Züge verkehrten.

Kurt und ich blieben in unserer Wohnung, notdienstverpflichtet, zuständig für die Zwangsevakuierung.

Auf Kurts Moped fuhren wir zu unseren Einsätzen.

Ständig waren jetzt Flugzeuge über der Stadt. Bald

konnten wir sie am bloßen Geräusch auseinanderhalten, die leichten Jabos, die großen viermotorigen Fernbomber. Einen kühlen Kopf bewahren, war das Wichtigste. Ahnen, aus welcher Richtung sie kommen, immer eine mögliche Deckung im Auge haben. Schutz suchen, notfalls unter einer Regenrinne, wenn sirrend die Schrapnellsplitter der Flak herabregneten.

Wir schmierten Butterbrote für die Leute, die auf ihre Evakuierung warteten, fraßen uns selbst dick und rund daran und am Eingemachten, das in unserem Keller stand und nebenan in Kurts Elternhaus. Sturmfreie Bude, herrlich! Ob wir Angst hatten? Nachts manchmal ein leises Gruseln, das schon.

Der 7. Oktober lief ab wie jeder andere Tag in diesen zwei Wochen.

Nach einem opulenten Mittagessen auf dem Mittelweg schwangen wir uns auf Kurts rotes Moped und knatterten los zu unserem Einsatz in der Adolf-Hitler-Straße. Die Sonne schien, der Himmel war wolkenlos.

Aber dann an der Linde sah ich im Westen die ersten Feindflugzeuge, es wurden mehr und mehr, und sie begannen zu kreisen. Ich habe nichts gesagt, Kurt hat nichts gesagt – wir wussten beide, was das bedeutete: Großangriff.

Dann saßen wir erstarrt auf dem Moped und sahen, wie die Bomben aus den Fliegern herausfielen.

‹Dreh um, Kurt, dreh um! Lass uns abhauen!›, schrie ich. Aber es war zu spät, viel zu spät.»

Fricka brach unvermittelt ab.

«Aber ihr habt euch in einen Bunker retten können,

nicht wahr? Und nachher habt ihr Menschen aus den Trümmern geborgen», erinnerte sich van Appeldorn.

Der Onkel griff wieder nach seiner Bierflasche, seine Hände zitterten so stark, dass er sie kaum zum Mund führen konnte.

«Wieso habe ich einem kleinen Jungen davon erzählt? Ich war wohl immer noch nicht wieder bei Sinnen.»

Seine Augen waren trüb, als er Norberts Blick suchte.

Van Appeldorn stand auf, hockte sich neben den Sessel und nahm Frickas Hand. «Du bist müde. Es tut mir leid, dass ich dich so aufgeregt habe.»

«Ich bin erschöpft, ja.» Mit einem Knall stellte Fricka die Flasche auf den Tisch. «Und wenn ich erschöpft bin, überfällt mich dieses erbärmliche Zittern, ich hasse es.»

Seine Augen wurden wieder klarer, er drückte van Appeldorns Hand. «Bettzeit für Tattergreise.»

Aus dem Sessel ließ er sich helfen, aber dann schob er van Appeldorns Arm beiseite. «Jetzt haben wir gar nicht über deine Skelette gesprochen», sagte er und klang mürrisch.

«Das macht nichts, ich komme noch einmal wieder», erwiderte van Appeldorn beschwichtigend.

Onkel Fricka schaute ihm in die Augen. «Das wäre sehr schön.»

Van Appeldorn musste lange blinzeln.

«Was ist eigentlich ein Einmannloch?», fragte er schließlich.

Sein Onkel stutzte. «Die hat man damals entlang der Hauptstraßen gegraben, damit man sich vor den Tieffliegern in Sicherheit bringen konnte. Hast du davon noch nie gehört?»

Van Appeldorn grinste. «Hab ich wohl vergessen.»

Auch in den Augen seines Onkels blitzte wieder der Schalk. «Vergessen, so, so. Nun denn, ich werde mal in meinem Gedächtnis kramen. Ruf mich doch morgen an.»

Acht «Der neue Staatsanwalt, dieser Dr. Müller, hat schon zweimal nach dir gefragt», informierte der Wachhabende van Appeldorn, als der zusammen mit Schnittges am Morgen ins Präsidium kam, und drückte ihm einen Zettel in die Hand: «Sofort Rückruf – dringend!»

«Ich nehme das Windei zurück», sagte Schnittges, als van Appeldorn seinen Anruf erledigt hatte. «Der Mann ist ein ausgemachtes Arschloch.»

Dr. Müller wollte ab jetzt «federführend» die Öffentlichkeitsarbeit übernehmen. Er verlangte nicht nur die Einsicht in alle Berichte, sondern auch eine «gesonderte Zusammenfassung mit Evaluation und Ausblick» sowie eine Übersicht über die nächsten Ermittlungsschritte. Anschließend erwarte er van Appeldorn dann in seinem Büro. – «Sagen wir um 11 Uhr 30.»

Van Appeldorn biss sich auf die Lippen. Was bildete dieser Fatzke sich eigentlich ein, in einem solchen Ton mit ihm zu reden? Er war mindestens fünfundzwanzig Jahre jünger und hatte so gut wie keine Berufserfahrung.

Auf einen mündlichen Bericht hatte er sich nicht einlassen wollen. «Im Rahmen des QM brauche ich das alles schriftlich, das müsste doch inzwischen sogar bei

Ihnen angekommen sein.» Qualitätsmanagement, was für ein Bockmist!

«Ich bin einfach zu alt für diesen aufgeblähten Unsinn.»

«Quatsch», meinte Schnittges. «Das hat nichts mit dem Alter zu tun, sondern mit gesundem Menschenverstand. Oder glaubst du, mir gingen diese nassforschen Mittelschüler nicht auf den Geist?»

Peter Cox hätte sich vermutlich gern an die «Zusammenfassung mit Ausblick» gesetzt, aber der war mit Penny auf der Beerdigung ihres Freundes Gereon, also musste van Appeldorn wohl oder übel in den sauren Apfel beißen.

«Wenn du nichts dagegen hast, würde ich kurz etwas bei meinem Freund in Krefeld abholen», sagte Schnittges. «Er hat in seiner Doktorarbeit einen Brief erwähnt, den Dr. Zirkel an die NSDAP in Kleve geschickt hat. Darin geht es wohl um einen Transport. Die Kopie dieses Briefes hat Frank bei sich zu Hause und noch weitere Unterlagen über Zirkel, die er nicht in die Arbeit aufnehmen wollte.»

Penny hatte sich noch einmal auf den Weg nach Münster gemacht. Im Archiv der Clemensschwestern gab es zahlreiche persönliche Aufzeichnungen der Klever Nonnen aus den dreißiger und vierziger Jahren, aber es war schwierig, sachliche Informationen herauszufiltern, weil die sich zwischen allem möglichen religiösen Bombast versteckten.

Der Fall ging ihr an die Nieren. Natürlich hatte sie

theoretisch über das Naziregime Bescheid gewusst, aber nicht so detailliert wie Peter und die Kollegen. Diese Zeit war ihr nie nah gewesen, sie hatte sich keine großen Gedanken darüber gemacht. Warum auch? In ihrer Familie hatte es keine Nazis gegeben. Aber jetzt bekam dieser Wahnsinn auch für sie ein Gesicht, wurde greifbar, und das machte sie dünnhäutig. Gestern früh hatte sie in der Zeitung eine Stellenanzeige entdeckt, in der eine Sekretärin gesucht wurde. Bewerber sollten sich an den «Manager Human Resources» wenden. Ihr war es eiskalt über den Rücken gelaufen: Menschenmaterial.

Van Appeldorn stand am Spielfeldrand und raufte sich die Haare. «Raus hinten!», brüllte er.

Er hatte seine Truppe in zwei Teams eingeteilt und ließ sie gegeneinander spielen, um zu sehen, wen er auf welcher Position einsetzen konnte.

«Wo ist die Verteidigung?»

Er musste selbst grinsen. Von den Bambini bis zur Nationalmannschaft – die Trainer brüllten immer dieselben Sätze.

Heuvens von der KTU kam jetzt schon zum dritten Mal ins Aus gelaufen, ließ sich ins Gras fallen und pikste sich in den Finger, um seinen Blutzuckerspiegel zu messen.

«Geht's noch?», fragte van Appeldorn und ließ sich neben ihm nieder.

«Klar. Es ist herrlich, mal wieder zu spielen. Ich hab mich lange nicht getraut wegen dem Diabetes. Dabei muss ich nur ein bisschen aufpassen.» Damit schob er sich ein Täfelchen Traubenzucker in den Mund.

«Das ist gut. Wir brauchen dich, du bist der einzige Linksfuß in der Mannschaft.»

Dann sprang er wieder auf.

«Schuster, spiel ab, verdammt! Rechts ist alles frei. Wir sind doch hier nicht beim Ballett!»

«Ja, ja», bölkte Schuster zurück. «Sprüche klopfen kann ich auch. Der Ball ist rund, und das Spiel hat neunzig Minuten.»

«Von wegen neunzig Minuten. Für euch zweimal zwanzig, sonst brauchen wir hier Sauerstoffzelte», murmelte van Appeldorn.

«Hintermann!», schrie er dann.

Drei Spieler verhakten sich und purzelten übereinander.

«Du meine Güte, das kann man sich ja nicht angucken. Wo ist das nächste Einmannloch?»

Er pfiff ab. «Mannschaftsbesprechung nach dem Duschen. Ab in die Kabine, Jungs.»

Sie kamen, manche japsend, zwei humpelnd, alle schweißnass und ausgesprochen fröhlich.

«Bestell schon mal 'ne Runde, Coach!»

Die Torwartfrage war schnell geklärt. «Look ist immer noch eine Bank, Hut ab.»

Das fand Look auch.

«Und Heuvens spielt Linksaußen», verkündete van Appeldorn und wischte mit einer energischen Handbewegung den Zweifel aus den Gesichtern. «Er ist der

Einzige, der mit links abziehen kann, oder? Es kann sein, dass er zwischendurch mal kurz sticksen muss, aber das werdet ihr ja wohl aufgefangen kriegen.»

«Ich finde uns eigentlich gar nicht so schlecht», meldete sich der junge Derks zu Wort. «Aber wenn wir gewinnen wollen, brauchen wir eine vernünftige Taktik.»

«Was verstehst du denn davon, Grünschnabel?»

Derks bekam rote Ohren, redete aber tapfer weiter. «Wir müssen an unserer Abseitsfalle arbeiten.»

«Jau, dat is' ja mal 'ne ganz neue Taktik!»

«Wir müssen uns doch auf ein Wort einigen, bei dem alle einen Schritt nach vorne gehen ...»

«Muschi!», rief einer, «wie wär's damit?»

«Über Fragen der Taktik unterhalten wir uns nächste Woche», glättete van Appeldorn die Wogen. «Wie sieht es mit dem Training am Samstag aus? Sind wir vollzählig, oder hat jemand Dienst?»

Immer noch aufgekratzt, fingen sie an, von ihren Tageserlebnissen zu erzählen.

Van Appeldorn hörte nur mit halbem Ohr zu, er schaute auf die Uhr und bestellte einen Kaffee, was ihm ein Naserümpfen vom Wirt einbrachte.

«Ich mach mich vom Acker.» Heuvens klopfte ihm auf den Rücken. Auch die anderen älteren Kollegen hatten ihre Sporttaschen geschultert.

Die Jungen hockten mittlerweile am runden Tisch in der Ecke und wurden immer lauter.

«Mich haben sie ja im Moment zur Autobahnpolizei abkommandiert, aber ich sag euch, da werd ich nicht alt. Nur Bekloppte unterwegs. Heute Mittag, zum

Beispiel, liefern sich zwei Karren ein privates Rennen. Vor unseren Augen! Ohne Rücksicht auf Verluste, über den Standstreifen, quer über alle Spuren. Und einer von denen lässt plötzlich seine Kiste stehen, springt über die Leitplanke und ab in den Wald. Hat fast 'ne halbe Stunde gedauert, bis wir das Männeken eingefangen hatten. Und dann erzählt der uns einen vom Pferd, von wegen, die Mafia wär hinter ihm her und wollte ihn umbringen, und er bräuchte Polizeischutz. Wir haben erst gedacht, der will sich bloß rausreden, klar, damit wir ihn nicht an die Hammelbeine kriegen. Aber der hielt sich dran, und da haben wir gemerkt, dass der wirklich verrückt war. Haben ihn dann ins Krankenhaus gebracht, und der Doc hat dann auch die netten Onkels mit dem blauen Auto und der schönen weißen Jacke geholt.»

Van Appeldorn stellte seine Tasse ab und ging zum Tisch hinüber.

«Ist spät, Jungs, Zeit für euren Schönheitsschlaf.»

«Jawoll, Trainer», rief Derks. «Und keinen Sex vorm Spiel!»

Peter Cox betrachtete das Spitzenmuster der Birkenzweige, das die Straßenlaterne an die Schlafzimmerdecke malte.

Penny neben ihm schlief ruhig.

Sie hatten sich lange und langsam geliebt, danach war auch er kurz eingenickt, jetzt aber dachte er wieder an den Mann, der heute Nachmittag zu ihm ins Büro gekommen war: Bernhard Claassen, neunundsechzig

Jahre alt und früher einmal Zuschneider in der Kinderschuhfabrik.

«Das Kind in der Zeitung ist meine Schwester Rosel», hatte er ohne den leisesten Zweifel mitgeteilt und Cox ein verblichenes, unscharfes Foto hingelegt: ein blondes Mädchen mit einem kleinen Lächeln und einem unnatürlich großen Kopf.

«Das muss im Sommer 44 aufgenommen worden sein, da war sie anderthalb.»

Sie war im Antonius-Hospital an Scharlach gestorben.

«Ich war selbst erst vier Jahre alt, aber ich weiß das trotzdem genau, weil meine Mutter ihren Lebtag lang davon gesprochen hat. Sie ist nie darüber hinweggekommen, dass sie Rosel nicht mehr sehen konnte – als sie tot war, meine ich.»

Die Mutter war jeden Tag im Krankenhaus gewesen und hatte durch die Glasscheibe der Isolierstation ihr Kind bewacht. Bis der Arzt ihr gesagt hatte, sie solle nicht mehr kommen, sie würde das Kind nur aufregen. Am Tag, als die Stadt zum ersten Mal bombardiert wurde, hatte die Mutter Sachen gepackt, denn sie sollten evakuiert werden. Und sie hatte geweint, weil sie Rosel nicht mitnehmen durfte.

«Aber wie können Sie so sicher sein, dass es sich um Ihre Schwester handelt?», hatte Cox gefragt.

«In Kleve gab es sonst kein Kind mit einem Wasserkopf.»

Die Nonnen hatten der Mutter berichtet, die Kleine sei am Nachmittag verstorben und ins Leichenhaus gebracht worden, nur Minuten bevor die Bomben fielen und der Teil des Gebäudes zerstört worden war. Man habe es nicht geschafft, ihren Leichnam und die anderen Verstorbenen zu bergen, und nach dem zweiten Angriff sei es dann schier unmöglich gewesen.

Ob es denn mit den modernen Methoden heute wohl eine Möglichkeit gab zu beweisen, dass es sich um seine Schwester handelte, hatte Bernhard Claassen gefragt. Er wolle doch, dass sie ordentlich beerdigt werde, ein eigenes Grab bekam, das er besuchen konnte.

Das sei sicher möglich, Cox versprach ihm, dass er sich darum kümmern würde.

Neun «Der Mann war absolut sicher, dass es sich um seine Schwester handelt», beendete Cox seinen Bericht.

Schnittges betrachtete das Foto des Mädchens. «Ein Kleinkind, da wird uns Arends Gesichtsrekonstruktion wohl nicht weiterhelfen», meinte er. «In dem Alter sehen sie sich alle noch ziemlich ähnlich. Außerdem kann die Geschichte nicht stimmen. Wenn das Mädchen nach den beiden Bombenangriffen unter den Trümmern verschüttet war, wie ist es dann in das Massengrab am Opschlag gekommen?»

«Wir werden sehen», sagte van Appeldorn. «Lasst uns erst einmal zusammentragen, was wir in den letzten zwei Tagen herausgefunden haben. Willst du beginnen, Bernie?»

Der nickte. «Ich habe euch ja schon erzählt, dass man in der Bedburger Klinik ein Wehrmachtslazarett eingerichtet hatte, mit Betten für über zweitausend Soldaten. Deshalb begann man im März 1940 mit der großen Massendeportation der Psychiatriepatienten in die Tötungsanstalten. Es waren so viele Menschen, dass die aufnehmenden Kliniken sich beim Anstaltsleiter beschwerten, weil sie mit dem Töten nicht mehr nachkamen. Lediglich ein paar hundert Schwerstkranke blieben in Bedburg.

Dann stellte man plötzlich fest, dass man nicht mehr genügend Arbeitskräfte hatte, um den Betrieb des Lazaretts aufrechtzuerhalten. Also fing man 1941 damit an, die arbeitsfähigen Patienten, die man noch nicht getötet hatte, nach Bedburg zurückzuverlegen. Um den Klinikbetrieb am Laufen zu halten – Landwirtschaft, Gärtnerei, Technik, Wäscherei, Näherei, Küche –, brauchte man fünfhundertfünfzig Männer und dreihundertfünfzig Frauen, und genauso viele Patienten kamen – als kostenlose Arbeitskräfte – nach Bedburg zurück.

Schon im Sommer 1943 platzte die Klinik aus allen Nähten. Inzwischen waren dort auch Zwangsarbeiter untergebracht, täglich wurden neue verwundete Soldaten und zivile Opfer der Bombenangriffe eingeliefert. Es gab einfach nicht mehr genug Platz für alle, und so begann eine zweite Deportationsphase. Bis auf die nötigen Arbeitskräfte wurden alle psychiatrisch Kranken nach Polen gebracht.

Der Anstaltsleiter beschwerte sich mehrfach bei der NSDAP-Kreisleitung, dass der Abtransport nicht schnell genug ging, und verlangte den Einsatz von Bussen.

Nach den Angriffen auf Kleve mussten auch noch die Patienten des St.-Antonius-Hospitals untergebracht werden, immerhin 342 Patienten. Das passte nun gar nicht. Die Front rückte näher. Verwundete Soldaten mussten versorgt und wieder einsatzfähig gemacht werden. Zivile Kranke störten den Betrieb, brauchten Ärzte und Pfleger, die es ohnehin nicht in ausreichender Anzahl gab. Also plante man den Abtransport der

Klever Kranken. Wohin, ging aus den Unterlagen nicht hervor. Aber dazu kam es nicht mehr, denn im Oktober 1944 brachen die Transportmöglichkeiten vollends zusammen.»

Er nahm ein paar Zettel zur Hand.

«Dies sind die Beschwerdebriefe, die der Anstaltsleiter an die NSDAP-Kreisleitung geschickt hat. Unter ihnen ist auch ein Brief von Dr. Zirkel, vermutlich hat er dem Anstaltsleiter eine Kopie zukommen lassen. Er ist an die NSDAP in Kleve gerichtet. Zirkel verlangt darin die Zurverfügungstellung eines Wehrmachtsbusses für die Verlegung einer Gruppe Kranker nach Bedburg zwecks weiteren Abtransports von dort. Die Betten der nämlichen Patienten würden für die Akutversorgung gebraucht, begründet er. Und er droht, sich an übergeordnete Kommissare der Reichsleitung zu wenden. Der Brief ist vom 21. September 1944.»

«Das war fünf Tage vor dem ersten Bombenangriff», sagte Cox nachdenklich. «Eine Gruppe von Kranken ... Akutversorgung ... Ob er die Betten für verwundete Frontsoldaten brauchte? Aber die kamen doch ins Lazarett nach Bedburg, oder?»

«Ja», bestätigte van Appeldorn, «aber möglicherweise gibt es einen anderen Grund. Ich war im Krankenhaus und habe mich durch die, zugegeben recht spärlichen, Unterlagen gewühlt.

Dr. Reinhard Zirkel war nicht nur der Chefarzt des Antonius-Hospitals, sondern auch seit Januar 1940 außerplanmäßiger Professor an der ‹Medizinischen Akademie in Düsseldorf›, ein hochangesehener Mann. Er blieb auch nach dem Krieg Chefarzt, bis er 1961 in Rente ging. Danach war er weiterhin im Vorstand des Hospitals, Kirchenältester und zeitweise Vorsitzender des Rotary Clubs, einer Vereinigung von Männern – ich habe es mal nachgeschlagen – unter dem ‹Ideal des Dienens›.»

«Na, das passt doch», schnaubte Bernie. «Gedient hat er ja. Sogar dem Führer.»

«Aber das kann doch nicht sein!», regte Penny sich auf. «Die können den doch nicht einfach behalten haben, er hatte doch aktiv mitgemacht.»

«Das wird er wohl kaum an die große Glocke gehängt haben», gab Schnittges zurück.

«Er nicht, natürlich, aber andere müssen doch auch Bescheid gewusst haben.»

«Ach, Herrgott, man war froh, dass man sein Leben hatte. Mein Großvater war in Krefeld als LKW-Fahrer zwangsverpflichtet. In den letzten Kriegstagen musste er russische Zwangsarbeiter zu einer Kiesgrube fahren, wo sie exekutiert wurden. Der SS-Mann, der das Erschießungskommando leitete, wurde nach dem Krieg Landgerichtspräsident. Auch mein Großvater hat geschwiegen, und er war, weiß Gott, kein Feigling. Als kleiner Mann hattest du nichts zu sagen, daran warst du doch gewöhnt. Du nahmst es hin, dass die Bonzen Bonzen blieben, das war schließlich immer so gewesen.» Er nickte van Appeldorn zu.

«Gut», meinte der. «Ich habe mit meinem Onkel gesprochen.»

«Du hast einen Onkel?», rief Cox verblüfft.

«Ja.» Van Appeldorn musste schmunzeln. «Du nicht?»
«Nein.»

Van Appeldorn blinzelte verwirrt. «Wie auch immer», sagte er dann. «Mein Onkel war während des Krieges in Kleve, fünfzehn Jahre alt, als die Bomben fielen. Er hat mir erzählt, dass im August 1944 in der Stadt eine Scharlachepidemie ausgebrochen war. Nach kurzer Zeit schon war die Isolierstation des Krankenhauses zu klein, und man musste eine zweite Station umfunktionieren. Möglicherweise ist das gemeint, wenn Zirkel von Akutversorgung schreibt. Man brauchte Betten für die Scharlachkranken.»

«Klingt einleuchtend.»

«Mein Onkel glaubt, zwei unserer Opfer gekannt zu haben.» Er spürte, dass die anderen die Luft anhielten. «Na ja, gekannt ist wohl zu viel gesagt. Er weiß eigentlich nur, dass man sie Lis und Lisken nannte, also hießen sie wohl beide Elisabeth, an den Nachnamen erinnert er sich nicht. Mutter und Tochter, die Mutter hatte einen Klumpfuß, die Tochter einen Buckel. Sie hausten in einer Kammer in der Kavariner Straße, und von Lisken hieß es, dass sie gern mal für ein paar Groschen die Pennäler mit den Freuden der Liebe bekannt machte. Beide Frauen halfen im Krankenhaus aus, in der Küche, im Garten, in der Wäscherei, wo immer man sie brauchte, und bekamen dafür von den Nonnen Essen und Kleidung.

Auch der Bruder meines Onkels hatte Scharlach und lag auf der Isolierstation, als die Unterstadt bombardiert wurde; er ist nur durch Zufall entkommen.

Mein Onkel ist jedenfalls sicher, Lis und Lisken auf der Station gesehen zu haben, als er seinen Bruder ein paar Tage vorher besuchte. Die beiden hatten wohl ebenfalls Scharlach.»

«An diese Frauen müssten sich doch auch noch andere Klever erinnern. Sie waren ja nicht gerade unauffällig», sagte Cox. «Die *Niederrhein Post* könnte etwas darüber bringen.» Er rieb sich die Augen. «Das klingt jetzt vielleicht sentimental, aber als Bernhard Claassen mir gestern sagte, er möchte, dass seine Schwester ein anständiges Begräbnis bekommt, da dachte ich: Wir werden die Täter wahrscheinlich nicht mehr zur Verantwortung ziehen können, aber wir müssen dennoch herausfinden, wer die Opfer sind, und ihnen ihre Würde zurückgeben.»

Bernie räusperte sich. «Ich sehe das genauso. Wenn das sentimental ist, bitte schön.» Er schaute die anderen an. «Ich bräuchte mal eine kurze Pause.»

«Noch nicht», entgegnete Penny energisch. «Ich würde erst noch gern erzählen, was ich in Münster herausgefunden habe, bevor wir anfangen zu sortieren.»

Schnittges nickte ergeben.

«In diesem Archiv gibt es eine ganze Menge persönlicher Aufzeichnungen, aber sie sind schwierig zu lesen, weil sie durchsetzt sind von irgendwelchem religiösen Schnickschnack. Dass Krieg auch zu Gottes Schöpfungsplan gehört, dass Katastrophen nötig sind zur Läuterung der Seele, zum Beispiel. Und ständig halten diese Frauen Zwiesprache mit ihrem Gott – ganze Gebete haben sie niedergeschrieben. Sie schwärmen geradezu von der Liebe des Herrn, die sie zu den Gefilden der Ewigkeit trägt. Ihr könnt es euch vorstellen. Nun, letztendlich habe ich Folgendes herausgefiltert: Dr. Zirkel ist ein ‹feiner Mann›, von großer Herzensgüte und selbstloser Hingabe an seine Berufung als Heiler. Die Nonnen verehren ihn ausnahmslos. Jeden Samstag spendiert er ihnen ein paar Bleche Streuselkuchen und nimmt, ‹wenn es ihm irgend möglich ist, am Schmaus teil›. Selbst in den schweren Kriegszeiten hält er an dieser Tradition fest, organisiert Eier, Zucker, Butter, solange es eben geht. Zirkel besucht nicht nur jeden Sonntag die Messe in der Minoritenkirche, er geht auch regelmäßig zur Beichte.

Mit Oberarzt Reiter sieht es ganz anders aus. In der Messe sieht man ihn selten, zur Beichte geht er nie. Die Nonnen mögen ihn nicht: Er rede Zirkel nach dem Mund und dränge sich danach, ‹dem Professor Operationen abzunehmen›. Reiter arbeitet seit Kriegsbeginn an seiner Dissertation, die er bei der Medizinischen Akademie in Düsseldorf angemeldet hat, Zirkel ist sein Doktorvater. Das Thema der Arbeit kennen die Nonnen wohl nicht, aber sie erwähnen, dass Reiter sich im Keller des Krankenhauses ein Laboratorium eingerichtet hat, das stets abgeschlossen ist und aus dem hin und wieder Katzenlaute dringen.»

Das Telefon klingelte, Cox nahm ab.

«Hier ist ein Doktor, der unbedingt mit einem von euch sprechen muss.»

«Jetzt nicht!», schnauzte Cox, aber es war zu spät, jemand klopfte an die Tür.

Ein korpulenter Mann von Mitte fünfzig kam herein.

«Dr. Nagel!» Cox sprang auf und streckte ihm die Hand entgegen.

Der Arzt blickte freundlich. «Nett, Sie wiederzusehen.»

«Jean Nagel», stellte Cox ihn den anderen vor. «Er ist Psychiater in Bedburg und hat mir damals nach dem Attentat bei meiner Supervision geholfen. Was führt Sie denn zu uns?»

Nagel nickte grüßend in die Runde. «Ihre Kollegen von der Autobahnpolizei haben gestern in der Nähe von Elten einen Mann aufgegriffen», begann er nach kurzem Überlegen.

«Davon habe ich gehört», fiel es van Appeldorn ein. «Der hatte die Autobahn wohl mit dem Nürburgring verwechselt. Soweit ich weiß, ist er zu euch nach Bedburg gebracht worden.» Er deutete auf einen Stuhl. «Setzen Sie sich doch.»

«Gern, danke.» Nagel nahm Platz. «Das stimmt, man hat ihn in die Klinik gebracht, weil er auf die Beamten wohl einen verwirrten Eindruck machte.» Er schmunzelte. «Ich an seiner Stelle wäre wohl auch verwirrt gewesen.» Dann besann er sich. «Wie auch immer, der Arzt vom Dienst hat Herrn Hetzel mit Verdacht auf Schizophrenie aufgenommen. Heute Morgen habe dann ich Herrn Hetzel eingehend untersucht, und ich kann Ihnen versichern, dass er psychisch vollkommen gesund ist.» Er zögerte. «Ich gebe zu, die Geschichte, die er erzählt, klingt abenteuerlich, aber meiner Meinung nach muss man ihn ernst nehmen.»

«Was erzählt er denn?», wollte Schnittges wissen.

Wieder schmunzelte Nagel. «Dass er von der Mafia verfolgt wird.»

Bernie runzelte ungläubig die Stirn und warf van Appeldorn einen genervten Blick zu.

«Nein, wirklich», beharrte Nagel, «der Mann ist nicht paranoid. Sie sollten mit ihm sprechen.»

«Na gut», entschied van Appeldorn, «dann holen Sie ihn herein.»

Der Arzt stand auf. «Er wartet in meinem Auto. Es wäre wohl am besten, wenn einer von Ihnen mit hinunterkäme, um ihn abzuholen. Ohne Polizeischutz will er keinen Schritt mehr tun.»

Van Appeldorn seufzte.

«Ich mach schon», sagte Schnittges, und van Appeldorn nickte ergeben.

Als Leiter der Mordkommission verfügte er über ein eigenes Büro, das er aber eigentlich nur nutzte, wenn er längere Telefonate führen oder Berichte schreiben musste.

«Bring ihn rüber zu mir.»

«Gibt es die Medizinische Akademie in Düsseldorf heute noch?», fragte Penny, als endlich wieder Ruhe eingekehrt war.

«Soviel ich weiß, gehört sie mittlerweile zur Heinrich-Heine-Universität», antwortete Cox.

«Hm.» Sie fing an, an ihren Haaren herumzuzwirbeln. «Mich würde wirklich interessieren, welches Thema Reiters Dissertation hatte ...»

«Ja, mich auch. Er muss ja wohl irgendwelche Versuche durchgeführt haben, sonst hätte er sich kein Labor eingerichtet.» Cox rief das Telefonbuch in seinem Computer auf. «Ich weiß nicht, wie lange Dissertationen an den Unis aufbewahrt werden, aber das lässt sich ja noch prüfen.»

«Vielleicht finde ich inzwischen heraus, was nach dem Krieg aus Dr. Reiter geworden ist. Am Antonius-Hospital hat er ja wohl nicht mehr gearbeitet. Ich versuche mein Glück mal bei den Melderegistern.»

Sie machten sich an die Arbeit.

Zehn Volker Hetzel hatte die irritierende Angewohnheit, fast jeden Satz wie eine Frage klingen zu lassen. Er hatte insgesamt etwas – Schnittges suchte nach der richtigen Vokabel –, etwas Vages, Konturloses.

Sein Körper war kräftig gebaut und dabei doch schwammig, sein Gesicht rund wie ein Pfannkuchen, das Haar fein wie Babyflaum und so hell, dass man Wimpern und Brauen kaum erkennen konnte.

Die blanke Angst in den seegrünen Augen passte nicht dazu.

Er überfiel die beiden Kripoleute mit einem wirren Wortschwall, und es dauerte ein paar Minuten, bis van Appeldorn ihn durch seine stoisch nüchternen Fragen nach Namen, Adresse, Familienstand, Alter ein wenig beruhigt hatte.

«Bin im letzten Juli fünfundvierzig geworden!»

«Gut», sagte Schnittges, «und jetzt erzählen Sie ganz von Anfang an. Das schaffen Sie doch.»

Hetzel schluckte ein paarmal.

«Letzten Winter? Als die Prospekte gekommen sind?»

«Sie haben also Prospekte zugeschickt bekommen.»

«Ja, genau, bunte Kataloge von so Agroparks, wo drinstand, dass der Bauer Verantwortung für die ganze Gesellschaft hat und dass nur das neue Agrobusiness auf die Dauer die Menschheit ernähren kann. Also, wir Bauern wären die Einzigen, die den Welthunger bekämpfen können? Hab ich mir durchgelesen und weggetan? Ein paar Tage danach kamen dann die Männer?»

«Welche Männer?», fragte van Appeldorn.

«Holländer?»

Eine holländische Firma war an Hetzel herangetreten und hatte ihm angeboten, Mitglied einer Genossenschaft zu werden.

«Mein ganzer Ackergrund sollte unter Glas kommen.»

Die Treibhäuser und die modernen Anbaumethoden bei Kartoffeln, Mais und verschiedenen Gemüsesorten garantierten dem Bauern statt wie bisher nur eine mehrere Ernten im Jahr, hatte man versprochen. Saatgut, Dünger und eventuell benötigte Pestizide stelle die Firma kostenlos zur Verfügung. In der Intensivlandwirtschaft liege die Zukunft, sie bringe selbst dem kleinen Landwirt enorme Gewinne.

«Die haben quasi gemeint, in drei, vier Jahren wär ich reich. Ich hab trotzdem nein gesagt? Ich will nicht zu einer Genossenschaft gehören. Ich war immer mein eigener Herr und hab angebaut, wo ich was von kenne. Von Gemüse verstehe ich gar nichts? Meine Frau und ich können keine großen Sprünge machen, aber es geht uns gut genug. Wir haben ja keine Kinder? Unser Bauerncafé und mein Streichelzoo, das lockt Familien an, ist ja jetzt in Mode gekommen?»

Seit er der holländischen Firma eine Absage erteilt

hatte, habe er immer wieder Männer beobachtet, die sich auf seinen Äckern herumgetrieben hätten, erzählte Hetzel. Immer hätte irgendwo auf den Feldwegen ein fremdes Auto gestanden, und vor vierzehn Tagen hätten zwei Lämmer aus dem Streichelzoo morgens tot auf der Wiese gelegen.

«Dabei waren die abends noch kerngesund? Und gestern waren da wieder zwei Kerle am Rand vom Maisfeld. Da hatte ich die Nase voll, bin mit meinem Wagen hin und hab sie zur Rede gestellt. Aber die waren verstockt, haben gar nichts gesagt. Also sag ich: Jetzt ist genug, ich fahr jetzt sofort zur Polizei.»

Wieder musste Hetzel schlucken.

«Und die dann hinter mir her, direkt auf der Stoßstange. Und dann seh ich, dass der Beifahrer eine Pistole hat. Da bin ich durchgedreht.»

Seine Stimme überschlug sich. «Nur noch kreuz und quer gerast. Die immer direkt hinter mir. Auf die Autobahn, ich weiß nicht, wie ...» Er schnappte nach Luft. «Mir wird schlecht.»

Van Appeldorn stand auf und legte ihm die Hand auf die Schulter, Schnittges goss ein Glas Wasser ein. «Jetzt atmen Sie erst einmal wieder richtig durch.»

Hetzel nickte und trank.

«Und dann stecken die mich doch tatsächlich in die Anstalt», wisperte er.

«Herr Hetzel, können Sie uns das Auto beschreiben, das Sie verfolgt hat?», fragte van Appeldorn.

«Schwarz?»

«Haben Sie sich das Kennzeichen gemerkt?»

«Gelb?»

«Und die beiden Männer, wie sahen die aus?»

«Weiß nicht, die hatten Hüte auf und Sonnenbrillen?»

Norbert und Bernie sahen sich an.

«Der Doktor glaubt mir!», schrie Hetzel. «Der glaubt mir!»

«Das tun wir ja auch», versuchte Schnittges, ihn zu beschwichtigen. «Wie hieß denn diese holländische Firma, die an Sie herangetreten ist?»

«Weiß nicht. Irgendwas mit Agro B.V.?»

«Aber die Prospekte haben Sie doch sicher noch.»

Hetzel machte ein trotziges Gesicht. «Damit hab ich den Ofen angestocht, wie die mir die Schafe vergiftet haben.»

Dann flackerte wieder Panik auf.

«Und als Nächste sind wir dran, meine Frau und ich! Wir brauchen Polizeischutz!»

Eine halbe Stunde später ließen sie ihn mit einem Peterwagen nach Hause bringen.

Sie hatten ihm versprochen, sich um die Angelegenheit zu kümmern und sich in den nächsten Tagen bei ihm zu melden, bis dahin würde mehrmals am Tag ein Streifenwagen seinen Hof anfahren.

Schnittges wischte sich die Schweißperlen von der Stirn.

«Der gute Dr. Nagel in allen Ehren», sagte er, «aber auch ein Psychiater ist nicht unfehlbar. Wenn du mich fragst, gehört Hetzel in die geschlossene Kolonne.»

«Vermutlich.» Van Appeldorn klang ein wenig erschöpft. «Ich rufe trotzdem mal den Kollegen an, der ihn gestern hopsgenommen hat. Der wird uns ja wohl etwas über den anderen Wagen erzählen können.»

«Mach das. Ich gehe in der Zeit mal ins Netz. Ich meine nämlich, ich hätte neulich etwas in der Zeitung gelesen über einen Agropark am Niederrhein.»

An der Heinrich-Heine-Universität Düsseldorf hatte man irgendwann in den Siebziger Jahren alle Dissertationen, die seit Gründung der Medizinischen Akademie eingereicht worden waren, auf Mikrofilm festgehalten, aber erst vor kurzem mit dem Ordnen und Archivieren begonnen.

Jeder andere hätte vermutlich spätestens bei der fünften Warteschleife, die einem irgendeinen elektronischen Quark ins Ohr dudelte, das Handtuch geworfen, aber Peter Cox war ein geduldiger Mensch. Er schaffte es sogar, freundlich zu bleiben, als er nach geschlagenen vierzig Minuten endlich eine studentische Hilfskraft in der Leitung hatte, die mit der Archivierung beschäftigt war.

«Ich helfe Ihnen gern», sagte der junge Mann, «aber ich bräuchte einen schriftlichen Auftrag.»

«Wenn Sie mir Ihre Faxnummer geben, haben Sie den in fünf Minuten auf Ihrem Tisch.»

«Prima, ich melde mich dann bei Ihnen, sobald ich die Arbeit gefunden habe.»

Cox legte auf. Auch Penny hatte eben kurz telefoniert, saß jetzt aber wieder konzentriert an ihrem PC und schaute nicht hoch, also beschloss er, die *Nieder-*

rhein Post anzurufen. Die Geschichte von Lis und Lisken ging ihm nicht aus dem Kopf.

Der Kulturredakteur war gleich Feuer und Flamme. Sie verabredeten sich für den nächsten Tag in einem Café.

«Bis dahin kann ich ja schon mal ein wenig in unserem Archiv kramen. Ich weiß, dass es dort einige Artikel über die sogenannten Klever Originale gibt.»

«Wunderbar», freute Cox sich, «aber ich muss Schluss machen, bei mir in der Leitung klopft jemand an.»

Es war Arend Bonhoeffer.

«Dein Herr Claassen war eben bei mir wegen des Abgleichs mit der DNA des kleinen Mädchens mit dem Hydrozephalus.»

«Schön, dass es so schnell geklappt hat. Wie lange wird es denn dauern, bis du das Ergebnis hast?»

«Nicht lange», antwortete Bonhoeffer. «Ich habe ja sonst nichts zu tun.»

Cox wunderte sich. «Seid ihr denn mit den Gesichtsrekonstruktionen schon fertig?»

«Noch nicht ganz, aber dabei werde ich nicht gebraucht. Klaus hat quasi seinen Wohnsitz in die Pathologie verlegt.»

«Van Gemmern?»

«Van Gemmern», bestätigte Bonhoeffer. «Und manchmal sind drei eben einer zu viel.»

Cox schüttelte den Kopf. «Ach komm. Ich meine, Bernie hat schon angedeutet, dass Klaus eine Schwäche für deine Marie hat, aber der wird sich doch nicht wirklich zum Affen machen. Ist sie eigentlich hübsch?»

«Sehr.»

«Und wie alt?»

«Zweiunddreißig.»

«Meine Güte, dann könnte er locker ihr Vater sein.»

Bonhoeffer gluckste. «Er hat sie übrigens für heute Abend zu einer Woodstock-Party in Bochum eingeladen.»

«Woodstock? Klaus? Ich fass es nicht, der macht sich tatsächlich zum Deppen!»

«Nicht unbedingt», meinte Bonhoeffer. «Marie hat nämlich zugesagt.»

«Und was wird aus den Rekonstruktionen?»

«Die erledigen sie am Wochenende.»

Cox tippte sich an die Stirn und legte auf.

«Was ist denn?», wollte Penny wissen.

«Klaus baggert Marie Beauchamp an.»

«Van Gemmern? Blödsinn, der weiß doch nicht einmal, dass es zwei verschiedene Geschlechter gibt.»

«Doch, doch, Arend hat es mir gerade erzählt.»

Penny musste lachen. «Ihr spinnt doch!»

Bernie Schnittges hatte die Zeitungsartikel über den Agropark Niederrhein gefunden. Während er sie durchlas, hörte er mit halbem Ohr dem Telefongespräch zu, das van Appeldorn mit dem Kollegen von der Autobahnpolizei führte. Es schien nicht sehr ergiebig zu sein.

«Ein schwarzer Porsche, okay. Und das Kennzeichen?» ... «Ein holländisches, das weiß ich schon ... Nein, die sehen nicht alle gleich aus ... Herrgott nochmal, du musst doch das Kennzeichen wissen, du bist Bulle, Mann!» ... «Ja, ja ... ja, ich weiß, dass es schnell ging, ja ... Nein, nein, ist schon gut ... Ja, ich sag doch, ist gut.» ... «Welche andere Karre?» ... «Ach so, das Auto von Hetzel steht immer noch bei euch. Das muss zurück zum Halter.» ... «Ja, genau. ... Nein, der sitzt nicht mehr in der Klapse ... Ja, ja, ich weiß, mir wär's auch lieber. Ist dir sonst noch irgendwas ... Schwarze Hüte? Beide? Na, halleluja! ... Nein, das war schon alles, danke dir. Wir sehen uns morgen beim Training.»

«Lass mich raten», sagte Bernie. «Die beiden Männer in dem holländischen Porsche trugen Hüte.»

Van Appeldorn schaute durch ihn hindurch. «Schwarze.»

«Sonnenbrillen auch?»

«Davon hat er nichts gesagt.»

«Und jetzt denkst du, dass Hetzel doch nicht spinnt? Dann hör dir mal an, was ich gefunden habe. Man will tatsächlich Agroparks am Niederrhein einrichten, unter anderem auf einer größeren Fläche in Hau, wo auch Hetzel seine Felder hat. Das ganze Vorhaben wird unterstützt von der Wirtschaftsförderung des Kreises Kleve. Die macht richtig Werbung dafür und will ansässige Landwirte und Gartenbaubetriebe mit ins Boot holen.»

«Na, dann können ja wohl kaum irgendwelche kriminellen Machenschaften dahinterstecken.»

«Eben.»

Van Appeldorns Handy summte, er schaute aufs Display, die Nummer sagte ihm nichts.

«Van Appeldorn», meldete er sich.

«Ja, hier auch van Appeldorn.»

«Onkel Fricka!» Norberts Magen schlug einen fröhlichen Purzelbaum, dann sah er, wie Bernie die Ohren spitzte, schickte ihm ein entschuldigendes Lächeln und ging hinaus auf den Flur. «Ich wusste ja gar nicht, dass du ein Handy hast.»

«Ich benutze es auch nie. Merle hat es mir zu Weihnachten geschenkt, damit ich Hilfe holen kann, wenn mir mal was beim Spazierengehen passiert. Ich habe es immer brav aufgeladen, aber nie gebraucht. Und eben dachte ich, ich probiere es einmal aus.»

«Gute Idee. Wie geht es dir?»

«Großartig. Hör mal, Junge, du kannst ablehnen, und das meine ich ernst, ich wäre dir gewiss nicht gram. Meine Zugehfrau hat ein Blech Pflaumenkuchen gebacken, und der schmeckt am besten, wenn er einen Tag durchgezogen ist. Und da dachte ich mir, das Wetter ist noch so schön, dass man draußen sitzen kann. Wer weiß, wie lange noch.» Er machte eine Pause. «Hättest du nicht Lust, mich morgen mit deiner Familie zu besuchen? Dann könnte ich deine Frau kennenlernen und den kleinen Paul.»

«Das tut mir jetzt leid, Onkel Fricka, aber ich bin dieses Wochenende Strohwitwer.» Van Appeldorn spürte ehrliches Bedauern. «Einmal im Jahr fährt Ulli mit ihren Kolleginnen und Kollegen und allen Kindern auf eine Fortbildung. Na ja, so heißt das offiziell, aber ich glaube, die lassen es sich einfach nur gutgehen.» Er schaute auf seine Uhr. «Sie sind jetzt schon unterwegs und kommen erst am Sonntagabend wieder.»

«Wie schade, aber da kann man wohl nichts machen.» Onkel Fricka wurde leise.

«Nein, nein, warte. Das ist nur aufgeschoben, wir finden einen anderen Termin, bestimmt. Ulli möchte dich nämlich auch kennenlernen, und für Paul wäre es sicher schön. Übrigens, ich liebe Pflaumenkuchen.»

Er hörte den Onkel lachen. «Ich weiß, du warst schon als Junge ganz verrückt danach. Dann komm doch wenigstens du.»

«Das mache ich. Ich habe allerdings nur bis vier Zeit.»

«Dann komm doch um halb zwei. Ich lasse mein Mittagessen ausfallen, und wir machen gemeinsam den Kuchen nieder.»

Bernie Schnittges hatte sich mit seiner Schwester in der Wolle gehabt.

Genau wie erwartet hatte Monika im Laufe des Mittwochs alle Möbel in seiner Wohnung aufgebaut, die Küche eingeräumt, sogar schon seine Bücher und CDs einsortiert – nach *ihrem* System – und war, als er vom Dienst kam, gerade dabei, Bilder aufzuhängen. Das ging ihm zu weit, und das wusste sie auch. Sie hatten sich ein paar wüste Beschimpfungen um die Ohren gehauen, dann hatte er seinen Trainingsanzug angezogen und war türenknallend zum Laufen abgerauscht. Als er nach Hause gekommen war, hatten alle Bilder, Bücher und CDs im Wohnzimmer auf dem Boden gelegen, und Monika war verschwunden.

Gestern hatte er sich keine großen Gedanken über ihren Krach gemacht. Monika und er stritten sich gern, heftig und oft und lagen sich im nächsten Augenblick schon wieder in den Armen. Statt sie anzurufen und um schön Wetter zu bitten, hatte er seine Wohnung weiter eingerichtet und eine Liste der Dinge gemacht, die er noch besorgen wollte, Topfpflanzen vor allem.

Als er heute nach Hause kam und feststellte, dass keine Nachricht auf seinem Anrufbeantworter war, meldete sich sein Gewissen. Er wusste, dass es Monika im Moment nicht besonders gutging. Als einziges der Schnittgeskinder hatte sie keinen Beruf erlernt, sondern gleich nach dem Abitur einen aufstrebenden Rechtsanwalt geheiratet, in rascher Folge drei Kinder bekommen, die mittlerweile ihrer eigenen Wege gingen. Sie war siebenunddreißig und frustriert. Ihr Mann hatte ihr angeboten, bei ihm in der Kanzlei zu arbeiten, und sich eine böse Abfuhr eingehandelt: «Sehe ich aus wie eine Tippse?» Auch sein Vorschlag, doch vielleicht einen kleinen Blumenladen zu eröffnen, war mit ein paar spitzen Bemerkungen abgetan worden.

Bernie griff zum Telefon und seufzte. Gut, Monika war frustriert, aber sie war ihm auch in den letzten Monaten mächtig auf die Nerven gegangen. Ständig hatte sie «Freundinnen» angeschleppt. «Das ist Laura, Bernie, sie macht auch Kampfsport. Ihr könntet doch mal zusammen trainieren.»

Monika meldete sich nach dem zweiten Klingeln.

«Die verwöhnte Oberschichttussi nehme ich zurück.»

Sie lachte. «Und ich den präpotenten Schnösel mit Bindungsangst.»

«Fein, dann sind wir ja quitt. Sag, weißt du, ob die alten Herrschaften am Sonntag schon was vorhaben?»

«Ich glaube nicht.»

«Dann lade ich die ganze Blase zur Einweihung ein.»

«Ist das nicht zu früh? Du kannst doch unmöglich schon fertig sein mit allem.»

«Fertig genug, ist ja nur Familie zu Kaffee und Kuchen.»

«Soll ich irgendwas backen?»

«Schwesterherz, deine Kochkünste in allen Ehren, aber im Backen bin ich besser. Und du hast mich doch verstanden, oder? Ich sagte: nur Familie. Also bitte keine Lauras.»

Elf Onkel Fricka trug einen weißen Leinenanzug und einen Strohhut mit breiter Krempe. Er saß da in seinem Schaukelstuhl im Schatten der alten Linde, paffte eine Zigarre und war sichtlich mit der Welt im Reinen.

Van Appeldorn fühlte sich in eine andere Zeit versetzt.

«Du hättest einen erstklassigen Kolonialherren abgegeben», sagte er.

«Hm.» Der Onkel strich sich die Weste über dem Bauch glatt. «Ein etwas zweifelhaftes Kompliment, würde ich sagen.»

«Ich meinte doch nur deinen Anzug, den Hut und die Art, wie du deinen Blick schweifen lassen kannst über unendliche Ländereien.»

Tatsächlich sah man ringsum nur Wald, Felder und Wiesen mit kleinen Baumgruppen.

«Wie hast du hier nur eine Baugenehmigung bekommen? Das war doch damals sicher kein Bauland.»

«Ist es heute noch nicht.» Fricka schob den Hut in den Nacken. «Vitamin B, wie man so schön sagt. Das Grundstück habe ich dem Bauern Schraven abgeluchst.» Er schaute hinüber zur Ligusterhecke am anderen Ende des Rasens, hinter der man das rote Schindeldach einer Scheune schimmern sah. «Und wenn man in der richtigen Position war und die richtigen Leute kannte ... Nun ja, heute bin ich nicht mehr unbedingt stolz darauf.»

Man hörte einen Hund kläffen, eine barsche Männerstimme, dann wehte der strenge Geruch von Schweinedung herüber.

«Puh!» Van Appeldorn hielt sich die Nase zu.

Onkel Fricka lachte. «Man gewöhnt sich daran. Und früher war es auch nicht so schlimm, erst seitdem die Alten tot sind und Rainer den Hof allein führt. Ein Eigenbrötler, wie er im Buche steht, der Rainer, kriegt kaum die Zähne auseinander. Keine Frau, keine Kinder, dabei ist er schon zweiundfünfzig. Auch keine Freunde, soweit es mir bekannt ist.»

«Keine Angestellten?»

Onkel Fricka schüttelte den Kopf. «Die braucht er nicht. Er hält nur ein paar Mastschweine und Milchkühe, Hühner und Gänse, aber das wohl nur noch als Hobby. Er hat nämlich reichlich Land, alles verpachtet, davon kann er anscheinend ganz gut leben. Im Moment ist er allerdings im Krankenhaus. Er soll versucht haben, sich umzubringen, haben die Leute beim Bäcker erzählt. Aber das glaube ich nicht, dafür ist Rainer nicht der Typ.»

«Und wer kümmert sich jetzt um das Vieh?»

«Sein Schwager aus Xanten.» Er nahm den Hut ab und fächelte sich damit Luft zu. «Obwohl ich mir gar nicht vorstellen kann, wie der das schaffen will. Ich habe ihn Anfang der Woche kennengelernt, den Schönling.

Ich hole nämlich jeden Abend dort meinen halben Liter Milch, direkt nach dem Melken – leckere Rohmilch, die bekommt man ja heute sonst nirgendwo mehr.» Er runzelte die Brauen. «Aber was erzähle ich hier eigentlich für dummes Zeug? Das interessiert dich doch gar nicht.»

«Doch, natürlich», entgegnete van Appeldorn.

«Gieß uns noch eine Tasse Kaffee ein», sagte der Onkel und setzte den Hut wieder auf.

«Du stellst gar keine Fragen.»

Van Appeldorn schenkte Kaffee nach und fing dann an, die Kuchenkrümel auf seinem Teller zusammenzuschieben. «Weil ich nichts wissen will.»

«Das muss ich wohl akzeptieren.»

Sie schwiegen, schließlich schaute van Appeldorn auf. «Lebt er noch?»

Onkel Fricka nickte langsam, sein Blick war milde. «Ja, dein Vater lebt noch. Früher haben wir ihn ein paarmal besucht. Er hatte es nicht schlecht getroffen in Kanada, hat ganz gut verdient mit seiner Versicherungsagentur in Toronto. Nur mit Frauen hatte er keine glückliche Hand. Er hat noch zweimal geheiratet und sich zweimal wieder scheiden lassen. Mittlerweile ist er sechsundsiebzig und lebt in so einem Rentnerparadies. Du weißt schon: Golfplatz, Swimmingpool und Lieferservice. Er scheint dort ganz zufrieden zu sein.»

«Und Marlies?»

«Deine Schwester nennt sich jetzt Mary und lebt in Kalifornien. Die hat mit ihrem dritten Ehemann wohl eine gute Partie gemacht. Im Grunde weiß ich nicht viel von ihr, wir haben keinen Kontakt.» Seine Augen funkelten. «Man sagt so etwas eigentlich nicht, aber ich habe sie schon als Kind nicht besonders gemocht. Sie war – entschuldige – einfach ein bisschen doof. Aber vor allem hatte sie immer so etwas Forderndes, Nörgeliges an sich.»

Van Appeldorn schaute ihn überrascht an. «Das stimmt, und daran hatte sich auch nichts geändert, als sie sich schließlich vom Acker gemacht hat.»

«Man kann sich seine Geschwister halt nicht aussuchen.»

«Und seine Eltern auch nicht», beendete van Appeldorn das Thema. «Du siehst ein wenig müde aus. Soll ich schon mal den Tisch abräumen?»

Onkel Fricka schaute auf seine Armbanduhr. «Nein, lass nur, das mache ich später. Ein halbes Stündchen Zeit hast du noch.»

Van Appeldorn war etwas eingefallen. «Mir ist da gestern eine Sache untergekommen, bei der du mir vielleicht weiterhelfen kannst. Gibt es die Möglichkeit, von einem Feld mehrmals im Jahr zu ernten?»

«Ja, sicher, durch Direktsaat», bestätigte der Onkel. «Dabei verzichtet man auf die Bodenbearbeitung, also auf Pflügen und Eggen. Man schlitzt den Boden auf und legt das Saatgut ab. Ausgesät werden nicht nur Hauptfrüchte, sondern auch verschiedene Zwischenfrüchte, die man dann chemisch abtötet, um eine Mulchschicht zu erhalten.»

«Ach so.» Van Appeldorn war nicht sicher, ob er alles verstanden hatte.

«Ich persönlich halte gar nichts davon», sprach Onkel

Fricka weiter. «Erst einmal dauert es ein paar Jahre, bis das System überhaupt rentabel ist. In der Zeit hat man so gut wie keine Erträge. Außerdem sind die Früchte höchst anfällig für Schädlinge, was natürlich den Einsatz chemischer Waffen nötig macht. Und mit der Zeit wird der Boden, weil er ja nicht mehr umgebrochen wird, so verdichtet, dass Fließwege entstehen, durch die die Pestizide viel schneller direkt ins Grundwasser gelangen als bei der herkömmlichen Bodenbearbeitung. Ich halte es da eher mit der bewährten Fruchtfolge. Da baut man abwechselnd verschiedene Feldfrüchte an, damit der Boden nicht ermüdet und spezifische Schädlinge sich erst gar nicht ausbreiten können.» Er gähnte und schaute wieder auf die Uhr. «Wie sind wir denn jetzt darauf gekommen?»

Van Appeldorn stand auf und fasste seine Hand. «Das Wetter macht einen ganz schön müde, du solltest dir ein Nickerchen gönnen.»

Seine Truppe hatte sich heute beim Training etwas lahm angestellt, also hatte van Appeldorn sie eine Weile «Stürmer gegen Verteidiger» spielen lassen, um sie ein bisschen in Schwung zu bringen. Er selbst hatte sich so wenig wie möglich bewegt, denn die vier großen Stücke Pflaumenkuchen lagen ihm schwer im Magen. In die Vereinskneipe war er nicht mehr mitgegangen, weil er wusste, dass Ulli anrufen würde, damit Paul seinem Papa «Gute Nacht» sagen konnte, und da wollte er zu Hause sein, ohne Kneipenlärm und blöde Kommentare der Kollegen.

Jetzt stand er in der Küche und überlegte, was er zum Abendbrot essen sollte. Nach all dem Süßen am Nachmittag stand ihm der Sinn nach etwas Herzhaftem. Im Kühlschrank fand er ein paar Pellkartoffeln, die von gestern übrig geblieben waren – Bauernpfanne war eine gute Idee. Während die Kartoffeln in der Butter brutzelten, briet er in einer zweiten Pfanne Zwiebel- und Fleischwurstwürfel, schnitt noch kleine Gewürzgurken hinein, gab alles zu den Kartoffeln und rührte zwei verquirlte Eier unter. Ulli streute immer noch Kräuter darüber. Also zog er die Pfanne von der Herdplatte, ging hinaus in den Küchengarten und schnitt ein paar Halme Schnittlauch und einen Stängel Dill ab.

Er schaute zum Himmel, von Westen her zog es zu, Regen lag in der Luft, aber es war immer noch so warm, dass er draußen essen konnte.

Also legte er eine Rio-Reiser-CD auf, holte seine Kartoffelpfanne und ein Glas Milch und setzte sich auf die Terrasse.

Der Sandkasten musste abgedeckt werden, bevor es zu regnen anfing, und wenn er schon einmal dabei war, konnte er auch gleich das Wasser aus dem Planschbecken ablassen, zum Baden war es mittlerweile sicher zu kühl.

Was sollten sie nur mit diesem Hetzel anfangen?

Bernie hatte erzählt, dass sich die Wirtschaftsförderungsgesellschaft einen Agropark in Bedburg-Hau wünschte. Sie hatten sich das Gebiet auf der Karte angeschaut, es war ein riesiges Areal mit etlichen landwirtschaftlichen Betrieben, und mittendrin lag der Ökohof der Vermeers, bei denen Ulli so gern Gemüse kaufte.

Die Wirtschaftsförderung wollte Landwirte «ins Boot holen», hatte in der Zeitung gestanden, also musste die holländische Firma, die ja wohl der Betreiber des Agroparks sein würde, nicht nur an Hetzel, sondern auch an andere Bauern herangetreten sein. Vermutlich konnte Britta Vermeer ihnen weiterhelfen, aber es widerstrebte ihm, sie so kurz nach dem Tod ihres Mannes zu belligen. Es war sicherlich besser, beim Katasteramt die Besitzer der anderen Grundstücke zu erfragen und sie abzuklappern.

Es klingelte.

Van Appeldorn stapelte Teller, Besteck und Glas und brachte alles in die Küche, bevor er zur Haustür ging. Wer mochte das sein an einem Samstag um diese Uhrzeit? Normalerweise bekamen sie nie unangemeldeten Besuch.

«Wenn ich stör, bin ich in null Komma nix wieder weg. Du muss' et bloß sagen.»

Josef Ackermann, der Kollege vom Betrugsdezernat, grinste ihn treuherzig an.

«Jupp! Ich dachte, du bist in Spanien.» Van Appeldorn stellte verwundert fest, dass er sich tatsächlich ein bisschen freute – normalerweise ging er Ackermann, der sich in der Rolle der niederrheinischen Frohnatur gefiel, am liebsten aus dem Weg.

«War ich auch bis heute Mittag.»

«Komm doch rein!»

«Ne, lass ma', ich will euer Familienglück nich' stören,

wo du doch anscheinend tatsächlich ma' Wochenende has'. Ich weiß doch selbst, wie dat is'.»

«Ach was, ich bin sowieso allein. Ulli ist auf einer Fortbildung und hat Paul mitgenommen.»

«Wenn dat so is' – aber bloß auf'n Sprung.»

Ackermann folgte van Appeldorn durchs Wohnzimmer auf die Terrasse und redete dabei weiter: «Ich dreh grad 'ne Runde mit de Fiets. Tagelang bloß in miefige Büros un' dann im Flieger, da brauch ich 'n bisken Wind um die Nase. Un' mein Guusje wollt mich sowieso unter de Füße weghaben, weil se grad wat besonders Leckeres für mich am Kochen is', wo ich doch so lang weg war.»

«Ja, klar, setz dich doch, Jupp. Ein Bier?»

«Nee danke, am liebsten Wasser. Ich bin sowieso schon müd'.»

Van Appeldorn stutzte, dachte dann an das Glas Milch, das er eben getrunken hatte, und seufzte. «Ich glaube, wir werden langsam alt.»

«Wem sagste dat! Aber eigentlich muss ich gar nix trinken. Ich wollt nur fragen, ob du mich noch brauchen kanns' inne Mannschaft. Ich mein, ich weiß, ich hab Trainingsrückstand, aber meinen Torriecher hab ich noch. So wat kann man nich' lernen, so wat hat man, un' dat bleibt auch.»

Van Appeldorn grinste breit. «Dich schickt der Himmel!»

«Klasse!», freute Ackermann sich, blickte dann aber sofort misstrauisch. «Soll dat heißen, dat wir die totale Gurkentruppe sind? Komm, setz dich un' erzähl ma'.»

Das tat van Appeldorn.

«Wie oft is' denn noch Training?»

«Montag, Donnerstag und notfalls auch noch am Samstag.»

«Da bin ich dabei. Un' wenn ich ab jetzt noch jeden Tag 'n paar Kilometer auffe Fiets runterreiß, dann können sich die Tulpenzwiebeln aber warm anziehen.»

«Dein Wort in Gottes Ohr.» Van Appeldorn lachte und stand auf. «Jetzt hole ich uns doch mal ein Wasser.»

«Jau, aber mit Kribbel, bitte. Die ganze neue Mode mit medium un' hastenichgesehen is' nix für mich. Schmeckt alles wie eingeschlafene Füße.»

Er streckte die Beine aus und atmete tief durch. «Jetzt kann man den Herbst schon riechen. Un' et könnt' Regen geben. Der Sandkasten müsste abgedeckt werden.»

«Wollte ich gerade machen.»

«Haste Folie oder 'n Brett?»

«Ein Brett, steht da vorn an der Garagenwand.»

«Dann mach ich dat ebkes, wenn du die Drinks hols'.»

«Nobel, nobel», meinte er, als van Appeldorn mit den Gläsern zurückkam, «Eisklümpkes un' Zitronenscheibe.» Er trank einen Schluck, schloss die Augen und sah mit einem Mal sehr müde aus.

«Was hast du eigentlich in Spanien gemacht?», fragte van Appeldorn.

«Subventionsbetrug», antwortete Ackermann, ohne die Augen zu öffnen.

«Und wie kommst du da ins Spiel?»

«Ich kenn mich aus mit Molkereien.»

Ackermann schob seine Brille auf die Stirn und blinzelte van Appeldorn kurzsichtig an.

«Interessiert dich dat echt?»

«Klar, sonst hätte ich nicht gefragt.»

«Et gibt da so 'ne spanische Enklave in Afrika, haste vielleicht schon ma' von gehört: Ceuta. Dat liegt auffem Gebiet von Marokko, is' aber spanisch.»

Van Appeldorn schüttelte den Kopf. «Da habe ich offenbar eine Bildungslücke.»

«Quatsch», winkte Ackermann ab, «dat kennt keine Sau. Jedenfalls gibt et 'ne holländische Firma, die in Ceuta EU-Milch zu Milchpulver verarbeitet un' dann nach Afrika exportiert. Damit machen die natürlich den Milchmarkt in Afrika kaputt. Die haben nämlich selber Milch in Afrika, die aber natürlich nich' so billig is' wie dat Pulver vonne Holländer. Aber dat nur am Rande, so wat wird ja leider nich' als kriminell angesehen.» Er rubbelte sich die Wangen und schob die Brille wieder auf die Nase. «Die Milch, die da in Ceuta zu Pulver verarbeitet wird, is' mit EU-Mitteln subventioniert un' muss deshalb auch in Europa bleiben. Alles andere is' eben Betrug. Die Spanier haben eine Soko zusammengestellt un' mich reingeholt, weil ich mich 'n bisken auskenn mit holländische Firmen un' Molkereien.»

«Das habe ich gar nicht gewusst», gab van Appeldorn zu und schämte sich ein wenig.

«Wieso auch? Is' ja nich' dein Ressort», sagte Ackermann. «Diese B.V. in Ceuta betreibt auch 'n paar Molkereien in Nordrhein-Westfalen, weißt du.»

«Und? Ist was rumgekommen bei eurem Einsatz?»

Ackermann nickte. «Den Laden in Ceuta haben wir dichtgemacht, aber dat is' doch alles nur 'n Tropfen auffem heißen Stein. In Afrika verrecken die Menschen, un' ein paar Superkonzerne verdienen sich damit einen goldenen Arsch. Scheiß Globalisierung! Diese verfluchte neoliberale Kacke reißt die ganze Welt in 't Verderben. Ich kann gar nich' so viel kotzen, wie mir schlecht is'.» Er leerte sein Glas in einem Zug und klopfte auf den Tisch. «Genug davon, ich will mich heute nich' mehr aufregen. Ich geh jetzt nach mein' Weib un' ess wat Leckeres. Un' danach will ich se inne Arme nehmen.»

Van Appeldorn brachte ihn zur Tür und schaute ihm nach, wie er mit seinem Rad in der Dunkelheit verschwand.

Ackermann hatte sich mit keinem Wort nach dem Massengrab erkundigt, er war kein bisschen neugierig gewesen, und das sah ihm überhaupt nicht ähnlich.

Zwölf Als van Appeldorn am nächsten Morgen ins Büro kam, erwartete Cox ihn schon mit finsterem Gesicht.

«Was ist denn los?»

«Der werte Herr Staatsanwalt hat gerade angerufen», antwortete Cox und kniff die Lippen zusammen.

«Verstehe.» Van Appeldorn setzte sich. «Was wollte er denn diesmal?»

«Unsere Unterstützung. Von wegen, ab jetzt übernimmt er die Öffentlichkeitsarbeit allein! Die Presse macht ihm anscheinend ganz schön Feuer unterm Hintern. Und der will er heute auf einer PK gegenübertreten – mit uns, wohlgemerkt. Den Termin wollte er natürlich nicht mit einem Lakaien wie mir absprechen.»

Van Appeldorn seufzte. «Ich weiß, der Typ ist ein Kotzbrocken.»

Schnittges und Penny kamen herein.

Bernie trug ein kleines Tablett mit Kuchenstücken. «Die sind von einer kleinen Familienfeier übrig geblieben.»

Penny wedelte mit einer Zeitung. «Der Artikel über Lis und Lisken steht sogar im überregionalen Teil.» Dann sah sie Cox' Gesicht. «Was ist passiert?»

«Dr. Müller hat angerufen», erklärte van Appeldorn.

«Ich habe das Gefühl, die ganze Welt wird mittlerweile nur noch von solchen Rotzlöffeln regiert», meinte Cox bitter. «Nicht die geringste Bildung, kein Geschichtsbewusstsein, keine Ahnung von Zusammenhängen, dafür aber jede Menge ungebrochene Selbstherrlichkeit. Und ich Idiot setze mich gestern noch hin und maile dem Kerl den Bericht mit unseren neuen Ermittlungsergebnissen zu, genau in der Form, in der er ihn haben wollte. Und was erzählt mir diese Pfeife gerade? Das ‹Dossier›, wie er es ausdrückte, sei völlig unbrauchbar! Er benötige die reinen Fakten, unsere Interpretationen und Schlussfolgerungen interessierten ihn nicht die Bohne.»

Penny sperrte den Mund auf.

Schnittges lachte. «Komisch, ich dachte immer, genau dafür würden wir bezahlt.»

Van Appeldorn hatte seinen PC schon hochgefahren und überflog Cox' Bericht.

«Gute Arbeit, Peter», sagte er und meinte es ernst, er selbst war nicht unbedingt ein Meister des geschriebenen Wortes.

Er rieb sich die Hände. «Dann wollen wir unserem Herrn Staatsanwalt mal zeigen, wo die Glocken hängen. Der Bericht kommt in Kurzfassung in die Pressemappe, und zwar mit allen Interpretationen und Schlussfolgerungen.»

«Ist das nicht eigentlich dasselbe?», wollte Penny wissen.

«Zwei Wörter kommen einfach besser», brummte

Schnittges. «Hauptsache, es hört sich gut an, der Sinn ist vollkommen egal.»

Van Appeldorn achtete nicht auf ihn. «Was meinst du, Peter, sollen wir die Pressekonferenz für 14 Uhr ansetzen? Schaffst du das mit den Einladungen und der Mappe?»

«Kein Problem.»

«Prima, mit etwas Glück haben wir bis dahin vielleicht auch schon die Gesichtsrekonstruktionen.» Er überlegte. «Könntet ihr beide, Penny und du, wohl die Konferenz übernehmen?»

«Kein Problem», antwortete diesmal Penny, denn Cox war immer noch beleidigt. «Wenn der feine Herr sich denn mit dem niederen Volk zufriedengibt ...»

«Das werde ich ihm schon beibiegen», meinte van Appeldorn mit grimmiger Freude.

Er schaute Schnittges an. «Bernie und ich werden uns heute wohl oder übel um diese Hetzelgeschichte kümmern müssen.»

Schnittges sprach aus, was auch schon van Appeldorn durch den Kopf gegangen war: «Am einfachsten wäre es wohl, wenn wir mit Britta Vermeer reden könnten. Glaubt ihr, sie kann das schon verkraften?»

Penny wiegte zweifelnd den Kopf, aber Cox nickte. «Wir haben sie gestern kurz besucht. Sie war alles in allem ganz gefasst. Gereons Eltern kümmern sich um den Hof, und Brittas Mutter ist auch da.»

«Okay», meinte Schnittges zögernd, «dann versuchen wir es.»

Van Appeldorn griff zum Telefon. «Aber vorher rufe ich, wie gewünscht, Dr. Müller zurück.»

Man hörte ein Ticken an der Tür, dann kam eine junge Frau hereingewirbelt. Sie sah, dass van Appeldorn telefonierte, und schien die Spannung im Raum zu spüren, denn sie zog die Schultern hoch, hob die Mappe, die sie bei sich hatte, vor den Mund und machte sich daran, den Raum auf Zehenspitzen wieder zu verlassen.

Van Appeldorn hielt sie, während er weitersprach, mit einer schnellen Geste zurück.

Sie nahm die Mappe wieder herunter und strich sich das blonde Lockengewirr aus dem Gesicht. Die dunklen Augen blitzten neugierig.

Sobald van Appeldorn den Hörer aufgelegt hatte, trat sie näher. «Ich bin Marie Beauchamp, aber das haben Sie sich bestimmt schon gedacht.» Sie lächelte in die Runde. «Und ich bringe die Rekonstruktionen.» Sie legte die Mappe auf Bernies Schreibtisch ab und öffnete sie. «Die Magnettafel da vorn, darf ich sie dort aufhängen?»

Jetzt endlich hatte van Appeldorn sich berappelt und stand auf. «Norbert van Appeldorn, schön, Sie endlich kennenzulernen.»

Marie schüttelte ihm die Hand und schaute dann die anderen an. «Dass Sie Penny sein müssen, ist wohl klar. Aber wer von Ihnen beiden ist nun Peter und wer Bernie?»

Cox und Schnittges sprachen gleichzeitig.

Sie nickte. «Ich darf also an die Tafel dort?» Und fing an, die Rekonstruktionen aufzuhängen.

«Die beiden Downkinder sind natürlich ein kleines

Problem», erklärte sie. «Deren Physiognomie ist, wie Sie sich denken können, ähnlich.»

Sie hängte das nächste Bild auf. «Die Kleine mit dem Hydrozephalus», sagte sie leise.

Cox wurde die Kehle eng. Hatte Bernie nicht gesagt, Kinder in dem Alter sähen sich alle ähnlich? Das Kind dort war eindeutig das kleine Mädchen von dem verblassten Foto, das Bernhard Claassen ihm gezeigt hatte.

Und Marie bestätigte es. «Das ist Rosel Claassen. Arends DNA-Abgleich ist eindeutig.»

Dann hängte sie die letzten Aufnahmen an die Tafel.

«Lis und Lisken», murmelte Cox.

Marie nickte wieder. «Ich habe den Artikel heute früh in der Zeitung gelesen. Und Sie haben wahrscheinlich recht: Von der Physiognomie und vom Alter her könnten diese Frauen hier tatsächlich Mutter und Tochter sein.»

Sie klappte die Mappe zu und runzelte die Brauen. «Wo ...? Ach, da ist sie ja!»

Damit zog sie eine CD aus ihrer Jackentasche. «Hier sind alle Aufnahmen drauf. So können Sie die beliebig vervielfältigen.»

Sie drückte sie Schnittges in die Hand und stand bereits an der Tür. «Viel Glück! Es täte einem wirklich gut, wenn diese Menschen wieder eine Identität bekämen.»

Und damit war sie weg.

Bernie starrte die CD an.

«Und ich wollte sie gerade fragen, ob sie zur Pressekonferenz kommen will», meinte van Appeldorn benommen.

«Tja ...»

Penny wusste inzwischen einiges über den Oberarzt Reiter.

Dass er 1912 in Goch geboren worden war, zum Beispiel, und später in Düsseldorf Humanmedizin studiert hatte. Sie kannte die Namen und Geburtsdaten seiner Eltern und Geschwister, wusste, an welcher Schule er gewesen war, wo in Düsseldorf er während seines Studiums gewohnt hatte und dass er im Alter von fünfundzwanzig Jahren seine erste Stelle angetreten hatte, als Assistenzarzt in der chirurgischen Abteilung des St.-Antonius-Hospitals in Kleve. Gewohnt hatte er dann in der Wasserstraße – bis zum 7. Oktober 1944.

Danach gab es keine Spur mehr von ihm.

Penny wusste, dass er nicht beim Bombenangriff umgekommen war, denn er wurde nicht in der Opferliste aufgeführt. Und sie wusste, dass er nach 1944 nicht mehr im Kreis Kleve gelebt hatte, weil er in keinem Melderegister auftauchte.

Sie hatte sogar herausgefunden, dass er, anders als Dr. Zirkel, nicht entnazifiziert worden war. Das konnte natürlich bedeuten, dass Reiter nie Mitglied der NSDAP gewesen war, aber das hielt sie für unwahrscheinlich.

Schließlich hatte sie sich an die Ärztekammern gewandt und erfahren, dass ein Dr. Dietrich Reiter nach 1944 in keinem Ärzteverzeichnis mehr auftauchte. Also hatte er wohl nicht mehr als Arzt praktiziert. Oder seinen Namen geändert. Oder er war ins Ausland gegangen. Nach Südamerika, wie so viele Nazis?

Sie stöhnte leise.

Cox, der gerade dabei war, Kopien der Rekonstruktionen für die Presse auszudrucken, schaute auf. «Was hast du?»

Sie verdrehte die Augen. «Ich werde noch verrückt wegen dem Kerl.» Dann blitzte ein Gedanke auf. «Heilpraktiker! So etwas gibt es doch in Deutschland.»

Cox nickte. «Den Beruf haben die Nazis erfunden. Es ging ihnen wohl darum, der ‹Durchjudung› der Ärzteschaft möglichst schnell etwas entgegenzusetzen, durch ‹arische› Heiler.»

«Und man hat den Beruf nach dem Dritten Reich nicht wieder abgeschafft? Unglaublich!»

«In Österreich schon, auch in der DDR. Nur bei uns nicht.»

Penny überlegte. «Sind Heilpraktiker auch in Kammern organisiert?»

«Keine Ahnung, aber ich weiß, dass sie beim Gesundheitsamt gemeldet sein müssen.»

In diesem Moment klingelte das Telefon, und gleichzeitig klopfte es.

Sie wechselten einen Blick, dann nahm Cox den Hörer ab, und Penny ging zur Tür.

Eine junge Frau stand dort. Sie hatte ein Album dabei und schaute ziemlich verunsichert drein. «Es ist wegen dem Artikel heute in der Zeitung ... Ich habe da ein Foto gefunden.»

Penny lächelte sie aufmunternd an und nahm sie mit in van Appeldorns Büro.

«Setzen Sie sich doch.»

Die Frau mochte um die dreißig sein, sie hatte braunes Haar und ein nettes Fuchsgesicht.

«Ich habe das alles in der Zeitung verfolgt», sagte sie. «Mit den Toten, die Sie am Opschlag gefunden haben. Ich finde es so schrecklich, das mit dem ‹unwerten Leben›. Ich hatte das Wort noch nie gehört ... Ich wusste überhaupt nichts davon.» Es war, als ob sie über sich selbst den Kopf schüttelte.

«Dazu sind Sie doch auch viel zu jung», meinte Penny beschwichtigend. «Wie ist denn Ihr Name?»

«Lena Stankowski», antwortete die Frau. «Ich bin Anwaltsgehilfin. Und natürlich haben wir in der Schule die Nazizeit durchgenommen. Aber in meinem Kopf war das alles ganz weit weg, in Berlin oder so, in Großstädten eben. Mir ist überhaupt nie in den Sinn gekommen, dass auch hier bei uns furchtbare Dinge passiert sind.»

Sie schob das Album über den Tisch, es war mit kariertem Leinen bezogen und roch muffig.

«Das hat mal meinem Großonkel gehört», erklärte sie. «Es lag bei meinen Eltern auf dem Speicher. Als ich den Artikel über die beiden Frauen gelesen habe, ist mir dieses Foto eingefallen.» Sie schlug das Album auf. «Mein Großonkel hat es mir mal gezeigt, da muss ich so zwölf oder dreizehn gewesen sein, und ich weiß noch, dass es mich irgendwie gegruselt hat.»

Penny betrachtete die erstaunlich scharfe Aufnahme:

Zwei Frauen hatten sich Arm in Arm vor einem Treppengiebelhaus aufgebaut und flirteten mit der Kamera. Lis und Lisken, keine Frage. Marie Beauchamp hatte die Gesichter erstaunlich gut rekonstruiert.

Die ältere der beiden trug ein dunkles Kleid, unter dem klobige orthopädische Schnürstiefel hervorlugten, die jüngere einen engen Rock und einen noch engeren Pullover, der ihren Buckel gut sichtbar werden ließ. Der tiefe V-Ausschnitt jedoch lenkte den Blick des Betrachters auf eine attraktivere Körperregion. Beide Frauen trugen das lange Haar mit Kämmen nach hinten gesteckt, beide hatten dunklen Lippenstift aufgelegt und die Augenbrauen mit dickem Strich nachgezogen.

«Wissen Sie, wer die Frauen sind, wie sie hießen?»

«Nein, leider nicht. Mein Großonkel ist schon lange tot. Er war Fotograf, aber die Aufnahmen in diesem Album muss er schon als Junge gemacht haben. Sie können sie sich gerne anschauen. Er scheint einfach in der Stadt irgendwelche Leute fotografiert zu haben. Meine Eltern kennen die Menschen auch nicht. Aber ich dachte, ich sollte Ihnen das Foto trotzdem zeigen.»

«Definitiv», sagte Penny. «Wären Sie damit einverstanden, wenn wir das Foto an die Presse geben?»

«Ja, natürlich bin ich damit einverstanden. Vielleicht finden Sie durch das Bild doch noch jemanden, der weiß, wie Lis und Lisken wirklich hießen. Am besten, Sie behalten das ganze Album hier.»

Peter sah so zufrieden aus, dass Penny grinsen musste.

«Wer war denn am Telefon?»

«Ein Klever, der mittlerweile in Neuss lebt und Zeitung gelesen hat: Konrad Velten, einundfünfzig Jahre alt. Sein Vater, ebenfalls Konrad Velten, mittlerweile verstorben, hat dem Sohn in einer stillen Stunde von seinem ‹ersten Mal› erzählt.»

«Lisken!», rief Penny.

«Lisken», bestätigte Cox. «Elisabeth Velten nämlich. Und sie war seine Cousine.»

«Wessen?», fragte Penny verwirrt.

«Die Cousine des Vaters, also Konrad Velten senior. Deren Mutter, also unsere Lis, war nämlich die Schwester seines Vaters, also seine Tante. Und die, also Elisabeth I., war wohl das schwarze Schaf im Veltenclan. Hat nie geheiratet, dennoch eine Tochter geboren, nämlich Elisabeth II., also Lisken. Und mein Informant wusste, dass auch schon Lis in jüngeren Jahren in ihrer Freizeit dem ältesten Gewerbe der Welt nachgegangen ist.»

«Das hatte ich mir schon gedacht.» Penny schlug das Album auf und legte es vor ihn hin. «Lis und Lisken.»

Cox wich unvermittelt zurück. «Gott, ist das schräg!»

Dann schaute er genauer hin. «Sie haben sich gern», stellte er fest.

«Das habe ich auch gedacht. Zusammen nehmen es die beiden mit jedem auf der Welt auf. Die sollen nur kommen!»

«Das sind sie dann ja wohl auch ...»

Britta Vermeer sah zum Fürchten aus: dunkle Ränder um die Augen, die Wangen eingefallen, die trockenen Lippen aufgesprungen.

«Tut mir leid», entschuldigte sie sich. «Der Kleine will alle drei Stunden gestillt werden. Ich weiß schon gar nicht mehr, ob Tag oder Nacht ist, manchmal nicht einmal, welches Jahr wir schreiben, und wenn meine Mutter nicht hier wäre, hätte ich vermutlich vergessen, wie ich heiße.»

Van Appeldorn konnte sich noch gut an die ersten Wochen mit Paul erinnern, daran, wie schlecht es Ulli gegangen war, aber er wusste nicht, was er sagen sollte.

Britta saß im Schneidersitz auf dem Sofa, die Arme dicht vor dem Körper verschränkt, so als wäre ihr kalt. Sie schaute vor sich hin. «Es ist alles so unwirklich.» Ihre Stimme klang belegt. «Ich weiß, dass Gereon nie mehr wieder durch diese Tür da kommen wird. Ich weiß, dass er tot ist. Aber richtig begreifen kann ich es nicht.» Sie blickte auf ihre Uhr. «Wir müssen uns ein bisschen beeilen. In spätestens einer Dreiviertelstunde hat Jasper wieder Hunger, und ich würde vorher gern noch duschen. Worum geht es denn?»

Schnittges raffte sich auf. «Ist eine holländische Firma an Sie und Gereon herangetreten, die hier einen Agropark anlegen will?»

«Ja, klar», antwortete Britta. «An alle Bauern in der Gegend. Kamen mit dem üblichen vollmundigen Versprechen: Wir würden alle Teil einer Genossenschaft, wovon besonders die kleinen Bauern profitieren würden. Mit dem Wort ‹Genossenschaft› kannst du die älteren Landwirte immer ködern. Die denken sofort an Raiffeisen, also muss das wohl was Gutes sein. Intensivlandwirtschaft, Unterglasanbau, Direktsaat, das ist alles nichts Neues. In Amerika und Asien gibt es das schon lange – auch in Holland. Aber dort sind die Bauern und die Umweltverbände jetzt endlich aufgewacht und wollen den ganzen Mist nicht mehr.»

«Auch wenn das jetzt blöd klingt», begann van Appeldorn, «aber ich verstehe überhaupt nichts von Landwirtschaft. Wieso ist diese Art von Anbau Mist?»

«Das kann man in Holland sehen. In großen Teilen der Niederlande gibt es überhaupt keinen Naturboden mehr, nur noch künstlich hergestellten Mulch. Gemüse wird meist auf Nährlösungen gezogen. Die Universität Wageningen hat eine große Untersuchung durchgeführt und herausgefunden, dass holländisches Gemüse so gut wie keine Nährstoffe mehr enthält. Und sie hat auch festgestellt, dass der landwirtschaftlich genutzte Boden so überdüngt ist, dass er eigentlich auf eine Sondermülldeponie gehört. Jetzt, wo das Kind in den Brunnen gefallen ist, werden die Holländer endlich wach, und die Agrarkonzerne kriegen bei denen kein Bein mehr auf den Boden.» Sie guckte richtig böse. «Und da klopfen die natürlich jetzt bei uns an, wir liegen ja quasi direkt vor deren Tür.»

«Wenn die Geschichte zu solch schlimmen Ergebnissen führt, wieso macht dann die Wirtschaftsförderung so dick Werbung dafür?», fragte Bernie. «Das verstehe ich nicht.»

«Ach, die!» Britta machte eine wegwerfende Handbewegung. «Die wissen doch überhaupt nicht, was da abgeht. Die hören nur die magischen Wörter ‹Arbeitsplätze› und ‹Profit›. Damit kannst du doch jeden ködern. Was da weltweit wirklich läuft, durchschauen die nicht oder wollen es nicht wissen. Ich bringe es mal auf einen ganz simplen Punkt: Warum sollen wir hier in Bedburg-Hau Tomaten anbauen für Menschen in Afrika? Die sollen ihr Gemüse selbst anbauen. Das können die nämlich.»

Van Appeldorn musste an Ackermann und das Milchpulver denken.

«Uns kommen sie immer mit dem Welthunger!» Britta hatte sich heißgeredet. «Dabei wäre alles so einfach. Man müsste nur überall auf der Welt die regionalen Produkte fördern, dann käme man in den meisten Gegenden schon ziemlich gut zurecht. Aber stattdessen macht man sich abhängig von einer Handvoll verbrecherischer Konzerne und kräht fröhlich: Globalisierung!»

Das Babyphon schaltete sich ein, und man hörte ein leises Knötern.

Schnittges schaute sich nervös um, aber Britta winkte ab. «Das dauert noch ein bisschen, meine Mutter wird ihn sicher erst wickeln. Dass die Wirtschaftsförderung auf den Zug aufspringt», fuhr sie dann fort, «kann ich ja noch irgendwie verstehen, aber dass jetzt auch die NABU und der BUND dieses Agropark-Projekt unterstützen, kapiere ich ums Verrecken nicht.»

Bernie erzählte ihr Hetzels Geschichte, und sie musste ein wenig lächeln.

«Volker ist ein netter Kerl, vielleicht ein wenig zu gutmütig. Bei uns sind die Herren mit den Hüten auch aufgetaucht, als wir abgelehnt hatten. Aber nur einmal! Gereon hat ihnen sofort mit einer Anzeige wegen Hausfriedensbruch gedroht und unseren Anwalt angerufen. Danach war Ruhe.»

Dreizehn Die Pressekonferenz hatte fast zwei Stunden gedauert.

Die lokalen Journalisten hatten sich sofort auf Dr. Zirkel gestürzt. Wie konnte es angehen, dass ein eingefleischter Nazi, der Hunderte von Menschen zwangssterilisiert hatte, nach dem Krieg Chefarzt geblieben war? Waren die Opfer tatsächlich alle an Scharlach erkrankt gewesen und hatten Platz machen müssen für andere Erkrankte, deren Leben «mehr wert» gewesen war?

Auch die Leute vom Boulevard waren da gewesen: Hatte dieses Monster tatsächlich versucht, die gezeichneten Menschen in die Todeskliniken zu schicken?

Die überregionale Presse war auf die Bariumvergiftung angesprungen. Barium? Davon war in der Geschichte doch nie die Rede gewesen.

Nein, hatte Cox bestätigt, soweit sie bisher hatten ermitteln können, war Bariumcarbonat niemals von Nazi-Ärzten als Tötungsmittel eingesetzt worden.

Peter Cox hatte seine leise Freude am Verlauf der Pressekonferenz gehabt. Die Journalisten hatten Dr. Müller nach seinen wohlklingenden Einführungssätzen völlig ignoriert.

Und so war es denn auch Cox gewesen, der schließlich die Ergebnisse noch einmal zusammengefasst hatte:

«Zum jetzigen Zeitpunkt gehen wir davon aus, dass alle Opfer Scharlach hatten und deswegen am 26. September 1944, dem Tag des ersten großen Bombenangriffs auf die Stadt, im Antonius-Hospital gelegen haben. Sicher ist, dass keiner von ihnen bei diesem Angriff getötet oder versehrt wurde, denn die Körper weisen keine entsprechenden Verletzungen auf. Stattdessen starben alle an einer Vergiftung durch Bariumcarbonat, das ihnen oral verabreicht worden sein muss. Und sie wurden alle – unbekleidet – am Opschlag verscharrt, wo sich, wie Fotografien belegen, nach dem 26. September ein großer Bombentrichter befand.»

Und Penny war schließlich zur Tafel gegangen, an der die Vergrößerungen der Rekonstruktionen hingen, und hatte erklärt, dass man eines der Opfer inzwischen sicher hatte identifizieren können: Rosel Claassen.

Bei zwei weiteren Opfern sei die Identifizierung so gut wie abgeschlossen, hatte sie gesagt und dabei auf die alte Aufnahme von Lis und Lisken gezeigt, und sofort waren die Blitzlichter aufgeflammt.

Und dieses Foto – Penny, wie sie dort stand und mit ernstem Gesicht, aber doch zufrieden leuchtenden Augen auf Mutter und Tochter Velten deutete – war es dann auch, das am Dienstagmorgen auf fast jedem Titelblatt der Zeitungen prangte, die Cox hatte besorgen können und mit ins Büro brachte.

Aber sie kamen nicht dazu, auch nur einen einzigen Artikel zu lesen.

Jetzt, wo klar zu sein schien, dass es sich tatsächlich um ein Nazi-Verbrechen handelte, meldete sich auch die internationale Presse.

Der Polizeisprecher war offensichtlich überfordert, denn er stellte immer wieder Gespräche gleich zu ihnen ins Büro durch. Manchmal kündigte er sie wenigstens an: «Ich habe hier die BBC in der Leitung, ich denke, das ist für dich, Penny.»

Bernie stand am Fenster und beobachtete, wie sich der Parkplatz vor dem Präsidium mit Übertragungswagen füllte.

Dann meldete sich die Sondereinheit für NS-Verbrechen vom LKA. Cox nahm das Telefon mit hinaus auf den Gang.

Van Appeldorn stand hinten gegen die Wand gelehnt, die Beine übereinandergeschlagen, und versuchte, Ordnung in seine Gedanken zu bringen.

«Das LKA bietet seine Hilfe an», sagte Cox, als er wieder hereinkam. Sein Gesichtsausdruck war schwer zu deuten. «Aber sie gehen erst mal davon aus, dass wir allein klarkommen. Wie es scheint, haben sie erst heute durch die Presse erfahren, dass es sich um ein NS-Verbrechen handeln könnte. Die Staatsanwaltschaft Kleve habe sich zwar vorige Woche mit ihnen in Verbindung gesetzt, sich allerdings sehr ‹vage› ausgedrückt. Die Düsseldorfer sind ganz schön sauer.»

Bernie grinste gemein. «Der arme Dr. Müller ...»

Van Appeldorn stieß sich von der Wand ab. «Könnt

ihr den Rummel hier für ein, zwei Stunden allein bewältigen? Bernie und ich müssen diesen Agropark vom Tisch kriegen. Danach stellen auch wir uns der Meute, versprochen.»

«Klar», nickte Cox, «eine unserer leichtesten Übungen.»

Aber Penny raufte sich die Haare, als sie auf ihren Notizblock schaute. «Acht Interviews soll ich geben, alle hintereinander! Ich kann doch nichts anderes erzählen als gestern.»

«Musst du doch auch nicht», beruhigte Bernie sie. «Sieh einfach nur so professionell und klasse aus wie auf dem Foto hier.»

Sie bedachte ihn mit einem vernichtenden Blick.

Cox tätschelte ihr die Hand. «Du wirst das ganz wunderbar hinkriegen, Sweetie.»

«Selbstverständlich kriege ich das wunderbar hin!» Sie funkelte ihn an. «Aber findet ihr, dass ausgerechnet ich die Richtige bin, die der Welt etwas über ein NS-Verbrechen erzählen sollte?»

«Gerade jemand wie du», befand van Appeldorn. «Außerdem kann Peter dir ja ein paar Interviews abnehmen.»

«Das werden die nicht wollen, da fehlen die optischen Kilometer.» Bernie schlüpfte schnell zur Tür hinaus.

Britta Vermeer hatte ihnen einen Prospekt des niederländischen Agrarkonzerns mitgegeben, der seine Finger Richtung Niederrhein ausstreckte. Es handelte sich um die *Greenparc B.V.* in Nimwegen, die eine Zweigstelle in Kleve an der Hoffmannallee hatte.

Schnittges und van Appeldorn, die Glas, Edelholz und raffinierte Beleuchtungssysteme erwartet hatten, mit denen heute jeder noch so popelige Laden seine Empfangsräume ausstattete, waren überrascht. Ein kleiner Vorraum mit schlichten weißen Wänden, an denen großformatige Farbfotografien von Weizen-, Raps- und Maisfeldern hingen, eine Glastür an der Stirnseite führte in ein Büro.

Jörg Lange schien der einzige Mitarbeiter zu sein. Er war Mitte dreißig, wirkte frisch in seinem grauen Anzug mit kariertem Hemd und hatte ein sympathisches Lächeln.

Ja, seine Firma plane in Bedburg-Hau eine *Greenparc*-Genossenschaft. Wenn man sich der modernen Zeit nicht anpasse, würde man von der Globalisierung überrollt. Gartenbau- und Landwirtschaftsbetriebe am Niederrhein seien heutzutage mit einem hohen unternehmerischen Risiko behaftet und eigentlich nur durch den Einsatz von Humanressourcen aus dem Ostblock überlebensfähig. Gerade die Landwirtschaft stelle ein wichtiges Glied in der Wertschöpfungskette dar, und wenn Bauern und Gärtner den ökonomischen und technologischen Anforderungen der globalisierten Welt gerecht werden wollten, sei es unabdingbar, sich zu größeren Einheiten zusammenzuschließen. Nur dann könne man schlagkräftig und finanzstark auf neue Entwicklungen reagieren.

«Das klingt zunächst einmal einleuchtend», sagte

Schnittges. «Aber es gibt offenbar einige Bauern in Bedburg-Hau, die kein Interesse daran haben, Teil einer größeren Einheit zu werden.»

Lange lächelte sein nettes Lächeln. «Nun ja, Landwirte sind per se erst einmal konservativ, das wissen Sie auch. Da bedarf es einfach noch weiterer Überzeugungsarbeit.»

«Weitere Überzeugungsarbeit ...», sagte van Appeldorn gedehnt. «Wie sieht die denn konkret aus?»

«Ich verstehe nicht ...»

«Wir ermitteln in einem Fall von schwerer Nötigung», erklärte Schnittges und schilderte Hetzels Geschichte.

Langes Augen wurden immer größer. «Männer mit schwarzen Hüten in einem Porsche? Was ist das denn für eine Räuberpistole? Eins kann ich Ihnen versichern: Wenn jemand diesen Bauern tatsächlich bedroht hat, kam er auf keinen Fall von *Greenparc*.»

«Nicht?», fragte van Appeldorn. «Wie kommt es dann, dass ein zweiter Bauer, der Ihr Angebot ebenfalls abgelehnt hatte, auch Besuch von zwei *Greenparc*-Mitarbeitern bekam?»

«Das liegt doch auf der Hand», antwortete Lange nachsichtig. «*Greenparc* hat die Bauern, die noch zögern, unser Angebot anzunehmen, selbstverständlich erneut aufgesucht, um den finanziellen Vorteil noch einmal deutlich herauszustreichen. Falls Sie verstehen, was ich meine ...»

«Haben Sie selbst die Bauern besucht?»

«Um Gottes willen, nein! Ich fungiere als erster Ansprechpartner für deutsche Interessenten und habe ansonsten lediglich administrative Aufgaben. Aber ich versichere Ihnen noch einmal, dass es nicht zu den Gepflogenheiten von *Greenparc* gehört, die ‹Blues Brothers› loszuschicken, die unsere zukünftigen Mitglieder in Angst und Schrecken versetzen. Da hat Ihnen jemand einen ganz schönen Bären aufgebunden.»

Van Appeldorn ließ sich noch ein Faltblatt geben, in dem die Firmenstruktur erläutert wurde und die Namen der Vorstandsmitglieder in Nimwegen aufgelistet waren, dann gingen sie.

«Der hat tatsächlich Humanressourcen gesagt», murmelte Bernie. «Was machen wir jetzt?»

Van Appeldorn zuckte die Achseln. «Wenn wir uns den Laden in Nimwegen anschauen wollen, müssen wir die holländischen Kollegen um Amtshilfe bitten.»

«Was für ein Aufstand», schimpfte Schnittges. «Vielleicht sprechen wir erst mal mit der Wirtschaftsförderung.»

«Gute Idee», nickte van Appeldorn. «Aber erst morgen. Jetzt fahren wir zurück ins Präsidium und stellen uns der Meute.» Er musterte Bernie von Kopf bis Fuß. «Du kämest eigentlich auch ganz gut, was die optischen Kilometer angeht.»

Als van Appeldorn das Training gerade hatte abpfeifen wollen, war aus heiterem Himmel ein Wolkenbruch auf die «Siegfried Kampfbahn» niedergegangen und hatte auch ihn bis auf die Haut durchnässt. So war ihm nichts anderes übriggeblieben, als auch zu duschen, dabei hatte er Gemeinschaftsduschen, das Männeraroma und laute Gehabe nie leiden können.

«Du bist 'ne echte Sau, Jupp. Jetzt kommen wir endlich hinter deine Tricks von damals.»

Ackermann wieherte fröhlich. «Dat hat mir ma' 'n englischer Freund beigebracht: Wenn de als Stürmer mit dem Ball auf et Tor zuläufst un' der Verteidiger auf gleicher Höhe is', packste dem seine Eier mit de ganzen Hand un' drückst kurz zu. Man glaubt gar nich', wie schnell der inne Knie geht. Un' schon haste freie Schussbahn!»

Van Appeldorn drehte die Dusche ab, schlang sich ein Handtuch um die Hüften, mit einem zweiten rubbelte er sich die Haare und trat auf den Gang.

Dort stand Ackermann, splitternackt, nasse Haarsträhnen klebten ihm im Gesicht, sein Bart tropfte. «Hab mein Handtuch vergessen.»

Van Appeldorn gab ihm seines.

Ackermann fing an, sich abzutrocknen, und ächzte schwer. «Ich bin so platt, ich könnte Blut spucken», flüsterte er. «Wieso sind die bloß alle so fit?»

«Vielleicht weil sie zehn, fünfzehn Jahre jünger sind als wir», antwortete van Appeldorn schmunzelnd.

«Dat wird et wohl sein, auch wenn man et nich' wahrhaben will.» Ackermann knüllte das Handtuch zusammen. «Kriegste gewaschen zurück.»

Dann schaute er van Appeldorn fest in die Augen. «Jetz' ma' ohne Scheiß, Norbert, glaubst du, ich pack dat noch, 'n ganzes Spiel?»

«Zweimal zwanzig Minuten? Natürlich packst du das, da mach dir mal nicht ins Hemd.»

Ackermann nickte und ging zu der Bank, auf der seine Kleider lagen. «Wir sind die Letzten», stellte er fest. «Selbs' wenn et um dat erste Bier nach'm Training geht, sind die schneller wie ich.»

Van Appeldorn hatte sich angezogen und band sich gerade die Schuhe zu, als sein Handy klingelte.

«Wir haben ein Tötungsdelikt in Hau», informierte ihn der Kollege von der Wache.

«Eigentlich hat Bernie Dienst», gab van Appeldorn zurück. «Kommt er allein nicht klar?»

«Das ist nicht das Problem. Warte, ich stelle dich mal zu den Kollegen vor Ort durch.»

Es knarzte kurz in der Leitung. «Norbert, bist du das? Hör zu, der alte Mann, der den Toten gefunden hat, behauptet, er wäre dein Onkel. Er ist völlig von der Rolle, will aber keinen Arzt. Wir sollen dich anrufen, sagt er, du sollst kommen.»

«Wer ist der Tote? Und wo hat mein Onkel ihn gefunden?»

«Das Opfer heißt Rainer Schraven. Dem gehört hier ein Bauernhof in der ...»

«Ich weiß schon. Ich fahre sofort los. Sag meinem Onkel, in einer Viertelstunde bin ich da.»

Damit stopfte er das nasse Sportzeug in seine Tasche.

«Ich habe immer gedacht, du hättest keine Verwandtschaft mehr», sagte Ackermann nachdenklich und hielt van Appeldorn am Arm zurück. «Kann ich irgendwie helfen?»

«Ja, kannst du, Jupp. Würdest du Ulli anrufen und ihr sagen, dass ich später komme und dass ich mich melde?»
«Mach ich.»
«Danke.»

Drei Streifenwagen, der Transporter der Spurensicherung, Bernies Auto und Bonhoeffers Jaguar standen am Rand des engen Feldweges. Van Appeldorn rollte langsam an der Fahrzeugreihe vorbei und stellte seinen Wagen in Onkel Frickas Einfahrt ab.

An der Absperrung vor dem Tor zu Schravens Hof stand ein jüngerer Kollege. Er sah käsig aus.

«Du musst dort um die Ecke zum Kücheneingang», sagte er.

«Nein, nein, ich glaube, da werde ich nicht gebraucht, sind doch schon alle da», entgegnete van Appeldorn. «Ich bin wegen meinem Onkel hier. Ihr habt mich angerufen.»

«Ach so, klar.» Der Mann atmete hörbar auf. «Er sitzt drüben in seinem Wohnzimmer. Wollte partout keinen Arzt, aber ich gehe alle paar Minuten rüber und gucke nach ihm. Jetzt bist du ja hier.»

Van Appeldorn drückte ihm die Hand. «Danke, dass du dich um ihn gekümmert hast.»

Die Haustür stand sperrangelweit offen, man konnte bis ins Wohnzimmer schauen. Onkel Fricka saß nicht in seinem Sessel, sondern vornübergebeugt auf der Kante des Sofas mit dem Rücken zur Tür.

«Onkel Fricka?», rief Norbert leise.

Der Onkel hob den Kopf, schaute sich um und

schloss kurz die Augen. «Gott sei Dank! Danke, dass du gekommen bist.»

Van Appeldorn erschrak. Fricka war ordentlich gekleidet, graue Hosen, blaues Hemd, dunkelblaue Strickjacke, teure Lederschuhe, aber dennoch erinnerte nichts mehr an den Kolonialherrn mit keckem Strohhut. Er wirkte geschrumpft, eingefallen, zitterte am ganzen Körper, seine Lippen waren bläulich verfärbt.

Van Appeldorn setzte sich neben ihn und nahm ihn in den Arm. «Bist du sicher, dass du keinen Arzt brauchst? Deine Lippen sind ganz blau.»

Fricka straffte die Schultern. «Ich habe meine Notfallmedizin schon genommen. In ein paar Minuten geht es wieder.» Dann ballte er die Hände und presste sie gegen die Augen. «Ich werde das Bild einfach nicht los ...»

Van Appeldorn nahm das Wasserglas, das auf dem Couchtisch stand. «Hier, trink einen Schluck. Was ist denn nun genau passiert? Erzähl es mir.»

Onkel Fricka schob das Glas weg. «Ein Bier wäre mir lieber, aber ich glaube, das verträgt sich nicht mit dem Nitro.»

Er wurde spürbar ruhiger. Van Appeldorn rückte ein Stückchen zur Seite.

«Was passiert ist? Ich bin wie immer rübergegangen, um Milch zu holen. Ich mache die Küchentür auf, und da liegt Rainer auf dem Boden. Überall Blut, überall, die Hände, der Hals. Und der Gestank ... Urin, Kot, Blut ...»

«Was hast du dann gemacht?»

«Ich bin nach Hause gelaufen und habe die ganze Zeit überlegt, wen ich anrufen muss. Den Notarzt? Aber seine Augen waren ja tot. Dann habe ich 110 gewählt, mich hingesetzt und gewartet. Dich wollte ich anrufen, aber mir ist deine Nummer nicht eingefallen. Ich war so durcheinander, wusste nicht mehr, wo ich mein Handy hingetan hatte und den Zettel mit den Telefonnummern. Aber jetzt weiß ich es wieder.»

Er stemmte sich hoch und schwankte.

«Schwach wie ein neugeborenes Kätzchen», meinte er bekümmert.

Van Appeldorn sprang auf und stützte ihn.

«Wir packen jetzt ein paar Sachen zusammen», erklärte er, «und dann nehme ich dich mit zu uns.»

Onkel Frickas Gesicht spiegelte Abwehr, Trotz, Müdigkeit, Erleichterung und schließlich Freude. «Danke, Junge. Aber nur für heute Nacht.»

Entschieden befreite er sich aus van Appeldorns Griff. «Es geht schon wieder. Wenn du mir nur eben den kleinen Koffer vom Kleiderschrank holst.»

Van Appeldorn ging hinaus, um Ulli anzurufen. Als er zurückkam, legte der Onkel gerade einen Kulturbeutel und eine Medikamentendose in den Koffer. «Ich muss meiner Zugehfrau noch eine Nachricht schreiben, sonst macht sie sich Sorgen.»

Kurz nachdem van Appeldorn losgefahren war, schlief Onkel Fricka ein, wachte erst wieder auf, als sie in Nütterden angekommen waren, und war erst einmal völlig verwirrt. Norbert erklärte ihm langsam, was passiert war, und wollte ihm aus dem Auto helfen, wurde aber wieder ungeduldig abgewiesen. «So klapprig bin ich nun doch noch nicht!»

Ulli stand schon in der Haustür und lächelte ihnen entgegen. «Onkel Fricka, wie ich mich freue!» Dann umarmte sie ihn und küsste ihn auf die Wange. «Komm herein, du siehst ein wenig mitgenommen aus. Am besten legst du dich erst einmal ein bisschen hin. Schau, hier ist das Gästezimmer, das Bad ist gleich nebenan.»

Fricka folgte ihr mit einem versonnenen Lächeln.

«Dann setz dich mal hier aufs Bett. Soll ich dir mit den Schuhen helfen?»

«Ja, danke, das ist lieb.»

Van Appeldorn meinte, sich verhört zu haben. Er stellte den Koffer ab und verließ das Zimmer schnell wieder.

Onkel Fricka murmelte etwas, und Ulli lachte. «Darüber mach dir mal keine Gedanken. Anscheinend lerne ich alle van Appeldorns unter etwas dramatischen Umständen kennen. Bei Norbert und mir war es nicht anders.»

Van Appeldorn ging in die Küche, sein Mund war staubtrocken. Er nahm eine Flasche Mineralwasser aus dem Kühlschrank und trank sie auf einen Zug halb leer.

Paul schlief anscheinend schon. Van Appeldorn hatte gar nicht gemerkt, dass es schon so spät war.

Ulli kam herein, nahm ihm die Wasserflasche aus der Hand und drückte sie gegen die heißen Wangen.

«Du hast geredet wie ein Wasserfall», feixte Norbert. «Das ist sonst gar nicht deine Art.»

«Ich hatte eine Heidenangst, dass er mir umkippt. Vielleicht sollten wir doch einen Arzt rufen. Er hat eine ganze Batterie von Tabletten bei sich, vielleicht muss er ja noch welche davon nehmen.»

«Lass ihn erst mal eine Weile schlafen. Ich wecke ihn später und frage ihn. Normalerweise ist er vollkommen klar.»

«Na gut.» Ulli holte eine Packung Lasagne aus dem Kühlschrank und stellte sie in die Mikrowelle. «Ich bin zu nichts gekommen heute, es war einfach zu viel los. Paul hat heute Abend auch nur Haferbrei und eine Banane gekriegt.»

«Er wird's überleben. Wie machen wir es morgen? Ich kann Onkel Fricka ja wohl nicht einfach früh um acht wieder bei sich zu Hause absetzen.»

«Das habe ich schon geklärt. Ich muss kurz zur Schule, kann aber gegen zehn wieder hier sein.»

Van Appeldorn küsste sie dafür. «Dann rufe ich Bernie an und sage ihm, dass ich später komme. Ich muss sowieso mit ihm sprechen.»

Die Mikrowelle klingelte. «Lass uns erst essen», bat Ulli mit schwacher Stimme. «Ich komme um vor Hunger.»

«Der Mann ist regelrecht abgeschlachtet worden», berichtete Schnittges. «Mindestens zwanzig Messerstiche, hauptsächlich in den Oberkörper. Die Tatwaffe fehlt.»

«Mein Onkel sagt, er hat ihn in der Küche gefunden.»

«Wenn man das Küche nennen kann. Der Raum

liegt zwischen Schweine- und Kuhstall, und den Spuren nach ist man anscheinend regelmäßig mit Schubkarren hier durchgefahren, weil der Weg kürzer war als außen herum. Der Mann war wohl alleinstehend, und er hat gelebt wie ein Penner, Norbert, du kannst dir den Dreck hier nicht vorstellen.»

«Hm, mein Onkel hat ihn als Eigenbrötler bezeichnet», sagte van Appeldorn. «Aber es gibt da wohl noch einen Schwager in Xanten.»

«Und eine Schwester», bestätigte Schnittges. «Mit der habe ich gerade telefoniert. Sie kommt morgen, um Schraven zu identifizieren. Hör mal, Norbert, ich habe deinen Onkel vorhin kurz gesehen, aber da war er zu verstört, als dass ich mit ihm hätte sprechen können. Er könnte ein wichtiger Zeuge sein, immerhin ist er der einzige Nachbar und hat gute Sicht auf den einzigen Weg, der zu beiden Häusern führt.»

«Das ist mir klar, und ich werde ihn auch gleich morgen früh befragen, wenn er hoffentlich wieder fit ist», versprach van Appeldorn. «Eins noch, Bernie, Schraven soll einen Suizidversuch unternommen haben und hat deshalb wohl letzte Woche im Krankenhaus gelegen.»

«Und sich am Sonntag selbst entlassen», führte Schnittges den Satz fort. «Das hat mir seine Schwester erzählt. Von einem Selbstmordversuch hat sie allerdings nichts gesagt. Schraven war wohl mit einer Kopfverletzung eingeliefert worden und konnte sich nicht daran erinnern, wie er sie sich zugezogen hatte – retrograde Amnesie, wie die Schwester sagte.»

Vierzehn «Wer ist der Mann?»

Van Appeldorn schob murrend die feuchte kleine Hand weg und zog sich die Decke über den Kopf.

Der Wecker hatte noch nicht geklingelt, aber Paul war schon putzmunter.

«Welcher Mann?», kam Ullis Stimme aus den weichen Tiefen ihres Kopfkissens.

Paul hüpfte aufs Bett. «In der Küche ist ein fremder Mann. Er kocht Kaffee.»

«Meine Güte!» Ulli setzte sich auf. «Das ist dein Großonkel.»

«Was ist ein Großonkel?»

«Der Onkel von deinem Papa. Er heißt Onkel Fricka, und er ist bei uns zu Besuch.»

«Cool.» Paul krabbelte vom Bett herunter.

«Zieh dir Hausschuhe an, ja?» Sie knuffte van Appeldorn in den Rücken. «Papa und ich gehen ins Bad, und danach frühstücken wir alle zusammen.»

«Okay.»

Ulli tapste ins Badezimmer und drehte die Dusche an. «Es ist noch nicht einmal sechs Uhr», jammerte sie. «Wieso ist der Mann schon wach?»

«Senile Bettflucht, nehme ich an.» Van Appeldorn putzte sich die Zähne. «Vielleicht sollte ich mit ihm zur

Trauma-Ambulanz fahren.» Dann schlüpfte er zu Ulli unter die Brause.

Als sie zwanzig Minuten später in die Küche kamen, saß dort ein hellwacher Fricka am Tisch, glatt rasiert und duftend. Auf dem Stuhl neben ihm kniete Paul, in der einen Hand eine Banane, in der anderen einen Apfel. Onkel und Großneffe hatten jeder eine Schüssel Müsli vor sich, die Milch hatte anscheinend Paul eingegossen, denn es war einiges danebengegangen.

«Man muss immer frisches Obst reintun», erklärte Paul mit wichtiger Miene. «Ich darf aber nicht an die scharfen Messer, erst wenn ich sechs bin oder so.»

«Soll ich es dann für uns schneiden? Ich bin schon über sechs», erklärte Fricka ernsthaft. «Was hättest du denn gern? Den Apfel oder die Banane?»

Dann entdeckte er Ulli und Norbert und blickte schuldbewusst. «Es tut mir leid, dass ich hier alles durcheinanderbringe, aber in meinem Alter braucht man einfach nicht mehr so viel Schlaf, und wenn ich zu lange liegen bleibe, tun mir alle Knochen weh. Ich war ganz leise, aber der kleine Mann hat mich wohl trotzdem gehört.»

«Das glaube ich nicht», sagte Ulli. «Paul ist immer so früh wach.» Sie legte Fricka den Arm um die Schultern. «Geht es dir besser?»

«Viel besser, danke. Ich habe Kaffee gekocht, ich hoffe, das ist dir recht.»

«Und wie recht mir das ist!» Ulli holte Becher aus dem Schrank. «Ich glaube, ich mache Rührei und Würstchen», sagte sie, ohne jemanden anzuschauen.

«Allerdings nur für Leute, die Hausschuhe tragen und sich die Zähne geputzt haben.»

«Ups!», rief Paul, rutschte vom Stuhl und flitzte hinaus.

Nachdem Ulli und Paul das Haus verlassen hatten, wollte van Appeldorn seinen Onkel ins Wohnzimmer schicken. «Mach es dir bequem, ich räume nur schnell das Frühstücksgeschirr weg.»

Aber Fricka blieb am Küchentisch sitzen. «Hör endlich auf, mich wie ein rohes Ei zu behandeln! Mir geht es wieder gut. Ich habe meine Tabletten genommen, mir ist nicht schwindelig, ich habe keine blauen Lippen. Und wenn mein Blutdruck ein wenig erhöht sein sollte, dann liegt das einzig und allein daran, dass ich mich freue, hier bei dir und deiner wunderbaren Familie zu sein.»

«Also gut», gab van Appeldorn sich geschlagen und räumte die Spülmaschine ein.

«Dass es mir gestern nicht gutging, ist doch wohl kein Wunder», fuhr Fricka fort. «Es war ein furchtbarer Schrecken, der auch einen jüngeren Mann aus der Bahn geworfen hätte.»

«Ja, natürlich.» Van Appeldorn setzte sich wieder zu ihm. Er überlegte einen Moment, dann sagte er: «Sag mal, von deinem Wohnzimmerfenster kannst du doch den Weg einsehen, der zu deinem und Schravens Haus führt.»

«Du willst wissen, ob ich Rainers Mörder gesehen habe», nickte Fricka. «Irgendjemanden, der gestern auf dem Hof war. Aber das konnte ich gar nicht, weil ich fast den ganzen Tag in meinem Arbeitszimmer gesessen habe, und das geht zur anderen Seite raus. Ich bin dabei, ein paar Lebenserinnerungen aufzuschreiben», erklärte er ein wenig verlegen. «Es war Merles Idee.»

«Das ist doch großartig», sagte van Appeldorn. «Wirst du sie drucken lassen?»

«Mal schauen ...» Onkel Fricka war mit seinen Gedanken woanders. «Ich überlege die ganze Zeit, ob ich etwas übersehen habe, als ich gestern zu Rainer ging, ob irgendetwas anders war, aber mir fällt nichts ein.»

«Wann hast du Rainer Schraven zum letzten Mal gesehen?»

«Vorgestern Abend, als ich meine Milch geholt habe. Da war er wie immer, stieselig und maulfaul. Und er war allein, auch wie immer.»

«Am Samstag hast du mir erzählt, dass Rainer Schraven im Krankenhaus liegt, weil er angeblich versucht hatte, sich umzubringen.»

«Was ich für ausgemachten Blödsinn halte», fiel ihm Fricka hitzig ins Wort.

«Dann hast du noch gesagt, dass Schravens Schwager sich um den Hof gekümmert hat.»

«Das stimmt, lass mich mal überlegen, das muss vorige Woche Dienstag gewesen sein ... der Wievielte war das?»

«Der 20. Oktober.»

«Richtig. Da bin ich rüber zum Milchholen, und dort ist dieser Schnösel, sagt, er sei der Mann von Gabriele, Rainer hätte sich am Kopf verletzt und läge im

Krankenhaus, und so lange würde er sich um die Tiere kümmern.»

«Erzähl mir doch einfach mal etwas über die Familie Schraven. Du hast doch damals dein Grundstück von ihnen gekauft.»

«Von Rainers Vater, Hein Schraven, ja. Was soll ich dir über sie erzählen? Eine glückliche Familie war das nicht. Hein Schraven war ein Despot, und seine Frau, die Maria, war, wie man am Niederrhein sagt, ‹vor Gutheit nix wert›, bescheiden, immer freundlich zu uns. Das Leben hat ihr wahrhaftig nichts geschenkt. Sie hatte etliche Fehlgeburten, und zwei Kinder sind ihr im Säuglingsalter gestorben, geblieben sind ihr nur Rainer und Gabriele. Die ganze Familie musste immer nach Heins Pfeife tanzen, nur einmal hat sich Maria gegen ihn durchgesetzt, als Gabriele aufs Gymnasium wollte. Der Alte war strikt dagegen, meinte, die Tochter hielte sich wohl für etwas Besseres. Maria ist dann bald gestorben, hat gar nicht mehr miterlebt, wie Gabriele ihr Abitur gemacht hat und Pharmazie studierte. Der Alte und Rainer waren dann allein auf dem Hof und haben sich krumm gearbeitet. Bis Hein dann einen Schlaganfall hatte, das muss vor zehn Jahren gewesen sein, und gestorben ist. Rainer hat dann ganz schnell so gut wie all seinen Ackergrund verpachtet und haust seitdem so vor sich hin. Ich glaube, der ist in seinem ganzen Leben noch nie aus Hau weg gewesen.»

«Hat er denn keine Ausbildung gemacht?»

«Nein, der Alte hielt das für überflüssig.»

«Und was ist mit Frauen?»

Onkel Fricka lachte trocken auf. «Vor Jahren, kurz nach dem Tod seines Vaters, hat er mal auf Anzeigen im ‹Landwirtschaftlichen Wochenblatt› geantwortet. Er hat dann auch ein paar Frauen zu sich eingeladen, aber die haben immer schnell das Weite gesucht.»

«Keine Frauen und keine Freunde, wie du am Samstag gesagt hast», fasste van Appeldorn zusammen. «Wie sieht es mit seiner Schwester aus? Kam sie Schraven besuchen?»

«Zweimal im Jahr, zu Weihnachten und zu Ostern, immer nur für ein paar Stunden und immer allein. Deshalb kannte ich ihren Mann auch nicht. Und Kinder hat sie keine. Ich denke, sie kam aus Pflichtgefühl oder Mitleid. Rainer und sie können sich eigentlich nicht besonders nahegestanden haben, Gabriele ist vierzehn Jahre jünger als er.»

«Wer verkehrte sonst noch auf dem Hof?»

Onkel Fricka atmete tief ein und stieß die Luft mit einem leisen Prusten wieder aus. «Der Postbote, die Zeitungsfrau, hin und wieder seine Pächter, der Metzger und der Fleischbeschauer, wenn Rainer einmal im Jahr ein Schwein geschlachtet hat. Vielleicht auch mal ein Vertreter ... ach ja, und freitags immer der Lieferwagen vom Supermarkt, wo er seine Lebensmittel bestellt hat.»

«Also keine Feinde ...»

«Das ist es ja, wie soll sich einer Feinde machen, dem andere Menschen einfach egal sind, dem eigentlich alles schon lange egal ist?»

«Vielleicht hat er übers Internet Kontakte geknüpft», überlegte van Appeldorn.

«I wo, der besitzt nicht einmal einen Computer, soweit ich weiß. Er hat eine Satellitenschüssel auf dem Dach und leistete sich immer die neuesten Fernsehermodelle, aber das war schon sein ganzes Vergnügen.»

«Norbert, gut, dass du kommst.»

Schnittges lief gerade den Gang entlang, als van Appeldorn im Präsidium ankam. Sein Haar war zerzaust, und er hatte sich heute offensichtlich nicht rasiert.

«Einer von der Spusi rief an. Schravens Kühe brüllen vor Schmerzen, weil sie gemolken werden müssen, und die Schweine nehmen vor lauter Hunger den Stall auseinander. Ich habe gerade mit dem Veterinäramt gesprochen, sie schicken jemanden.»

Im Büro hatte er eine neue Falltafel aufgestellt und die Tatortfotos aufgehängt.

Van Appeldorn schauderte, Rainer Schraven war tatsächlich regelrecht abgeschlachtet worden.

Der Tote lag auf dem Rücken, den Kopf nach hinten überstreckt, eine klaffende Wunde an der Kehle. Sein grauer Overall war am Oberkörper völlig zerfetzt und blutdurchtränkt.

«Sind das Abwehrverletzungen an seinen Händen?», fragte van Appeldorn.

«Ich denke schon», antwortete Schnittges. «Heute Mittag wissen wir mehr, Arend führt gerade die Obduktion durch.»

Peter Cox räusperte sich. «Für mich sieht das nach Übertötung aus.»

Penny schaute ihn fragend an. «Das Wort kenne ich nicht.»

«Jemand sticht in rasender Wut immer wieder zu, voller Hass, auch wenn das Opfer schon längst tot ist. Am häufigsten findet man so etwas bei Beziehungstaten.»

«Das sollte man meinen, in diesem Fall scheint das allerdings nicht zuzutreffen», sagte van Appeldorn und gab wieder, was ihm sein Onkel über Schraven berichtet hatte.

Cox blickte skeptisch. «Du willst sagen, dass der Mann keinerlei Beziehungen hatte?»

«So sieht es im Moment aus.»

«Wie auch immer», mischte sich Bernie ungeduldig ein. «Ich war im Krankenhaus. Schraven ist dort letzten Dienstag mit dem Notarztwagen eingeliefert worden. Er kam mit einem Schädel-Hirn-Trauma, hatte aber keinerlei Erinnerung daran, wie er es sich zugezogen hatte. Dieses Gerede von Selbstmord kommt wohl daher, dass man ihn auf einem Bahngelände gefunden hat. Der Arzt in der Klinik hält einen Suizidversuch für völlig absurd, schließlich könne sich Schraven ja wohl kaum selbst auf den Hinterkopf geschlagen haben, meinte er.»

«Schraven hatte also eine Schlagverletzung am Hinterkopf?», hakte van Appeldorn nach.

«Es hörte sich so an, aber dann wollte der Doktor sich doch nicht festlegen, sagte, er sei kein Forensiker. Wir werden also warten müssen, bis Arend fertig ist.» Bernie schrappte über seine Bartstoppeln. «Hör zu, Norbert, um elf kommt Schravens Schwester. Ich fahre dann mit ihr in die Pathologie, damit sie ihren Bruder identifizieren kann. Aber danach will ich so schnell wie möglich an den Tatort zurück. Es gibt da so eine Art Büro mit Bergen von unsortierten Papieren. Ich werde Tage brauchen, bis ich das alles gesichtet habe.»

«Ich denke, Penny könnte dich unterstützen», überlegte van Appeldorn. «Es hilft nichts, wir müssen uns aufteilen. Der Mord hat im Moment Vorrang. Willst du mit unserem NS-Verbrechen weitermachen, Peter? Ruf in Düsseldorf an, die sollen jemanden von der Sondereinheit zu uns abstellen.»

Cox schloss zustimmend die Augen.

«Und Penny», sprach van Appeldorn weiter, «wenn Schravens Schwester nach der Identifizierung noch einigermaßen beisammen ist, dann nimmst du sie dir vor und fragst, welche Beziehung sie und ihr Mann zu Schraven hatten. Gab es Feinde, vielleicht doch Freunde? Du weißt schon.»

«Klar, mache ich», stimmte sie zu, blickte ihn aber aufmüpfig an.

Van Appeldorn grinste leicht. «Und ich, ich fahre zur Wirtschaftsförderung, wo sich hoffentlich herausstellt, dass dieser Hetzel tatsächlich einfach nur spinnt. Danach komme ich raus auf den Hof und mache mir auch ein Bild.»

Die Leute von der Wirtschaftsförderung hatten noch nie von einer *Greenparc B.V.* gehört.

Es sei schon richtig, man habe großes Interesse daran, dass sich Bauern und Gärtner am unteren Niederrhein selbst organisierten und zu einer Genossenschaft zusammenschlossen. Es ginge vor allem darum, die Zierpflanzen, die in der Region sowieso angebaut wurden, unter Glas zu bringen, um eine ganzjährige Nutzung und Vermarktung zu erreichen. Momentan würden die Betriebe ungefähr ein Drittel des Jahres ruhen und keinen Gewinn machen. In Holland würde der Unterglasanbau schon länger in großem Stil betrieben, und die niederrheinischen Produzenten müssten sich dringend umstellen, wenn sie konkurrenzfähig bleiben und vor allem weiterhin EU-Subventionen bekommen wollten. Das ganze Projekt wäre allerdings erst in der Planungsphase, und bisher sei man überhaupt noch nicht konkret an die betreffenden Gartenbaubetriebe und Landwirte herangetreten.

Der Wirtschaftsförderer schien sehr alarmiert – ein dubioser holländischer Investor, der womöglich die Planung des Kreises zunichtemachen würde? Dabei habe man doch gerade erst ein kostspieliges Gutachten erstellen lassen. Van Appeldorn dürfe sich gern ein Exemplar davon mitnehmen.

Gottergeben ließ er sich das über hundert Seiten dicke Heft in die Hand drücken und ging.

Dann saß er erst einmal geschlagene zehn Minuten im Auto, schluckte an seinem Frust und grübelte.

Schließlich fuhr er zurück zum Präsidium.

«Ist Jupp im Haus?», fragte er den Wachhabenden.

«Der wollte draußen eine rauchen.»

Ackermann saß auf dem Fahrradständer und genoss die Sonnenstrahlen.

Als er van Appeldorn kommen sah, legte er die Stirn in Falten. «Ich war eben bei Peter, 'n bisken quatschen. Bei euch geht et ja hoch her, erst dat Massengrab un' jetzt auch noch 'n Mord.»

«Und das ist noch nicht alles», meinte van Appeldorn düster. «Hast du schon mal etwas von einer *Greenparc B.V.* gehört?»

Falls Ackermann überrascht war, ließ er es sich nicht anmerken.

«Doch, doch», antwortete er. «Nix Genaues weiß man nich', aber wenn de mich fragst, die gehören zu *Monsanto*.»

Van Appeldorns Gesicht war ein einziges Fragezeichen.

Ackermann schob die Brille auf die Stirn. «Gott, wo soll ich anfangen? Also, pass auf, et gibt da so 'ne Handvoll Großkonzerne, die die Welt unter sich aufteilen, wat die Ernährung angeht. Die sitzen nich' bloß in Amiland, sondern auch in Europa. Einer von denen hat sogar 'n Ableger in Kleve, *Syngenta*.»

«Die Welt unter sich aufteilen?» Van Appeldorn verstand kein Wort. «Wie machen die das denn?»

«Ganz einfach, indem die dat Saatgut kontrollieren un' Patente anmelden auf Pflanzen un' sogar auf Tiere.» Ackermann ließ seine Brille wieder auf die Nase rutschen. «Bisher war dat immer so, dat der Bauer gesät un' geerntet hat. Bei der Ernte hat er dann immer 'n bisken Saatgut zurückbehalten un' dat gekreuzt un' verfeinert, bis er dat optimale Pflanzgut für seine Region hatte. Weißt du, zum Beispiel, dat et in Peru über zweihundert verschiedene Kartoffelsorten gibt? Weil die dort nämlich genau dat richtige Klima un' den richtigen Boden für Kartoffeln haben.»

Er merkte wohl, dass er an van Appeldorns Geduldsfaden zerrte. «Wie soll ich dat erklären? Der liebe Gott hatte sich dat so gedacht: natürliche Kreuzung un' Züchtung von Pflanzen auf den Böden un' in dem Klima, wo se hingehören, also Kartoffeln in Peru, Mais in Mexiko, Reis in Indien und so weiter.»

Van Appeldorn begann zu verstehen und nickte.

«Tja», fuhr Ackermann deshalb fort, «heutzutage is' dat anders. Vielleicht hilft 'n Beispiel. Du hast doch bestimmt schon ma' von unsere hiesige Kartoffel ‹Sieglinde› gehört. Die haben die Buren hier jahrzehntelang angebaut, weil se hier gut wächst un' weil se lecker is'. Und dann auf einmal durften se dat nich' mehr, weil ein Konzern sich dat Patent auf die ‹Sieglinde› gekrallt hatte.»

Van Appeldorn schaute ungläubig.

«Doch, dat stimmt», bekräftigte Ackermann. «Dat heißt, die Bauern konnten die Kartoffel schon noch anbauen, aber nur, wenn se die Saatkartoffeln bei der Firma mit de Lizenz eingekauft un' auch noch Lizenzgebühren bezahlt haben.»

«Was ist das denn für ein Irrsinn?» Van Appeldorn schüttelte den Kopf. «Und wer ist jetzt *Monsanto*?»

«*Monsanto* ist der älteste un' der größte von diesen Konzernen. Dem gehören acht Millionen Farmen auf der ganzen Welt, neunzig Prozent davon in Entwicklungsländern. *Monsanto* hat fünfundachtzig Prozent vonne Sojaproduktion in USA unter sich un' fünfundvierzig Prozent vonne Getreideproduktion auffe Welt.»

«Das weißt du einfach so aus dem Kopf?», wunderte sich van Appeldorn.

Ackermann wandte ihm sein ernstes Gesicht zu. «Glaub et mir, manchmal wünsch' ich, ich wüsste nich' so viel ... *Monsanto* war et auch, der mit der ganzen Genkacke angefangen hat – GVO nennt man dat kurz, genveränderte Organismen. Die jetz' auch wir am Arsch haben, Mais, Kartoffeln, Weizen, un' dat is' erst der Anfang. *Monsanto*, dat sind Verbrecher, Norbert. Du kennst doch bestimmt noch ‹Agent Orange›, dat Gift, dat die Amis über Vietnam versprüht haben, um die Bäume zu entlauben, damit se den Vietcong besser abknallen konnten. Un' woran die Menschen all verreckt sind. Weil in ‹Agent Orange› nämlich Dioxin is'. Dat Teufelszeug hat *Monsanto* erfunden, hergestellt un' verkauft. Obwohl die ganz genau wussten, wat Dioxin anrichtet! Oder denk ma' an Saccharin ...» Ackermann musste husten. «Ich hör besser auf, sons' red ich mich noch in Rage.» Er drückte seine Zigarette aus und ließ den Stummel in seiner Jackentasche verschwinden. «Wat is' denn mit *Greenparc*? Wieso fragste danach?»

Und wieder einmal erzählte van Appeldorn Hetzels Geschichte.

Ackermann war der Erste, der nicht darüber lachte.

«Dat hört sich für mich ganz nach *Monsanto* an. Sind genau die Methoden von denen. Mich würd' et nich' wundern, wenn der arme Hetzel demnächst 'ne Klage an den Arsch kriegt, weil auf seinem Acker Genmais steht, auf den *Monsanto* 'n Patent hat – MON 810 heißt dat Schweinezeug. Dat machen die schon ma' gerne so, schicken heimlich jemand in dat Maisfeld vom Bauern, un' der sät dat Zeug aus, un' kurze Zeit später ‹entdeckt› dann einer von *Monsanto* ‹zufällig› die Pflanzen un' sagt: ‹Hallo, wo sind die Lizenzgebühren? Un' drück ma' schön die Strafe ab, Bürschchen!› Da sind in USA un' in Kanada schon zig Farmen dran kaputtgegangen, weil se keine Beweise für 't Gegenteil hatten un' vor allem keine Knete für Prozesse.» Ackermann wurde bitterernst. «Die Patente sind dat Problem, Norbert. Wat für ein Wahnsinn, dat jemand 'n Patent kriegt auf irgendwat, von dem wir alle am Fressen bleiben müssen!»

Van Appeldorn ging nicht gleich wieder hinein, sondern spazierte langsam zum Kanal hinunter.

Was für ein Durcheinander! Und ausgerechnet jetzt sirrte ihm ein Gedankenschnipsel im Hirn herum, ließ sich nicht fassen, wollte aber auch keine Ruhe geben.

Er betrachtete die hellgrünen Algenfäden, die sich in einem trägen Tanz in der leisen Strömung wiegten.

Bahngelände ... Selbstmord ... Dienstag ...

Fußballtraining!

Er schüttelte sich kurz und lief zurück.

Fünfzehn Van Appeldorn schlüpfte in die Zentrale.

«Könnte ich wohl mal an deinen PC, Maik? Ich bräuchte den Bericht von einem Streifeneinsatz am 20. Oktober. Oder ist Derks vielleicht in der Nähe?»

Maik zeigte den Gang hinunter. «Der hat gleich Dienst und zieht sich gerade um.»

Derks verhedderte sich in seinem Hosenbein und stolperte rückwärts, als er van Appeldorns Gesicht sah.

«Hab ich irgendwie Mist gebaut?»

«Das weiß ich noch nicht», antwortete van Appeldorn kühl. «Beim Training letzte Woche Dienstag hast du doch etwas von einem Mann erzählt, den ihr auf den Bahngleisen gefunden habt. Wie hieß der?»

Derks zog hastig seine Hosen hoch. «Warte, da muss ich überlegen, der hatte seinen Führerschein bei sich. Rainer ... irgendwas mit Sch. ... Steht aber im Bericht.»

«Rainer Schraven?»

«Ja, genau! Schraven hieß der. Was ist denn mit dem?»

«Das tut nichts zur Sache. Also, wie war das am Dienstag?»

«Nun ja, ein Lokführer hatte bei der Leitstelle gemeldet, dass er einen Mann gesehen hatte, der neben den

Schienen lag, einen Toten. Wir sind dann zu der Stelle gefahren.»

«Wo war die Stelle?»

«Zwischen Bedburg-Hau und Pfalzdorf, nicht ganz auf der Höhe von dem Wald da, Reiherbusch oder wie der heißt. Aber der Mann war nicht tot, sondern nur bewusstlos. Der kam gerade wieder zu sich. Wir haben dann den Notarzt gerufen.»

«Das geht mir zu schnell. Wo lag der Mann? Wie lag er? War er verletzt?»

«Er hat am Kopf geblutet.»

«Am Hinterkopf?»

«Ja.»

«Und dein Kollege hat gedacht, es müsse sich um einen Selbstmordversuch handeln. Wie kam er darauf?»

Derks' Ohren wurden immer dunkler.

«Na ja, wie der da lag ... So, als hätte er mit dem Kopf auf den Schienen gelegen und wäre dann doch noch irgendwie weggerobbt.»

«Ihr habt ein Foto gemacht, nehme ich an.»

Derks traten kleine Schweißperlen auf die Oberlippe. «N... nein, wir mussten uns doch um den Mann kümmern.»

«Was noch?», bohrte van Appeldorn mitleidlos nach.

«Sonst nichts, Trainer.»

«Lass bloß den Trainer weg! Was noch?»

«Weiß nicht.» Derks war feuerrot geworden. «Der Kollege hat gemeint, es handelt sich um einen typischen Suizidversuch, das hätte er auf seiner früheren Dienststelle oft gesehen. Und außerdem wäre das Ganze sowieso Sache der Bahnpolizei. Allerdings gab es da etwas, das wie seine Schleifspur aussah.»

«Eine Schleifspur?»

«Ja, im Schotter.»

Van Appeldorns Augen wurden ganz schmal. «Gehe ich recht in der Annahme, dass im Protokoll nichts von einer Schleifspur steht?»

Derks nickte und schluckte ein paarmal. «Der Kollege meinte ... na ja, er ist doch der Erfahrenere ...»

«Wer ist dieser Kollege?»

Derks schaute zu Boden. «Schuster.»

Van Appeldorn ließ ihn einfach stehen.

«Wo steckt Schuster?», blaffte er Maik von der Zentrale an.

Der war einiges gewöhnt. «Auf Streife», antwortete er gelassen.

«Lass mich mal an den Funk!»

«Gern doch, Norbert. Soll ich den richtigen Knopf für dich drücken?»

Van Appeldorn nickte.

«Schuster?», bellte er ins Mikrophon. «Wo steckst du gerade?»

«Bist du das, Norbert?» Trotz des Ätherrauschens konnte man Schusters Verblüffung hören.

«Wo du steckst, will ich wissen!»

«Auf Bewegungsfahrt im Stadtgebiet.»

«Also Kaffee trinken. Schaff sofort deinen Arsch hierher!»

«Hast du sie noch alle? Wie redest du denn mit mir? Das muss ich mir nicht bieten lassen.»

Aber dann war er doch ziemlich schnell zur Stelle.

Van Appeldorn erwartete ihn auf dem Parkplatz.

«Da haben wir ihn also, den erfahrenen Kollegen, sieh an.» Er lächelte dabei. «Den erfahrenen Kollegen, der einem Anwärter beibringt, wie man sich vor der Arbeit drückt und Berichte fälscht.»

«Spinnst du?» Aber Schuster war doch ein wenig blasser geworden. «Willst du mir etwa was anhängen? Das versuch mal, du bist mir gegenüber nicht weisungsbefugt.»

«Was glaubst du wohl, wie sehr mich das interessiert – Kollege?»

Doch Schuster hatte sich fürs Maulen entschieden. «Ich habe es nicht nötig, mich von dir abkanzeln zu lassen! Wenn du so weitermachst, dann kannst du mal sehen, wer am Sonntag für dich auf dem Platz aufläuft!»

«Ich fürchte, du hältst das tatsächlich für eine Drohung.» Van Appeldorn lächelte mokant. «Es wird wirklich immer besser: gefälschte Protokolle, Anstiftung zur Falschaussage, verbale Drohungen.»

Er schob sein Gesicht dicht vor Schusters. «Aber damit beschäftigen wir uns dann zu gegebener Zeit.»

Schuster taumelte einen Schritt zurück.

«Einstweilen will ich von dir nur etwas über diese Schleifspur wissen. Und ich warne dich, überlege dir sehr, sehr gut, was du jetzt sagst.»

Schuster gab gar nicht vor, nichts zu verstehen, dennoch wand er sich. «Es könnte sich um eine Schleifspur gehandelt haben. Könnte! Könnte aber auch was ganz anderes gewesen sein.»

Van Appeldorn rückte ihm wieder auf den Leib. «Letzte Warnung, Schuster», stieß er zwischen den Zähnen hervor, «allerletzte.»

«Okay, okay», gab Schuster sich geschlagen und rang die Hände. «Es sah so aus, als hätte jemand den Mann über den Schotter zu den Schienen geschleift. Eigentlich auch schon von der Straße übers Gras und über die Böschung ...»

Van Appeldorn schaute ihn nur an, Schuster hampelte herum. «Aber warum ist das denn so wichtig, verflucht?»

«Weil dieser Rainer Schraven gestern ermordet worden ist, abgestochen wie ein Schwein.»

«Ach du Scheiße! Der ist der Tote vom Geisterhof?»

Beim «Geisterhof» musste van Appeldorn kurz stutzen. «Ganz genau.» Er sprach betont langsam. «Der Mann, dem jemand anscheinend schon letzten Dienstag eins über den Schädel gezogen hat. Ich bin mir nicht sicher, ob du das draufhast, Schuster, aber möglicherweise kannst sogar du eins und eins zusammenzählen.»

Schravens Schwester kam um Schlag elf, keine Minute zu früh, keine zu spät.

Von Natur aus war sie keine wirklich gutaussehende Frau, zu groß, zu knochig, mit heller Haut und aschbraunem Haar. Aber sie verstand es, etwas aus sich zu machen. Ihre Kleidung betonte die langen Beine und kaschierte den flachen Busen, das dezente Make-up und die hellen Strähnen im kinnlangen Haar schmeichelten ihrem Teint. Eine gepflegte Achtunddreißigjährige mit freundlichen Augen und ein paar Fältchen um die Mundwinkel, die zeigten, dass in ihrem Leben nicht alles rosig gewesen war.

Sie verstellte sich nicht, gab nicht vor, über den Tod ihres Bruders vor Trauer zu zerfließen. Die Ermordung schockierte sie schon.

Bonhoeffer hatte den Leichnam so abgedeckt, dass man nur das Gesicht, nicht aber die durchtrennte Kehle sehen konnte. Die Augen des Toten waren geschlossen, aber friedlich sah er nicht aus. Vielleicht hatte er das nie getan.

«Ja, das ist mein Bruder.»

Penny schaute sie mitfühlend an. «Wenn es Ihnen nichts ausmacht, würde ich Ihnen gern einige Fragen stellen.»

«Selbstverständlich.»

Bonhoeffer nahm Schnittges mit in sein Büro. «Den Todeszeitpunkt kann ich genau bestimmen. Als ich am Tatort ankam, muss der Mann ungefähr seit anderthalb Stunden tot gewesen sein, die körperlichen Merkmale waren eindeutig. Also geschah die Tat zwischen 17 Uhr 45 und 18 Uhr.»

«Dreiundzwanzig Messerstiche», berichtete er dann, «alle mit großer Kraft geführt, alle im Bereich des Oberkörpers, zwei Stiche ins Herz, von denen jeder für sich tödlich war. Durchtrennen der Kehle von schräg vorn mit einem einzigen Schnitt, ebenfalls sehr kraftvoll geführt. Bei der Tatwaffe handelt es sich wohl um ein sehr scharfes Messer – einseitig geschliffen – mit einer sechzehn Zentimeter langen Klinge, ein Küchenmesser vielleicht. Abwehrverletzungen an beiden Händen. Schraven war 1 Meter 72, der Täter muss etwas größer gewesen sein, zehn, vielleicht zwölf Zentimeter.»

«Was ist mit der Kopfverletzung?», fragte Schnittges.

«Eine Fissur am Hinterhaupt unter einer sternförmigen Platzwunde, beigebracht durch einen länglichen Gegenstand von etwa zwei Zentimetern Durchmesser. Die Wunde ist gereinigt und behandelt worden, deshalb kann ich dir nichts Genaues über das Material der Waffe sagen. Tippen würde ich auf ein Metallrohr oder möglicherweise eine Brechstange.»

Schnittges machte sich Notizen.

«Wo steckt eigentlich Marie?», fragte er, ohne von seinem Block aufzusehen.

«Die ist im Labor und untersucht Schravens Blut und seinen Mageninhalt.»

Bernie hatte Marie gestern am Tatort gesehen, wie sie Bonhoeffer zur Hand gegangen war, Schravens Mundhöhle untersucht, seine Rektaltemperatur gemessen hatte.

«Sie wirkte ganz schön mitgenommen», sagte er.

«Na ja, sie ist Wissenschaftlerin», gab Bonhoeffer zu bedenken. «Selbstverständlich hat sie schon Mordopfer untersucht – wenn sie auf dem Stahltisch in der Prosektur lagen.»

«Du meinst, es war ihr erster Tatort?» Bernie lief ein Schauer über den Rücken. «Kein schöner Einstieg. Es steckt sogar mir noch in den Knochen, dabei habe ich schon so einiges gesehen.»

Bonhoeffer brummte zustimmend, und Schnittges klappte sein Notizbuch zu.

«Dann will sie sich jetzt wohl nicht mehr auf deine Stelle bewerben», mutmaßte er.

«Wir haben nicht darüber gesprochen, aber ...», begann Bonhoeffer, doch in diesem Augenblick kam Marie herein, den Blick auf ihr Klemmbrett gerichtet. «Blut unauffällig, kein Alkohol, keine Drogen. Mageninhalt unspektakulär.» Dann entdeckte sie Bernie. «Hallo!»

«Hallo, Marie! Wie geht es dir?»

Sie schürzte die Lippen. «Ich habe wohl keine besonders gute Figur gemacht, was? Aber so langsam erhole ich mich wieder.» Dann lachte sie. «Ich kriege sogar schon wieder Hunger. Sollen wir was essen gehen?»

«Ich gäb' was drum», antwortete Bernie mit ehrlichem Bedauern und ein kleines bisschen verwirrt, «aber ich muss zum Tatort zurück.»

«Ja, klar.» Sie legte den Kopf ein wenig schief. «Dann eben ein anderes Mal.»

«Ich habe vorhin mit deinem Verwaltungschef gesprochen», wandte sie sich Bonhoeffer zu. «Er muss deine Stelle natürlich öffentlich ausschreiben, aber wenn ich ihm bis Mitte nächster Woche meine Unterlagen schicke ... Ich nehme an, du weißt, wie das läuft ...»

«Du hast dich also entschieden», stellte Bonhoeffer fest. Schnittges konnte den Tonfall nicht genau deuten, aber ganz sicher schwang auch Freude mit.

«Ja, und diese Feuertaufe gestern war wichtig und

kam genau zum richtigen Zeitpunkt», antwortete Marie. «Ich mache mich heute noch auf den Weg nach Bologna, suche meine Papiere zusammen und mache meine Bewerbung fertig.» Sie strich sich das Haar hinter die Ohren. «Und danach muss ich dort meine Wohnung auflösen, den Umzug organisieren ... dabei möchte ich viel lieber hier sein und wissen, wie es mit diesem Mordfall weitergeht. Hast du eine Mailadresse, Bernie?»

«Habe ich, auch eine private Telefonnummer.» Er griff in seine Innentasche. «Und beides steht hier auf dieser ausgesucht geschmackvollen Visitenkarte.»

Gabriele Schraven-Heller hatte mit siebzehn Jahren Abitur gemacht und danach Pharmazie studiert. Mit ihrem Vater hatte sie sich nie gut verstanden und den Kontakt zu ihm gemieden. Erst nach dessen Tod hatte sie den Hof und damit ihren älteren Bruder wieder besucht. Sie war schon immer davon überzeugt gewesen, dass Rainer an einer Form von Autismus litt, darüber gesprochen wurde nie. Nach dem Tod des Vaters hatte der Bruder ihr ihr Erbteil ausgezahlt, und von dem Geld hatte Gabriele eine Apotheke in Xanten gekauft, die sie immer noch führte. Seit zehn Jahren war sie verheiratet mit Markus Heller, einem Immobilienmakler.

Letzte Woche Dienstag hatte das St.-Antonius-Hospital Kleve bei ihr angerufen und ihr mitgeteilt, dass ihr Bruder einen Unfall gehabt hatte und dabei schwer am Kopf verletzt worden war. «Ich habe dann auch kurz mit Rainer selbst gesprochen, aber er war sehr benommen», erzählte sie. «Er wiederholte nur immer wieder, ich solle mich um die Tiere kümmern. Aber wie sollte ich das machen?» Sie breitete entschuldigend die Hände aus. «Ich habe nur eine Teilzeitkraft und bin ansonsten allein in der Apotheke.»

Gott sei Dank war dann ihr Mann eingesprungen. Heller war selbständig und konnte sich seine Arbeitszeit frei einteilen. Und er war auf dem Hof gut zurechtgekommen, bis Rainer am Sonntag auf eigene Verantwortung das Krankenhaus verlassen und ihn weggeschickt hatte.

«Mein Mann war ein bisschen verschnupft», gestand die Schwester, «denn Rainer hat sich nicht einmal bei ihm bedankt. Aber so war er, er wollte einfach, dass Markus verschwand, damit er seine Ruhe hatte. So war er immer, das hat mich früher oft traurig gemacht, aber mittlerweile ...» Sie zuckte die Achseln.

Schnittges musste am Straßenrand warten, weil ihm aus Schravens Feldweg zwei Viehtransporter entgegenkamen, man holte wohl gerade die Kühe und Schweine ab.

Als er seinen Wagen am Hoftor parkte, hörte er irres Gebell und schrille Befehle. Die Leute vom Tierheim hatten den Kettenhund mit einem Netz gefangen, einen grauen Spitz, der keinen Menschen an sich heranließ. Ob Schraven ihm das Futter aus sicherer Entfernung hingeworfen hatte? Mager war er nicht.

«Näher geh ich nicht ran», rief die Frau in der grünen Latzhose und versuchte, den wilden Bissen des Köters auszuweichen. «Zieh ihn einfach mit dem Netz in den Wagen.»

«Prima!», erwiderte der Mann, der die Netzleine hielt. «Und was dann? Das Viech ist nie gezähmt worden, das ist eine Bestie.»

«Zieh einfach.»

Schnittges schlüpfte in einen Kunststoff-Overall und ging ums Haus herum.

Die Küchentür stand weit offen, van Gemmern packte gerade ein paar Asservierungsbeutel in eine Tasche.

Den metallischen Geruch von frischem Blut konnte man kaum noch wahrnehmen, aber der süßlich-scharfe Gestank von Schweinemist, der sich einem klebrig in jede Pore setzte, war nicht weniger stark als gestern.

«Wie hältst du das nur aus?»

Van Gemmern fuhr herum und senkte dann grüßend das Kinn. «Wenn man keine Wahl hat ... Gottlob sind die Tiere jetzt weg, da können wir uns endlich frei bewegen.»

Schnittges betrachtete die mittlerweile getrocknete Blutlache auf dem Küchenboden, entdeckte Stroh- und Mistplacken darin und eine Schmierspur.

«Kannst du schon etwas sagen?»

Van Gemmern lehnte sich mit der Hüfte gegen den verklebten, mit allerlei Unrat und schmutzigem Geschirr bedeckten Tisch.

«Abdrücke von Schravens Gummistiefeln und Abdrücke von den Gummistiefeln des Täters. Das Sohlenprofil ist fast identisch, es unterscheidet sich nur in den Abnutzungsspuren. Deutliche Hinweise auf einen Kampf.»

«Habt ihr die Tatwaffe schon gefunden? Bonhoeffer meint, es könnte sich um ein Küchenmesser handeln.»

«Ja, ich weiß, er hat mich angerufen», sagte van Gemmern. «Bisher hatten wir noch kein Glück.»

Da erschien Penny in der Küchentür. Sie nahm einen Atemzug, ließ kurz den Blick schweifen und war wieder verschwunden. Ein paar Minuten später kam sie in Overall, Stiefeln und Handschuhen zurück.

«Man will ja nichts kontaminieren», erklärte sie forsch.

Bernie hob spöttisch die Brauen. «Wohl eher nicht kontaminiert werden.»

«Das einzig Saubere in diesem Laden sind die Melkmaschine und die Milchkammer», sagte van Gemmern. «Und dann das Bad. Kommt mal mit.»

Sie folgten ihm zwei Stufen hinunter in den Kuhstall, auf die Tenne, dann rechts ein paar knarrende Stufen wieder hinauf in ein fensterloses Badezimmer: rosa gefliest, ebenso rosa Wanne, Waschbecken und Klo, Neonlicht. Neben der Tür stand ein Hochdruckreiniger, mit dem sich offenbar kürzlich jemand über den Raum hergemacht hatte.

«Das könnte Schravens Schwager gewesen sein», schloss Penny. «Er hat sich ja um die Tiere gekümmert, als Schraven im Krankenhaus lag. Wahrscheinlich hatte er keine Lust, sich hier irgendwas einzufangen.»

«Das erklärt's», gab van Gemmern sich zufrieden und

winkte ihnen, ihm zu folgen. «Wegen der Stiefelabdrücke des Täters ...»

Zwischen Küche und Schweinestall befand sich eine Art Hauswirtschaftsraum. Auch hier auf dem Boden Schubkarrenspuren zwischen Mist, Stroh und Futterresten. An einer Wand hing dreckstarrende Arbeitskleidung, darunter ein Berg ebenso verdreckter Stiefel und Arbeitsschuhe.

Neben der verstaubten Waschmaschine stand ein einzelnes Paar Gummistiefel, ein bisschen abgenutzt, aber blitzsauber.

«Dasselbe Fabrikat wie Schravens Stiefel», erläuterte van Gemmern, «dasselbe Sohlenprofil.»

«Die Stiefel, die der Mörder getragen und nachher abgewaschen hat?», meinte Schnittges zweifelnd.

«Das liegt durchaus im Bereich des Möglichen», bestätigte van Gemmern. «Ich lasse sie ins Labor bringen. Die Luminolprobe wird schnell zeigen, ob es Blut war, das abgewaschen worden ist. Und mit etwas Glück finden wir im Inneren der Stiefel sogar DNA-Spuren des Trägers.»

Sechzehn

Van Appeldorn war immer noch wütend, als er zu Cox ins Büro kam, setzte sich aber erst einmal hin und atmete durch. «Was hat sich bei dir getan?»

«Ich habe Kontakt zur Sondereinheit in Düsseldorf aufgenommen», sagte Cox in besonders ruhigem Ton. «Die sind pfiffig, die Jungs, hatten die Idee, das Rote Kreuz einzuschalten wegen unserer beiden Männer aus dem Massengrab. Falls es Fremdarbeiter waren, könnten sie in ihrer Heimat als vermisst gemeldet worden sein.» Er zog ein Blatt Papier heran. «Dann kamen zwei Anrufe wegen der beiden Down-Kinder, aber die waren wenig vielversprechend. Jetzt habe ich erst einmal eine Rufumleitung nach Düsseldorf schalten lassen, bis wir hier Grund in unserem Mordfall haben. Ich hoffe, das war in deinem Sinn.»

«Ja, natürlich, du wirst die Aktenführung übernehmen müssen», nickte van Appeldorn und berichtete dann von seinem fruchtlosen Gespräch mit der Wirtschaftsförderung. Er schob Cox das Gutachten hin, das man ihm mitgegeben hatte. «Vielleicht guckst du da mal drüber.»

«Mach ich.»

«Jupp hat übrigens seine eigene Theorie, was diese *Greenparc*-Leute angeht.»

Cox hörte zu. «Interessant», meinte er schließlich. «Aber deshalb bist du doch nicht so sauer.»

«Nein, sauer bin ich wegen etwas anderem.»

Wieder hörte Cox zu, ohne ihn zu unterbrechen. Dann nickte er langsam. «Ein Mordversuch. Der Täter schlägt Schraven bewusstlos und legt ihn dann auf die Schienen, damit er von dem Zug, der hier alle halbe Stunde verkehrt, überrollt wird.»

«Genau so», bestätigte van Appeldorn. «Wenn Schraven unter den Zug gekommen wäre, hätte kein Mensch mehr feststellen können, dass er zuvor niedergeschlagen worden war. Es wäre als Selbsttötung durchgegangen.»

«Und praktischerweise erinnert sich Schraven an nichts», ergänzte Cox. «Also konnte der Täter es noch einmal versuchen.»

«Hör mal», meinte er dann, «es hat seit Wochen nicht mehr geregnet. Vielleicht findet man am Bahndamm ja immer noch Spuren.»

Van Gemmern wurde fuchsteufelswild, als van Appeldorn, den kleinmütigen Derks und den trotzigen Schuster im Schlepptau, auf den Hof kam und ihm erklärte, es helfe alles nichts, er müsse sofort mitkommen und sich einen anderen Tatort anschauen.

«Hast du dich hier mal umgesehen?», schnauzte er. «Glaubst du, die Arbeit macht sich von allein?»

Van Appeldorn starrte ihn verdutzt an, er konnte sich nicht erinnern, dass van Gemmern jemals laut geworden war. Was mochte ihm über die Leber gelaufen sein?

Entschieden nahm er ihn beiseite und erklärte ihm leise, worum es ging.

«In Gottes Namen», sagte van Gemmern schließlich. «Wenn es nicht zu weit weg ist.»

«Keine zwei Kilometer», gab van Appeldorn an. «Wir fahren vor deinem Transporter her und zeigen dir den Weg.»

Da klingelte sein Handy. Er fluchte.

Es war Ulli. «Wir hatten einen sehr schönen Tag miteinander, aber jetzt möchte Fricka gern wieder nach Hause. Spricht irgendwas dagegen?»

Van Appeldorn raufte sich die Haare. «Allerdings! Hier draußen läuft ein Mörder rum, der sich einbilden könnte, dass Fricka ihn gesehen hat. Er kann erst in sein Haus zurück, wenn wir den Täter gefasst haben.»

Er hörte, wie Ulli erschrocken nach Luft schnappte, und sie tat ihm leid. Er hatte nicht nur von nichts auf gleich einen alten Onkel aus dem Hut gezaubert, jetzt sollte der auch noch bei ihnen einziehen. Aber er hatte Ulli falsch eingeschätzt.

«Er wird nicht bei uns bleiben wollen, Norbert», meinte sie bedrückt. «Fricka sorgt sich ja jetzt schon, dass er uns zur Last fällt ... Aber ich kriege das schon irgendwie hin. Er wird sicher Kleidung und andere Dinge aus seinem Haus brauchen.»

«Ja, natürlich, ich schicke euch einen Streifenwagen, der euch her- und wieder zurückfährt.»

«Muss das wirklich sein?»

«Ja, es muss sein. Tut mir leid, dass ich so kurz ab bin ...»

«Mach dir keine Sorgen, wir kommen schon klar.»

«Da bin ich sicher.» Van Appeldorn schickte ihr eine stumme Umarmung durch die Leitung. «Es wird bestimmt spät heute, aber ich melde mich zwischendurch mal.»

Van Gemmern fand die Schleifspur, die stellenweise durch die Polizisten, den Notarzt und die Sanitäter zertreten worden war, aber deutlich ihren Anfang am Straßenrand hatte, dann durch einen kleinen Graben, die Böschung hinauf über den Schotter bis zu den Gleisen führte.

Und er fand an mehreren Stellen im Gras Blutspuren.

Schließlich kniete er am Straßenrand und goss Reifenspuren aus.

«Zwei verschiedene Autos», erklärte er van Appeldorn. «Diese Spur hier dürfte vom Notarztwagen stammen und die andere vielleicht von dem Wagen, in dem Schraven hergebracht wurde. Die beiden Helden da vorn hatten ihr Auto auf der anderen Straßenseite geparkt.» Er kam wieder hoch. «Für mich eine ganz eindeutige Spurenlage», bemerkte er spitz mit einem Blick auf Schuster und Derks, die ein wenig abseits im Gras saßen.

Derks stand schwerfällig auf und sah aus, als würde er zu heulen anfangen. «Der Mann könnte noch leben, wenn ich ...», stammelte er, «wenn ich ...»

«Das wissen wir nicht», sagte van Appeldorn. «Lass gut sein, Junge.»

Endlich kam auch Schuster auf die Beine. «Es tut mir leid, Norbert», stieß er hervor, «echt leid.»

Van Gemmern gab ein ungehaltenes Zischen von sich und schob sich zwischen ihnen hindurch. «Für so einen Scheiß habe ich wirklich keine Zeit.» Er hielt ihnen den Beutel mit den blutbefleckten Grashalmen unter die Nase. «Seht lieber zu, dass das hier in die Pathologie kommt, damit wir wissen, ob es wirklich Schravens Blut ist.»

Van Appeldorn hatte die Teamsitzung für sieben Uhr angesetzt, aber es wurde dann doch schon fast acht, bis alle da waren, müde und aufgedreht zugleich, vor allem aber sehr hungrig. Cox hatte Pizza bestellt, und während sie darauf warteten, sortierten sie, jeder für sich, ihre Notizen und Gedanken.

Aber irgendwann hielt Cox es nicht mehr aus: «Was diese *Monsanto*-Geschichte angeht ...»

«Was für eine Geschichte?» Pennys Blick war nicht sonderlich liebevoll. «Anscheinend habe ich da etwas verpasst.»

«Jupp hat da so eine Idee, wer wirklich hinter *Greenparc* stecken könnte», sprang van Appeldorn Peter zur Seite und erzählte von seinem Gespräch mit Ackermann.

«Das hört sich für mich schon wieder nach einer Räuberpistole an.» Penny war offenbar wirklich genervt.

«Nein, warte mal», bemerkte Bernie. «Ich glaube, ich habe schon öfter was über *Monsanto* in der Zeitung gelesen, neulich erst wieder. Da ging es um einen Bauern, der seine Milchkühe mit Genmais gefüttert hat und dem alle seine fünfzig Tiere verendet sind.»

Der Pizzabote kam und wischte sich mit einem Tuch das nasse Gesicht.

«Regnet es etwa?»

«Es schüttet wie aus Eimern.»

Van Appeldorn machte im Stillen drei Kreuze, dass er van Gemmern hatte überreden können, den Bahndamm sofort zu untersuchen.

«Was wolltest du denn eigentlich sagen, Peter?», fragte er.

Cox hatte den Mund schon voll Pizza und musste erst einmal kauen und schlucken.

Er wischte sich die Lippen ab. «Du hast mir doch heute Morgen das Gutachten von der Wirtschaftsförderung gegeben, Norbert. Dadrin ist eine schöne Karte von dem Gebiet, um das es eigentlich geht. Ich habe mir dann einen Katasterauszug besorgt. Es handelt sich um eine zusammenhängende Ackerfläche, die elf Betriebe unter sich aufteilen. Hetzel, Vermeer und Schraven gehören dazu. Mit den anderen acht Grundbesitzern habe ich telefoniert. Bei jedem von ihnen sind *Greenparc*-Mitarbeiter gewesen und haben ihnen die Genossenschaftsidee schmackhaft gemacht. Und sie sind alle dafür. Sie wussten auch, dass drei Leute dabei nicht mitmachen wollten, Hetzel, Vermeer – und Schraven. Sie konnten aber deren Ablehnung nicht so recht verstehen. Weil – und jetzt kommt es – sie alle davon überzeugt sind, dass die *Greenparc*-Leute von der Wirtschaftsförderung geschickt worden sind. Sie waren ganz verwirrt, als ich ihnen erzählt habe, dass *Greenparc* ein holländisches Unternehmen ist, das eigene wirtschaftliche Interessen verfolgt und keinesfalls zur Wohlfahrt gehört. Ich bin ziemlich sicher, dass die meisten mir nicht geglaubt haben. *Greenparc* sei eine Firma, die vom Kreis Kleve mit der konkreten Umsetzung des Projektes beauftragt worden sei, behaupten sie stur. Und als ich dann ganz vorsichtig das Wort ‹Gentechnik› habe fallenlassen, wurden die meisten einigermaßen sauer.»

«Schraven war also auch gegen das Projekt», hielt Schnittges fest.

Ihre Gedanken überschlugen sich.

«Beim ersten Anschlag auf Schraven könnte man durchaus an Profis denken», sprach van Appeldorn aus, was alle dachten, «und Hetzel ist denen gerade noch so entkommen.»

«Gereon!», rief Penny, und niemand wunderte sich.

«Möglicherweise war das gar kein Unfall. Vielleicht hat man das Motorrad manipuliert», schlug Schnittges vor.

«Nein.» Cox schüttelte den Kopf. «Die Maschine ist untersucht worden.»

«Und wenn man ihn vergiftet hat ...» Penny legte ihr Pizzastück aus der Hand.

«Wir lassen ihn exhumieren», beschloss van Appeldorn.

«Glaubst du, das kriegst du bei der Staatsanwaltschaft durch?» Cox war skeptisch.

«Das lasst mal meine Sorge sein.» Van Appeldorn spürte neue Energie. «Auf alle Fälle müssen wir jetzt die Kollegen in Nimwegen einschalten. Die sollen diese dubiose B.V. gründlich auf den Kopf stellen.»

Bernie hatte versucht, es sich mit einem Glas Rotwein vor dem Fernseher gemütlich zu machen, aber er kam einfach nicht zur Ruhe.

Schließlich gab er auf, goss sich ein zweites Glas Wein ein, setzte sich an seinen PC und gab *Monsanto* ein.

Die «Agent Orange»-Geschichte, von der Ackermann erzählt hatte, fand er schnell, aber dann brauchte er Stunden, sich durch die Unzahl von Eintragungen im Netz zu arbeiten.

Irgendwann hatte er einen roten Faden gefunden.

Er machte sich ein Käsebrot, ging pinkeln, holte sich eine Flasche Wasser, noch ein Glas Wein, suchte in der Küche nach Schokolade, drehte die Heizung an, weil er fror, wanderte vom Arbeitszimmer ins Schlafzimmer, ins Wohnzimmer und wieder zurück, merkte das alles aber nicht, weil er diesen Faden nicht verlieren wollte.

So, wie es aussah, hatte *Monsanto* zunächst Unkrautvernichtungsmittel hergestellt, unter anderem PCB und DDT. Irgendwann fand die Welt dann heraus, dass diese Herbizide große Umweltschäden anrichten und für Mensch und Tier giftig sind. Daraufhin entwickelte *Monsanto* 1968 ein neues Herbizid, «Glyphosphat», das nach eigener Aussage völlig ungefährlich war, und brachte es 1974 unter dem Namen «Roundup» auf den Markt. «Glyphosphat ist weniger giftig für Ratten als große Mengen eingenommenes Tafelsalz», warben sie.

«Roundup» wurde zunächst zur Unkrautbekämpfung in Wäldern und Parks versprüht, kam dann 1988 auch für Hobbygärtner auf den Markt und wurde zum beliebtesten und meistverkauften Unkrautvernichter.

Das Patent für «Roundup» lief im Jahr 2000 aus, und *Monsanto* machte sich auf die Suche nach einer neuen Goldgrube. Da kam ihnen die Nachricht gerade recht, dass es der Genforschung, ein bisher eher belächeltes Gebiet der Biologie, zum ersten Mal gelang, Teile von Genen herauszubrechen und woanders wieder einzubauen.

Ab 1985 dann stellte *Monsanto* die eigene Forschung darauf ab, genveränderte Organismen (GVO) zu entwickeln, die gegen «Roundup» resistent waren, Nutzpflanzen, die das Besprühen mit «Roundup» schadlos überstanden, während alle Unkräuter auf den Feldern eingingen.

Zwei Jahre lang forschte *Monsanto* erfolglos in seinen Labors, dann suchte man auf einer organischen Mülldeponie, die man großzügig mit «Roundup» besprüht hatte, nach Organismen, die das Gift überlebt hatten, und wurde tatsächlich fündig bei der Petunie und dem Blumenkohlmosaikvirus.

In den folgenden Jahren arbeitete *Monsanto* daran, Organismen dazu zu zwingen, das resistente Gen ins eigene Genom einzubauen. Vor allem Soja und Mais wurden mit Genkanonen beschossen, und 1993 gelang das Experiment tatsächlich. *Monsanto* meldete auf das genveränderte Saatgut Patente an.

Die Zulassung der GVO (zu dem Zeitpunkt Genmais und Gensoja) stieß in den USA auf keinerlei Probleme. Die Ernährungsbehörde sprach damals vom ‹Prinzip der substanziellen Äquivalenz› und legte fest: GVO enthalten dieselben Inhaltsstoffe wie normale Lebensmittel, deshalb benötigt man für GVO keine besonderen Gesetze, und Genfood muss auch nicht gekennzeichnet werden.

Erste Proteste tauchten auf, gingen aber sofort wieder unter.

1996 bekam *Monsanto* dann einen neuen Chef: Robert Shapiro, ein Mann mit einer Mission. Er trat auf wie ein Prediger, reiste in der Weltgeschichte herum und verkündete: Die Welternährung ist einzig und allein durch Genfood zu garantieren.

Bisher hatte *Monsanto* Herbizide hergestellt, Shapiro aber kaufte nun weltweit alle Saatgutfirmen für Soja, Mais und Weizen auf.

1998 versuchte *Monsanto* dann, ein so genanntes «Terminator-Patent» auf eine Pflanze zu bekommen, die am Ende ihres Wachstums ein Protein produzierte, das die Samenkörner sterilisierte.

Bernie hielt die Luft an. Das bedeutete ja, den seit Menschengedenken natürlichen Prozess von Aussaat, Ernte, Zurückbehalten von gesundem Saatgut und erneuter Aussaat gab es ab jetzt nicht mehr. Die Welt war auf Gedeih und Verderb den Saatgutherstellern ausgeliefert. Er las weiter. Jetzt wurden die Proteste so laut, dass *Monsanto* es nicht schaffte, diese Pflanzen auf den Markt zu bringen.

Ende der neunziger Jahre versuchte Shapiro, auf dem europäischen Markt Fuß zu fassen, und wurde dabei massiv von der ersten Bush-Regierung unterstützt, weil fünf Minister *Monsanto*-Leute waren, das heißt, sie hatten vorher bei *Monsanto* gearbeitet oder waren später für *Monsanto* tätig, unter anderem Donald Rumsfeld. Aber nicht nur die Republikaner waren Genfood-Anhänger, auch Bill Clintons Wahlkampfleiter beschimpfte öffentlich Europa, weil es darauf bestand, GVO zu kennzeichnen.

Im Jahr 2000 beschloss *Monsanto*, dass das Thema Genfood für Laien einfach zu kompliziert war, und gründete die Abteilung «Regulatory Affair and Scientific Outreach», zu der verschiedene Rechtsanwaltskanzleien und Detekteien in St. Louis gehörten, deren Aufgabe es war, kritische Wissenschaftler zum Verstummen zu bringen und namhafte Unterstützer für Genfood zu gewinnen. Das gelang zum Beispiel beim britischen Premierminister Tony Blair.

Im selben Jahr versuchte *Monsanto*, Frankreich zu erobern. Zwanzig Millionen Euro wurden in die Werbung für «Roundup» gesteckt. Ein Jahr später stellte man fest, dass plötzlich 75 % der Gewässer in Frankreich den Grenzwert für Herbizide überschritten hatten und so Fische aus einheimischen Flüssen, Seen und küstennahen Gewässern nicht mehr essbar waren. Erste Berichte über Lymphome und Myelome bei Tieren, die mit Genmais gefüttert wurden, tauchten auf.

Man entdeckte, dass «Roundup» in transgenem Mais und Soja nicht etwa abgebaut wurde, sondern erhalten blieb und über die Nahrungskette zum Menschen gelangte. Es führte zu einer Steigerung von Früh- und Fehlgeburten und senkte die Produktion von Sexualhormonen um 94 %.

Drastisch war die Lage in Südamerika.

In Argentinien hatte *Monsanto* das Land mit transgenen Soja-Monokulturen überzogen, aber auch die Nachbarländer Brasilien und Paraguay waren inzwischen verseucht. Dort wurde das Saatgut von *Monsanto* eingeschmuggelt und illegal ausgebracht, mit dem Ziel, Patentrechte einzuklagen. Inzwischen waren auch natürliche Maniok-, Süßkartoffel- und Baumwollfelder zerstört worden durch unkontrolliert herumfliegendes «Roundup». Denn, und das war dem Hersteller bekannt, nur 0,3 % von «Roundup» erreichte die Pflanze, die erreicht werden sollte, 99,7 % des Giftes flog in der Luft herum, wurde von Wind und Wasser, von Traktoren und Lastwagen weitergetragen und verseuchte die Umwelt, tötete alle Pflanzen, die nicht resistent waren.

Heute starben in Argentinien Hühner und Enten, Schweine brachten Missgeburten zur Welt, Pferde brachen vor Schwäche zusammen. Obst und Flüsse waren verseucht, Menschen litten an Schäden von Leber, Nieren und Bauchspeicheldrüse und brachten missgebildete Kinder zur Welt.

In Europa war die Lage anders – noch.

Bernies Augen brannten. Er rieb sich den Nacken und merkte, dass seine Schultern ganz verspannt waren, außerdem hatte er einen trockenen Mund. Keinen Wein mehr, entschied er, sonst hatte er morgen einen dicken Kopf, lieber einen Becher Kräutertee. Steifgliedrig ging er in die Küche. Er musste kein Licht einschalten, der Widerschein der starken Lampen, die nachts die Schwanenburg von unten anstrahlten, reichte völlig aus. Er stellte den Wasserkessel auf, hängte einen Teebeutel in einen Becher und trat dann ans Fenster. Die Turmuhr zeigte 2 Uhr 35. Er hatte gar nicht gemerkt, dass es schon so spät war. Mit dem Becher in der Hand ging er an seinen Schreibtisch zurück, setzte sich, tippte gegen die Maus, damit der Bildschirmschoner verschwand, und konzentrierte sich wieder.

Es sah so aus, als ob sich am 10. August 1998 in der BBC-Sendung *World in Action* erstmals ein Wissenschaftler kritisch geäußert hatte. Arpad Pusztai hatte gesagt: «Ich halte es für unverantwortlich, die Bürger Großbritanniens zu Versuchstieren zu machen.»

Pusztai arbeitete am «Rowett Research Institute» in Aberdeen und erforschte eine Kartoffelsorte, die ein Schneeglöckchengen enthielt, das Lektine gegen Blattläuse produzierte. Dabei stellte er unter anderem fest, dass dieses Fremdgen von der Kartoffel willkürlich ins Genom der Zelle eingebaut wurde und nicht, wie *Monsanto*-«Wissenschaftler» behaupteten, immer an derselben Stelle. Der Lektingehalt der Kartoffel schwankte erheblich und war völlig unberechenbar.

Das legte nahe, dass die Gentechnologie, als sie zum Einsatz kam, noch lange nicht ausgereift, nicht plan- und damit auch nicht kontrollierbar war. Zudem bildeten die Ratten in Pusztais Labor, die mit der Kartoffel gefüttert wurden, vermehrt Magenzellen, während gleichzeitig der Darm verkümmerte. Sie hatten Schäden an Hirn, Leber, Testikeln und Pankreas, und dabei arbeitete ihr Immunsystem die ganze Zeit auf Hochtouren.

Zwei Tage nach der Fernsehsendung meldete sich *Monsanto* bei Präsident Clinton, der seinerseits Kontakt zu Tony Blair aufnahm. Blair setzte sich mit Pusztais Chef in Verbindung, und die oberste Wissenschaftsbehörde Großbritanniens, die *Royal Society*, suspendierte Pusztai. Die Forschung an der Kartoffel wurde mit sofortiger Wirkung eingestellt, alle Rechner wurden konfisziert, und Pusztai erhielt eine GAG-Order – ein Verbot, mit der Presse zu sprechen. Gleichzeitig startete die «Regulatory Affair and Scientific Outreach»-Abteilung von *Monsanto* in St. Louis eine Pressekampagne gegen Arpad Pusztai, in der der Wissenschaftler als unglaubwürdig dargestellt und verunglimpft wurde.

Aber dieses Mal horchte die Welt auf, und der Schuss ging nach hinten los. Große Lebensmittelkonzerne wie *Unilever, Nestlé, Sainsbury, McDonald's* und *Burger King* gaben öffentlich bekannt, dass sie Genfood ablehnten und keine genveränderten Organismen verarbeiten wollten.

In Europa gab es seit 1999 eine Kennzeichnungspflicht für GVO. In den USA gab es sie nicht. Jeder Schokoriegel, jedes Müsli, jedes Brot, das man heute in einem amerikanischen Supermarkt kaufen konnte, war mit GVO versehen, über die Nahrungskette sogar die Milch und alle Milchprodukte. Die Menschen dort wussten das nicht, und ganz sicher wussten sie nicht, dass sie mit jedem genveränderten Inhaltsstoff gleichzeitig das Pflanzengift «Roundup» zu sich nahmen, das eben nicht abgebaut wurde und von dem man inzwischen überall auf der Welt wusste, was es im menschlichen Körper anrichtete.

Heute ist der Maisexport der USA nach Europa komplett eingebrochen, «Roundup»-resistenter Weizen fand keine Abnehmer mehr, und so hatte *Monsanto* die Produktion und den Vertrieb im Mai 2004 eingestellt.

Doch schien es bereits eine weltweite Kontaminierung mit GVO zu geben, und diese war irreversibel. Die Geister, die man rief, wurde man nie wieder los ...

Bernie fühlte sich klebrig, im Zimmer war es viel zu warm.

Er drehte die Heizung wieder ab und ging ins Bad. Während er duschte, versuchte er, das, was er gelesen hatte, im Kopf so zu sortieren, dass er den anderen davon berichten konnte. Dann trocknete er sich flüchtig ab – er würde zusätzlich zu seinem Wecker auch noch den Handywecker stellen müssen, sonst würde er nie rechtzeitig aus dem Bett kommen –, ging zurück ins Arbeitszimmer, um den Computer auszuschalten, und stellte fest, dass, während er recherchiert hatte, eine Mail eingegangen war:

«Bin eben erst angekommen, der Verkehr war mörderisch. Hier ist immer noch Sommer, die Stadt geht gerade erst schlafen, in meiner Mansarde steht die Hitze.

Vielleicht wunderst du dich, dass ich dir schreibe, aber manchmal trifft man jemanden und weiß vom ersten Augenblick an, dass man auf einer Wellenlänge liegt. Marie»

Bernie überlegte gar nicht. «Ich weiß genau, was du meinst. Mir geht es wie dir», schrieb er und drückte auf Senden.

Siebzehn Nicht nur Schnittges fühlte sich an einen Fernsehermittler aus Los Angeles erinnert, als Ackermann während der Frühbesprechung ins Büro geschlichen kam, den Kopf gesenkt, einen Arm entschuldigend über den Kopf gehoben, und sich auf den Hocker neben dem Aktenschrank setzte, alles in allem so unauffällig, als hätte jemand eine Glocke geläutet.

Aber Bernie ließ sich nicht lange beirren, sondern berichtete weiter von seiner Internetrecherche.

Als er geendet hatte, war es erst einmal still, schließlich meinte Penny: «Ziemlich gruselig, was du da erzählst. Bist du sicher, dass du nicht auf irgendwelchen antiamerikanischen Propagandaseiten gelandet bist?»

«Schön wär' et», meldete sich Ackermann aus seiner Ecke, «aber leider hat dat alles Hand und Fuß, wat der Bernie euch da verklickert hat.»

Van Appeldorn schob seinen Kaffeebecher beiseite. «Und du glaubst, dass *Greenparc* zu *Monsanto* gehört?»

Ackermann nickte. «Könnte gut sein.»

«Wie auch immer, es bleibt uns wohl nichts anderes übrig, als die Nimwegener Kollegen um Amtshilfe zu bitten», sagte Cox. «Was sind das für Leute bei *Greenparc*? Wie ist deren Geschäftsgebaren?»

«Geschäftsgebaren?» Schnittges' Grinsen war ein wenig bitter. «Eine nette Umschreibung für: Räumen sie Leute, die nicht spuren, einfach aus dem Weg?»

«Wollt ihr da 'ne offizielle Anfrage loslassen, oder tut et auch der kleine Dienstweg?», fragte Ackermann. «Ich kenn da nämlich einen vom Betrug in Nijmegen, de zwarte Pit. Der war mit mir inne Soko wegen der Milchpulvergeschichte. Petrus Zomer heißt der in Wirklichkeit. Soll ich den ma' anrufen?» Er hatte sein Handy schon gezückt.

«Das wäre prima, Jupp», antwortete van Appeldorn erfreut, ein kurzer Draht würde viel Zeit sparen.

Ackermann ging zum Fenster hinüber und fing an, holländisch zu schnattern.

Van Appeldorn hörte gleich, dass es wohl ein längeres Gespräch werden würde, und zog schon mal seine Jacke über. «Ich fahre jetzt zur Staatsanwaltschaft und versuche, Vermeers Exhumierung durchzudrücken.» Er schaute Penny und Schnittges an. «Ihr wolltet doch zum Hof und Schravens Papiere durchforsten. Tut mir den Gefallen und tretet van Gemmern auf die Füße. Die Leute vom Labor warten immer noch auf die Fingerspuren, die Klaus am Tatort genommen hat.»

Ackermann hatte sein Telefonat beendet und griente zufrieden. «Piet kommt heute Mittag zu uns, so gegen zwei. Ich soll dir sagen, dat er sich freut, dich kennenzulernen, Norbert. Er is' nämlich der Kapitän vonne Nimweger Mannschaft, die am Sonntag gegen uns aufläuft.»

Dr. Müller sei leider erkrankt, erfuhr van Appeldorn bei der Staatsanwaltschaft, in der Zwischenzeit betreue Dr. Stein seine Angelegenheiten.

Van Appeldorn machte innerlich einen Luftsprung, er kannte Stein seit fast zwanzig Jahren, und ihre Zusammenarbeit war immer unkompliziert gewesen. Und so war es auch heute. Der Staatsanwalt stellte zwei, drei Fragen und sagte dann wie immer: «Ihr seid näher dran als ich, und ich bin mir sicher, dass ihr wisst, was ihr tut.»

Er schaute in seinen Terminkalender. «Wenn Bonhoeffer Zeit hat ... Mir würde heute Nachmittag um vier passen.»

Van Appeldorn nickte anerkennend, er hatte nicht damit gerechnet, dass es so schnell gehen würde.

«Auf welchem Friedhof liegt der Mann?»

«Auf dem Friedhof in Hau.»

«Gut, ich sage den Totengräbern dort Bescheid und kümmere mich um das Behördliche.» Stein stand auf und drückte van Appeldorn die Hand. «Wir sehen uns dann um sechzehn Uhr.»

Cox war froh, dass endlich Ruhe eingekehrt war.

Er überlegte einen Moment – eigentlich war er dazu nicht verpflichtet, aber er vergab sich ja nichts dabei ...

Kurz entschlossen wählte er die Nummer der Wirtschaftsförderung und ließ sich zum Chef durchstellen. Der Mann sollte erfahren, dass die Bauern in Bedburg verunsichert waren und womöglich gerade dabei, sich einem Unternehmen auszuliefern, von dem man noch nicht wusste, wes Geistes Kind es war.

Dann nahm er sich endlich die Tatortfotos und van Gemmerns Notizen dazu vor und begann, Spurenakten anzulegen.

Als das Telefon klingelte, hob er den Hörer ab, war aber so vertieft in seine Arbeit, dass er nicht verstand, wer was von ihm wollte.

Der Kollege vom LKA blieb geduldig. «Die beiden Männer aus dem Grab konnten identifiziert werden. Wir haben eine Mail geschickt, schaut da mal rein.»

Cox rief die Mail auf: Boris Godunow und Alexandr Repin waren 1942 in deutsche Kriegsgefangenschaft geraten, danach hatte nie wieder jemand etwas von ihnen gehört. Ihre Familien hatten die beiden Männer nach dem Krieg als vermisst gemeldet, und sie hatten immer noch auf der Liste des Internationalen Roten Kreuzes gestanden.

Boris Godunow war 1906 geboren, also achtunddreißig Jahre alt gewesen, als er starb. Das Foto, das in seinen Militärunterlagen gewesen war, zeigte einen Mann mit hohen Wangenknochen und weit auseinanderstehenden Augen – slawische Gesichtszüge, wie Bonhoeffer gesagt hatte.

Alexandr Repin sah aus wie vierzehn, obwohl er schon neunzehn gewesen war, als man ihn fotografiert hatte, dreiundzwanzig, als er ums Leben kam.

1942 in Gefangenschaft geraten, dachte Cox, und dann hatte man sie als Zwangsarbeiter zum Schanzbau an der Westfront eingesetzt, so konnte es gewesen sein. Und als die Front vom Himmel gefallen war, waren sie verletzt worden, Godunow hatte sein Bein verloren und Repin sein Kindergesicht. Man hatte sie ins Antonius-Hospital gebracht, vermutlich hatte Zirkel sie operiert. Aber dann waren sie im Weg gewesen, «unwert», genauso wie die kleine Rosel mit dem Wasserkopf, Lis und Lisken, beide «verwachsen», hätte man früher gesagt, verwachsen und von fragwürdiger Moral.

Er schüttelte langsam den Kopf. Er hatte sich nicht vorstellen können, dass es nach fünfundsechzig Jahren noch möglich sein würde, die Opfer zu identifizieren, ihnen ihren Namen, ihre Geschichte wiederzugeben.

Ob die beiden russischen Soldaten Nachkommen hatten, die sich an sie erinnerten?

«Von Reiter nach wie vor keine Spur», lautete der letzte Satz der Mail aus Düsseldorf.

Am Montag würde er noch einmal an der Heine-Uni ein bisschen Dampf machen wegen Reiters Dissertation, beschloss Cox, nahm sich dann ein Foto von einem Paar Gummistiefel vor, das neben einer Waschmaschine von anno Tobak stand, und versuchte, van Gemmerns Notizen zu entziffern. Konnte das «Hauswirtschaftsraum» heißen?

Diesmal klingelte nicht das Telefon, sondern sein Handy. Es war Penny, und sie war sauer.

«Van Gemmern ist nicht da!»

«Was meinst du mit ‹nicht da›?», fragte Cox sanft. Wenn Penny diesen Ton in der Stimme hatte, sah man sich besser vor.

«Welches der beiden Wörter verstehst du nicht?», fauchte sie. «Klaus ist weg! Er hat einem von seinen

Lakaien letzte Nacht eine SMS geschickt. Er sei auf einem Kongress in Italien und nicht vor Samstag zurück.»

«Das ist ein Witz, oder?»

«Höre ich mich so an? Ich dachte, du wüsstest vielleicht davon.»

«Ich? Dann hätte ich es euch doch wohl gesagt.» Jetzt schwoll auch Cox der Kamm.

Penny atmete hörbar aus. «Ach, Mist, sorry, ich wollte dich nicht so anblaffen. Es ist nur, van Gemmerns Leute rennen hier rum wie kopflose Hühner. Weil dieser Arsch – entschuldige –, weil unser Einstein nicht in der Lage ist, zu delegieren. Die Küche sei ‹No-Go-Area›, hat er ihnen eingebläut. Und wo er die bisher genommenen Fingerspuren versteckt hat, weiß kein Mensch. Wo sind wir denn hier? Im Kindergarten?»

Cox verstand die Welt nicht mehr. Klaus van Gemmern war immer da und ruhte nicht eher, bis er seine Aufgabe hundertprozentig erfüllt hatte. Niemals.

«Sei nicht böse, wenn ich ein bisschen langsam bin, aber nochmal bitte zum Mitschreiben: Van Gemmern ist zu einem Kongress nach Italien gefahren?»

«Richtig.»

«Ohne seine Ermittlungen abzuschließen?»

«Nicht einmal ansatzweise, Peter. Du hast doch gehört, was Norbert gesagt hat: Das Labor wartet auf die Proben. Und seine Mitarbeiter hier erzählen uns auf einmal was von Brandstiftung auf der Tenne und dass die Reifenspuren am Bahndamm zu Schravens Mercedes passen könnten. Alles ohne Hand und Fuß.

Und festlegen wollen die sich auf gar nichts, bevor ihr Chef nicht wieder da ist. Das kann doch nicht sein! Es muss doch einen Plan B geben für den Fall, dass Klaus mal krank ist oder im Urlaub.»

«Wenn ja, kenne ich ihn nicht.» Cox wunderte sich selbst, dass er noch nie darüber nachgedacht hatte. Aber das war ja eigentlich auch Toppes Aufgabe.

«Ich werde Klaus schon auftreiben», versuchte er, sie zu beruhigen.

«Wenn du sein Handy meinst, vergiss es. Das habe ich schon dreimal versucht, er hat es ausgeschaltet.»

Cox hörte, dass sie mit jemandem sprach.

«Super», sagte sie dann. «Jetzt hat auch noch Bernie Schaum vorm Mund. Norbert hat ihm gerade Gereons Exhumierung aufs Auge gedrückt, weil er selbst um die Zeit den Coach für dieses dämliche Fußballspiel geben muss und ich persönlich involviert sei.» Er hörte sie schlucken. «Was ich zweifelsohne bin.»

«Wir sehen uns um zwei im Büro, wenn der Holländer kommt», sagte sie dann leise.

Cox entspannte sich. «Ich umarme dich.»

«Ich dich auch.»

«Gut.»

Van Appeldorn schaute auf die Uhr. Bis Petrus Zomer kam, blieb ihm noch genug Zeit, mal eben nach Hause zu fahren und zu schauen, wie die Dinge dort standen.

Ulli würde noch bei der Arbeit sein und Paul in der Kita, und er fragte sich, wie sein Onkel allein zurechtkommen mochte. Heute Morgen beim Frühstück war er ziemlich still gewesen.

Fricka saß am Küchentisch und las die Tageszeitung. Aus einem Topf auf dem Herd duftete es gut.

«Du kochst?», staunte van Appeldorn.

Der Onkel lachte. «Zu viel der Ehre, ich taue nur eine Minestrone auf, die Ulli eingefroren hatte. Aber den Parmesankäse dazu habe ich frisch gerieben.» Er legte die Zeitung weg. «Machst du Mittagspause? Deine Lieben kommen doch erst in einer Stunde.»

Van Appeldorn zog einen Stuhl heran und setzte sich rittlings darauf. «Mittagspause ist ein Fremdwort in meinem Beruf. Nein, ich wollte nur mal sehen, wie es dir so geht.»

«Wie es einem Mann geht, der frisch verliebt ist. Deine Ulli ist eine Traumfrau. Aber ein leichtes Leben hat sie nicht. Als ich zu Bett ging, war es nach zehn, und du warst immer noch nicht zu Hause.»

«Das ist nicht die Regel», entgegnete van Appeldorn und kämpfte das schlechte Gewissen nieder, das sofort seinen Kopf reckte. «Und wenn es doch einmal vorkommt, dann trägt Ulli das mit. Deshalb funktioniert es mit uns so gut.»

«Das sehe ich ja, aber pass auf, dass du das nicht irgendwann für selbstverständlich hältst.»

«Den Fehler mache ich mit Sicherheit nicht», erwiderte van Appeldorn gleichermaßen ernsthaft.

«Da bin ich froh», sagte Fricka, und seine Stimme klang belegt. «In deinem Alter weiß man oft nicht, wie kostbar das ist, was man hat.»

Dann stand er auf, ging zum Herd, lüpfte den Topfdeckel, rührte um und schaltete die Herdplatte aus. «Fertig!»

Er feixte. «Und du wolltest also mal kontrollieren, ob dein alter Onkel euch nicht aus Schusseligkeit die Bude abgefackelt hat.»

«Jetzt hör aber auf!»

Fricka setzte sich wieder und kicherte. «Das ist das Schöne am Alter: Wenn einem danach ist, kann man ungestraft Gemeinheiten von sich geben. Nein, aber jetzt mal ohne Blödsinn, Ulli und ich haben heute früh alles abgesprochen. Wir essen gleich zusammen das leckere Süppchen, und danach übernehme ich Paul. Dann hat Ulli mal ein bisschen Zeit für sich und kann ein paar Besorgungen machen oder wonach ihr sonst der Sinn steht.»

«Das ist wirklich nett von dir.»

«Von wegen nett, das ist der reine Egoismus. Ihr habt ja den Wald gleich gegenüber, und da dachte ich mir, ich mache mal einen Herbstspaziergang mit dem Kleinen. Gerade jetzt gibt es doch so viel zu gucken.»

Petrus Zomer hatte lackschwarzes Haar, einen ebenso schwarzen Vollbart und dunkle Augen – daher rührte wohl sein Spitzname.

«De zwarte Pit» war der holländische Name für «Knecht Ruprecht», den furchteinflößenden Begleiter des heiligen Nikolaus, und van Appeldorn hatte einen finsteren Mann erwartet, wortkarg und streng. Aber Zomer hatte so gar nichts Bedrohliches an sich, er war

Mitte vierzig, ein bisschen übergewichtig, und seine Augen blickten humorvoll und warm.

Ackermann spielte den Maître de Plaisir, schenkte Kaffee ein und reichte Pappschalen mit frittierten braunen Bällchen herum, dazu Mayonnaise und Senf.

«Was ist das?» Penny schnupperte. «Kann man das essen?»

«Das sind Bitterballen», antwortete Zomer. «Schau mich an, wir Holländer essen die bei jeder Gelegenheit. Jupp wollte wohl, dass ich mich wie zu Hause fühle.»

Penny biss in ein Bällchen und machte ein komisches Gesicht. «Schmeckt gar nicht so schlecht ...»

Zomer lachte. «Aber an die Konsistenz muss man sich gewöhnen, nicht wahr?»

«Wollen wir uns setzen?», fragte er dann und wischte sich die Hände an einer Papierserviette ab. «Ich komme nicht aus der Gegend hier, und ich spreche auch kein Platt. Für mich ist Deutsch eine Fremdsprache, wenn ich Fehler mache, müsst ihr das bitte entschuldigen.»

Sein Akzent war charmant.

«Ihr habt also den Verdacht, dass *Monsanto* hier bei euch Fuß fassen will.»

«Jupp hat den Verdacht», korrigierte van Appeldorn. «Wir anderen sind da wohl ziemlich unbedarft. Ich zumindest hatte bisher noch nie etwas davon gehört», gestand er.

«Dann sollten wir ein bisschen weiter ausholen, denke ich.» Zomer schaute Ackermann an, aber der hob beide Hände.

«Nee, nee, mach du dat ma' lieber, du kannst dat bestimmt besser wie ich.»

«Also gut, der Name Rockefeller sagt euch doch bestimmt etwas.»

Nicken.

«Diese Rockefellers, eine sehr mächtige Familie übrigens, haben vor vielen Jahren einmal die Firma *Monsanto* gegründet, im Vergleich zu den anderen Unternehmen ihres Imperiums ein eher kleiner Betrieb, der Saccharin herstellte und Herbizide. Behaltet das einfach mal im Hinterkopf.»

Er überlegte und zupfte dabei an seinen Schnurrbarthaaren.

«In den siebziger Jahren kam in den USA die Sorge auf, die Entwicklungsländer könnten durch unkontrolliertes Bevölkerungswachstum und damit steigendem Nahrungsbedarf den Amerikanern die Lebensgrundlage entziehen. Also beauftragte die Nixon-Regierung Henry Kissinger damit, eine Lösung für dieses Problem zu finden.»

«*Den* Henry Kissinger?», fragte Bernie verblüfft.

«*Den* Henry Kissinger», bestätigte Zomer. «Kissinger verfasste 1974 sein ‹National Security Memorandum for Drastic Global Population Control›, also eine nationale Sicherheitsstudie zur weltweiten Geburtenkontrolle, deren Kerngedanke es war, das Bevölkerungswachstum über die Ernährung zu kontrollieren. Er entwarf eine ‹New Food Diplomacy› unter dem Motto: Belohne Freunde, bestrafe Feinde. Und prägte den Satz: Wenn du die Kontrolle über das Öl hast, kannst du Staaten kontrollieren, wenn du die Kontrolle über Nahrungsmittel hast, kontrollierst du Völker.

Die Studie formulierte das Ziel, die USA sollten die ‹Kornkammer› der Welt werden. Das hört sich harmlos an, ist es aber nicht, denn es ging darum, den USA möglichst schnell die Kontrolle über die gesamte Welternährung zu verschaffen. Völkern, die nicht willens oder in der Lage waren, ihr Bevölkerungswachstum zu kontrollieren, sollten Nahrungsmittel vorenthalten werden, forderte das Memorandum. Wenn unterlegene Rassen sich dem Sicherheitsbedürfnis in den Weg stellten, müsse man Mittel finden, sie loszuwerden.»

Zomer machte eine Pause. Die ungläubigen, schockierten Gesichter waren ihm nicht neu.

«Wie konnte der Plan, die USA zum Welternährer zu machen, umgesetzt werden?» Er stellte selbst die entscheidende Frage. «Die damalige US-Regierung suchte, unter der Beratung von Kissinger, dreizehn Länder aus, die den USA besonders gefährlich erschienen, weil ihr Bevölkerungswachstum sehr hoch war und deren Verbrauch von Nahrungsmitteln dringlichst reduziert werden musste. Zu den Ländern gehörten unter anderen Mexiko, Brasilien, Indien, Nigeria, aber auch die Türkei.

Die Familie Rockefeller, die den US-Regierungen immer schon aufs engste verbunden war, schickte ihre damals noch kleine Firma *Monsanto* ins Rennen. Und *Monsanto* verkündete noch im selben Jahr ein neues Firmenkonzept, die ‹Green Revolution›, deren Grundidee es war, kleine Bauernbetriebe in Landwirtschaftsfabriken, sogenannte ‹Factory Farms›, umzuwandeln und aus Agrikultur Agriwirtschaft zu machen. Das Wort ‹Agrobusiness›, das heute manchem so leicht von den Lippen geht, hat dort seinen Ursprung.»

«Agrobusiness», warf Ackermann hitzig ein, «hieß nix anderes, als die kleinen Bauern inne Wüste zu schicken un' riesige Monokulturen anzulegen, Betriebe, die angewiesen sind auf Saatgutimporte aus USA.»

«Das ist richtig», bestätigte Zomer. «*Monsanto* entwickelte nämlich für diese Schwellenländer neue Hybridsamen, die kaum reproduktionsfähig sind, sodass Jahr für Jahr wieder Saatgut bei *Monsanto* eingekauft werden muss. Und auf dieses genverändertes Saatgut hat *Monsanto* Patente, also zahlen die Landwirte nicht nur für die Samen, sondern zusätzlich auch noch Lizenzgebühren. Und wenn doch einmal ein Bauer heimlich Samen zurückbehält und im folgenden Jahr ausbringt, zahlt er horrende Strafen.»

«Un' dat bedeutet», mischte Ackermann sich wieder ein, «bevor du wat zu fressen has', brauchste ers' ma' 'ne Menge Knete. Un' wenn de die nich' has': Pech! So kriegt man die Bevölkerung in null Komma nix reduziert, dat sag ich euch.»

«Die USA haben es aber lange verstanden, ihre Idee werbewirksam zu verkaufen», sagte Zomer. «Seht her, die Vereinigten Staaten garantieren der Welt – auch den armen Entwicklungsländern – eine absolute Nahrungssicherheit! Nahrungssicherheit ist das Schlüsselwort. Und sie sind gar nicht schlecht gefahren mit dieser Politik.» Er schaute Ackermann an. «Die Zahlen hast du besser im Kopf.»

«Ja, ja.» Ackermann klang ungeduldig. «Dat hab ich Norbert alles schon erzählt, als ich versucht hab zu erklären, wer auf dieser verkommenen Welt wirklich die Macht hat.»

«Es klingt vielleicht naiv», sagte Penny, «aber wieso steht keiner auf und tut etwas dagegen, wenn man das alles weiß?»

«Nun ja», antwortete Zomer. «Es hat lange gedauert, bis man das Ganze durchschaut hatte, und ein bisschen tut sich ja auch etwas. Es gibt mittlerweile eine weltweite Gegenbewegung, nicht nur in den betroffenen Schwellenländern. Auf einem ‹World Food Summit› hat sich 1996 ein Bauernnetzwerk gegründet, das sich ‹La Via Campesina› nennt und deren Motto lautet: Der Anbau des eigenen Saatgutes ist bereits Widerstand gegen die Globalisierung.»

«Wenn ich dat kurz einwerfen darf – wat dat Wort ‹Globalisierung› angeht, hat Freund Kissinger et von Anfang an auf'n Punkt gebracht: Globalisierung bedeutet konkret die Vorherrschaft der USA auf der Welt.»

«Stimmt, Jupp. Und ‹La Via Campesina› will jetzt regionale Saatgutzentren aufbauen, um Nahrungssouveränität zu erreichen.»

«Im Gegensatz zu Nahrungssicherheit, die der Große Bruder so gern für alle Zeiten gepachtet hätt'. Überall auffe Welt wollen die Bauern wieder ihr eigenes Ding machen.»

«Ich verstehe», nickte van Appeldorn. «Wie du gesagt hast: Kartoffeln in Peru, Reis in Indien, Mais in Mexiko ...»

«Genau!»

«Tja, so einfach wird es nicht werden», wandte Zomer ein. «Da die Globalisierung inzwischen so weit fortgeschritten ist und wirtschaftliche Interessen ja immer über allem stehen, hat die Idee der Nahrungssouveränität mächtige Gegner. Die USA natürlich, aber auch die EU, die World Trading Organisation, die Weltbank und den Internationalen Währungsfonds, zum Beispiel. Die alle tragen dazu bei, dass heute, 2009, 97 % aller Saatgutpatente im Besitz von Unternehmen aus Industrieländern sind, während 90 % aller biologischen Ressourcen auf der Südhälfte der Erde liegen, nämlich in den sogenannten Schwellenländern.»

«Patente auf Lebewesen», rief Cox. «Was für ein Irrsinn!»

«Kalkulierter Irrsinn», bemerkte Schnittges böse.

Achtzehn Fricka hielt Pauls Hand ganz fest, als sie die Straße überquerten, dann hob er den Jungen über einen kleinen Graben und stapfte – ein wenig steifgliedrig, wie er zugeben musste – hinter ihm her in den Wald.

Es hatte aufgehört zu regnen, manchmal schien sogar die Sonne durchs Blätterdach.

Paul war sofort losgelaufen, den Weg entlang, der bergauf führte, stoppte dann aber plötzlich, drehte sich mit ausgebreiteten Armen im Kreis, kam wieder zurückgerannt, strahlte den Onkel an und düste wieder ab.

«So viel Renne im Bauch», dachte Fricka schmunzelnd. Das hatte Merle immer gesagt, als sie noch klein war. «Ich habe zu viel Renne im Bauch.»

Der Boden war mit Blättern bedeckt, und Paul fand Spaß daran, sie mit den Füßen aufzuwirbeln.

Dicht am Weg stand eine mächtige Eiche. Fricka blieb stehen und schaute hinauf, sie musste gut und gern hundertfünfzig Jahre alt sein.

Paul stellte sich neben ihn und blickte ebenfalls nach oben.

«Ein schöner alter Baum», sagte Fricka. «Eine Eiche.»
«Der hat fast gar keine Blätter mehr», stellte Paul fest.
«Weil Herbst ist», erklärte er.

Fricka nickte und hob ein paar Blätter auf. «Das sind Eichenblätter.»

Paul betrachtete sie kritisch. «Die sind langweilig», beschloss er. «Ich finde rote und gelbe schöner.»

«Mag sein, aber tu mir die Eichen nicht so schnell ab. Sie mögen im Herbst langweilige braune Blätter haben, dafür haben sie aber ganz besondere Früchte.»

«Früchte?» Paul machte große Augen. «Kann man die essen?»

«Wir Menschen nicht, für uns sind die viel zu bitter. Aber Schweine mögen Eicheln sehr gern.»

«Wildschweine?» Paul klang alarmiert. «Im Tiergarten sind Wildschweine. Die stinken und gucken böse.»

Er griff nach Frickas Hand, der musste lachen. «Mach dir keine Sorgen. Wildschweine haben Angst vor Menschen. Solange wir hier sind, lassen die sich nicht blicken. Aber nachts, wenn wir schlafen, kommen sie raus und suchen nach Leckerbissen. Welche Süßigkeit isst du denn am liebsten?»

«Gummibärchen.»

«Hm, den Wildschweinen schmecken Eicheln genauso gut wie dir Gummibärchen. Ach, guck mal, hier sind welche.»

Fricka hob eine Handvoll Eicheln auf. «Die glänzen schön, nicht wahr?»

Paul nickte andächtig und schaute.

Er hat den gleichen Blick wie Norbert damals, dachte Fricka.

«Daraus kann man Männchen basteln oder Tiere», erklärte er. «Kastanien eignen sich auch dafür.»

«Kastanien sind eklig.»

«Bastelt ihr so was nicht im Kindergarten?»

«Nö.»

«Guck mal, hier ist eine, die ihr Hütchen noch nicht verloren hat. Siehst du, die könnte man als Kopf nehmen.»

«Stimmt, ein Kopf mit Hut. Aber Augen und Mund muss man noch malen.»

«Genau. Wir könnten welche sammeln, und wenn ihr zu Hause Streichhölzer habt, basteln wir beide zusammen Tiere und vielleicht ein paar Gruselmonster.»

Fricka zog ein großes Taschentuch aus der Hose und breitete es aus. «Hier können wir sie reintun.»

Paul machte sich sofort mit Feuereifer ans Werk. Seine Finger verharrten über einem Stück Flechte. «Das sieht aus wie Haare.»

«Ja, stimmt, sammel es ruhig ein, das können wir bestimmt gebrauchen.» Fricka bückte sich und knotete das Tuch zusammen. «Das sind genug. Ein paar müssen wir liegen lassen, damit daraus neue Bäume werden können.»

Paul zog skeptisch die Augenbrauen zusammen. «Daraus werden Bäume?»

«Ja sicher, das ist genauso wie bei Äpfeln zum Beispiel. Wenn wir die nicht ernten und aufessen, fallen sie auf die Erde, und aus den kleinen, braunen Kernen, die du ja kennst, wachsen neue Apfelbäume.»

«Echt?»

«Ja, echt.»

Fricka bückte sich wieder und hob noch eine Eichel auf. «Diese Eichenfrucht fällt auf den Boden, Blätter legen sich darüber, die langsam zu Erde werden. Die Eichel liegt darunter versteckt und hat es ganz gemütlich, obwohl der kalte Winter kommt mit Eis und Schnee. Und wenn es dann wieder Frühling wird, dann kommt an dieser Stelle hier ein kleiner Spross heraus und drängt ans Licht, dorthin, wo es hell und warm ist. Ein Spross erst, dann kommen die ersten beiden Blättchen, dann immer mehr, und schließlich wird aus diesem kleinen Racker hier ein großer Eichenbaum, wie der hier vor deiner Nase.»

Über Pauls Gesicht breitete sich ein Leuchten aus. «Wie bei Kresse», rief er. «Die haben Mama und ich gesät, im Blumentopf, da kamen auch kleine Blätter raus.»

«Ja, wie bei Kresse.» Onkel Fricka freute sich. «Die Eichel ist auch ein Samen, nur eben größer als Kressesamen, weil ja auch ein großer Baum daraus werden soll.»

«Okay», sagte Paul freundlich und hüpfte davon.

Fricka ging langsam weiter. Wie viel der Kleine schon verstand! Als Merle so alt gewesen war, hatte er sich fast nie die Zeit genommen, er war viel zu sehr mit seiner Karriere beschäftigt gewesen.

«Peng! Du bist tot!»

Paul taumelte ein bisschen unter dem Gewicht des nassen Astes, den er aufgehoben hatte.

«Ich habe ein Gewehr!»

«Das sehe ich.» Fricka hob ein kurzes Aststück auf, von dem sich die Rinde schon abgeschält hatte. «Und ich habe eine Pistole. Sollen wir tauschen?»

«Au ja!» Der Junge schleppte den Ast an und bewunderte die Pistole. «Die sammel ich. Kannst du die in deine Manteltasche stecken?»

Dann entdeckte er eine Wasserpfütze. «Darf ich reinspringen?» Sein Augenaufschlag war entwaffnend, und Fricka fühlte sich überfordert.

Paul schaute an sich herab. «Wenn ich Gummistiefel anhabe, darf ich.»

«Na, dann los!»

Der Kleine sprang mit Schwung hinein und hüpfte jauchzend, bis nicht nur seine Hose, sondern auch sein Gesicht nass und schlammgesprenkelt war.

«Komm doch auch!»

Fricka zeigte auf seine Füße. «Ich darf nicht, ich habe keine Gummistiefel an. Und jetzt komm, du Räuber, wir müssen dich trockenlegen.»

Paul musste lachen. «Ich bin doch kein Baby!» Aber er kam brav angelaufen.

«Da drüben am Waldrand habe ich vorhin eine Buche gesehen. Deren Früchte können Menschen essen. Willst du mal probieren?»

«Sind die so eklig wie Kastanien?»

«Nein, man muss sie schälen, und das Innere ist saftig und ein bisschen süß.»

«Cool.»

«*Monsanto* hat mittlerweile mächtige Mitstreiter bei der Monopolisierung der Landwirtschaft», berichtete Zomer, «die alle dick mit im Geschäft sind: ‹Bayer›, ‹BASF›, ‹Syngenta› und vielleicht auch *Greenparc*. Das große Problem ist, diese Firmen tun nichts Illegales, sie sorgen mit ihrem Geld und ihrer Macht nur dafür, dass weltweit Bestimmungen und manchmal sogar Gesetze geändert werden.»

«Die tun nix Illegales? Dat wüsst' ich aber!», regte Ackermann sich auf. «*Monsanto* schickt Leute aus, die bei Nacht und Nebel patentierte GVO, Mais, Weizen, Soja, inne normale Felder vonne Bauern reinschmuggeln. Dann machen die Fotos vom Hubschrauber aus un' schicken Detektive, die Pflanzenproben nehmen un' beweisen, dat der Bauer klammheimlich *Monsanto*-Saatgut ausgebracht un' sie damit um Lizenzgebühren geprellt hat. Un' schon hasse die Mafia aus St. Louis am Arsch!»

«Was Jupp sagen will», erklärte Zomer, als er die fragenden Mienen sah, «ist, dass *Monsanto* seinen Firmensitz in St. Louis hat. Und wenn *Monsanto* Anzeige gegen einen Farmer irgendwo auf der Welt erstattet, ist der Gerichtsstand St. Louis, Missouri, denn dort sitzen die Firmenanwälte und, wie wir vermuten, besonders ‹geneigte› Richter.»

«Es hat also schon Prozesse gegeben?», fragte van Appeldorn.

«O ja», antwortete Zomer. «Besonders Ökobauern haben sich natürlich gegen die *Monsanto*-Klagen zur Wehr gesetzt – und verloren.»

«Dann konnte man also nicht beweisen, dass *Monsanto* diese illegalen Praktiken anwendet?», hakte van Appeldorn nach.

«Wie willste dat denn beweisen?», knurrte Ackermann ihn an. «Soll etwa jeder Bauer rund umme Uhr auf seine Felder Wache schieben?»

«Nun mal halblang, Jupp. Ich habe nur juristisch gedacht. Juristisch gesehen sind deine Anschuldigungen reines Hörensagen, und damit kann man keinen Prozess gewinnen.»

«Den kann man sowieso nie gewinnen», mischte sich Zomer wieder ein. «Manche Bauern haben *Monsanto* nicht einmal Willkür unterstellt, sondern gesagt: Zwei Kilometer von meinem Acker entfernt gibt es ein Feld, auf dem euer Genweizen wächst, und von dort muss Samen zu mir herübergeweht sein, deshalb habe ich jetzt GVO auf meinem Feld. *Monsantos* Antwort ist immer dieselbe: Es ist völlig unerheblich, wie die Pflanzen auf dein Feld gelangt sind, sie stehen jetzt da, wir haben das Patent darauf, also wird dafür jetzt gezahlt.»

Ackermann legte die Hände auf den Tisch und stemmte sich ächzend hoch. «Ich geh nochma' Kaffee kochen.»

«Für mich nicht», lehnte Schnittges ab. «Ich muss zur Exhumierung.»

Auch van Appeldorn sah auf die Uhr. «Und wir müssen gleich zum Training, oder hast du das vergessen, Jupp?»

«Nee, ich hab mein Sportzeug dabei», antwortete Ackermann. «Training kommt genau richtig. Da kann ich mir meinen Brass aus dem Balg rennen.»

Er legte Zomer die Hand auf die Schulter. «Danke, Piet.»

Aber der winkte ab. «Ich soll mir also die *Greenparc B. V.* einmal vornehmen? Das mache ich gern, aber viel verspreche ich mir nicht davon.»

«Wir haben ja auch kaum was in der Hand», sagte Schnittges, «außer einem dunklen Porsche, Männern mit schwarzen Hüten und Sonnenbrillen, möglicherweise bewaffnet ...»

«Und diese Prospekte hier», fügte Cox hinzu. «Ich könnte Hetzel anrufen. Vielleicht erinnert er sich daran, an welchen Tagen die Männer bei ihm aufgetaucht sind.»

Zomer stand auf. «Wegen der Alibis?» Er klang amüsiert. «Ich werde tun, was ich kann. Sagt mal, trainiert ihr auf dem Platz, auf dem wir am Sonntag spielen? Dann würde ich gern mitkommen und ihn mir einmal anschauen.»

«Ha! Den Gegner ausspionieren, dat ham wer gern», feixte Ackermann. «Nix da, Männeken!»

Bernie Schnittges war bisher erst einmal bei einer Exhumierung dabei gewesen. Damals in Krefeld war es um einen Verdacht auf Giftmord gegangen, und die Tote hatte schon mehrere Jahre im Grab gelegen. Der Sarg war schon verfault gewesen, und Chemiker hatten gleich vor Ort Proben von verwestem Gewebe und dem umgebenden Erdreich genommen – alles in allem eine wenig appetitliche Angelegenheit.

Chemiker waren heute nicht da, Gereon Vermeer lag ja erst seit acht Tagen unter der Erde, und der Sarg würde noch intakt sein. Dennoch standen eine Menge Leute herum und schauten den Totengräbern bei der Arbeit zu, weil das Gesetz ihre Anwesenheit vorschrieb.

Es regnete wieder, und Bernie hatte Schutz unter einem Ahornbaum gesucht, der noch nicht alle seine Blätter verloren hatte, aber mittlerweile rann ihm das Wasser vom Haar den Nacken herunter, und seine Schuhe waren durchweicht.

Auf der anderen Seite des Grabes, ein Stück den Weg hinunter, steckten Bonhoeffer und der Staatsanwalt unter einem Schirm die Köpfe zusammen. Sie hatten ihm zugewinkt, aber er hatte keine Lust zum Reden und nur kurz gegrüßt.

Was er letzte Nacht gelesen und heute von Zomer gehört hatte, bedrückte ihn, außerdem hatte er Hunger, was seine Stimmung immer auf den Nullpunkt sinken ließ, und jetzt fror er auch noch.

Die Männer hatten es endlich geschafft, den Sarg herauszuheben und neben der Grube abzustellen. Ein Leichenwagen rollte langsam rückwärts heran, und der Bestatter fing an, die Schrauben am Sargdeckel zu lösen.

Schnittges gab sich einen Ruck. Er würde einen Blick auf den Toten werfen müssen.

Auch Bonhoeffer kam.

«Ist denn jemand hier, der den Toten identifizieren kann?», fragte Bernie.

«Stein hat Vermeers Bruder herbestellt», nickte Bonhoeffer. «Ich fange so bald wie möglich mit der Obduktion an. Bist du dabei?»

«Ja», antwortete Schnittges. «Ich fahre nur kurz nach Hause und ziehe mir was Trockenes an.»

Cox schob die Reste zusammen und stapelte das Geschirr, um es in die Teeküche zu bringen und schon mal im Spülbecken einzuweichen.

«Bringst du mir ein Glas Milch mit?», bat Penny. «Ich habe gestern zwei Liter in den Kühlschrank gestellt, da müsste noch etwas übrig sein.»

Dann blätterte sie ihren Notizblock durch. Sie wollte endlich ihre Berichte schreiben, wer konnte wissen, wann sie das nächste Mal Zeit dafür finden würde, so wie sich die Dinge im Moment überschlugen.

Cox stellte ihr ein Glas Milch hin und küsste sie leicht aufs Haar.

Danach nahm er sich noch einmal das Gutachten der Kreiswirtschaftsförderung vor.

«Schon seltsam», sagte er nach einer Weile. «Nach dem, was ich jetzt so alles gehört habe, liest sich das hier etwas anders. Hier empfehlen die Gutachter zum Beispiel, die Qualität der Gartenbauprodukte in Zukunft neu zu überdenken und zu differenzieren. Die Bauern und Gärtner sollen zum einen günstige Produkte für den Massenmarkt herstellen, daneben aber auch hochwertige Produkte für Leute, die sich so etwas leisten können. Das schnürt einem schon die Kehle zu: Lebensmittel unterschiedlicher Güte für Reiche und Arme, Bildungsnahe und Bildungsferne ...»

«Werte und Unwerte», fasste Penny zusammen und schaute selbst erschrocken.

«Hast du van Gemmern ausfindig gemacht?», fragte sie dann.

Bernie hatte heiß geduscht, ein Brot mit Salami und geschmolzenem Käse gegessen und dazu einen Becher Fleischbrühe getrunken. Jetzt ging es ihm ein bisschen besser, zumindest war ihm wieder warm.

Ein wenig Zeit blieb ihm noch, also fuhr er seinen Computer hoch, um kurz die Mails zu checken.

Marie hatte tatsächlich geschrieben.

«Dank dir für deine Antwort. Zwei Sätze nur, aber die haben mir sehr gefallen.

Ich habe hier ein kleines Problem ... Sieht so aus, als hätte ich die falschen Signale ausgesendet, das ist mir noch nie passiert. Eben steht Klaus van Gemmern bei mir vor der Tür und will mit mir über unsere Zukunft sprechen – seine und meine. Jetzt wartet er in der Osteria bei mir um die Ecke. Ich dachte, beim Essen redet es sich leichter. Ich werde es vorsichtig angehen müssen, denn es sieht ja so aus, als würden wir demnächst miteinander arbeiten. Ich krieg's schon hin. Rufst du mich heute Abend an? Vor Mitternacht gehe ich nie schlafen.

Gruß von Marie»

Petrus Zomer amüsierte sich köstlich über die «Siegfried Kampfbahn».

«Ich hoffe doch, wir können mit ein paar Walküren am Spielfeldrand rechnen», lachte er.

«Die die toten Helden nach Walhall bringen?», fragte Ackermann. «Klasse Idee!»

Van Appeldorn freute sich zum einen, dass die bissigen Kommentare zum deutschen Nazitum, die er seine ganze Jugend hindurch bei sportlichen Begegnungen mit Niederländern hatte durchleiden müssen, ausgeblieben waren, und wunderte sich gleichzeitig einmal mehr über Ackermann.

Der grinste frech. «Mit Wagner kennste dich wohl nich' so gut aus, wa?»

Zomer schaute sich gründlich um. «Eine schöne Anlage, wir werden viel Spaß haben, da bin ich sicher. Dann fahre ich mal nach Hause und mache mich an die Arbeit. Ich melde mich bei euch, wenn ich etwas herausgefunden habe. Sonst sehen wir uns am Sonntag.»

Die ersten Spieler des Klever Teams kamen auf den Platz gelaufen.

Zomer tätschelte van Appeldorn den Arm. «Mach dir keine Gedanken, mein Freund. Wenn es 4:0 für Nijmegen steht, spielen ein paar von uns bei euch mit.»

Ackermann holte aus, und Zomer sah zu, dass er Land gewann.

«Warte ma' ebkes, Norbert», hielt Ackermann van Appeldorn zurück. «Ich hab mir da wat überlegt. Die Toten aussem Grab am Opschlag müssen doch irgendwie unter de Erd, un' dat muss doch irgendwer bezahlen. Wat hältste davon, wenn wir dat als Benefizspiel machen un' dat Preisgeld für de Beerdigungen spenden? Die Holländer hätten bestimmt nix dagegen. Außerdem könnten wir dann Eintritt nehmen, da käm' bestimmt 'n nettes Sümmken zusammen.»

«Die Idee ist gut», stimmte van Appeldorn zu. «Aber jetzt ist es zu spät. Da hätte man die Presse längst informieren müssen.»

Ackermann zwinkerte ihm zu. «Lass mich ma' machen.»

Van Appeldorns Handy meldete sich, er schaute aufs Display, das musste Cox sein.

«Was gibt's?»

«Bei uns im Büro sitzt Volker Hetzel. Penny versucht gerade, zu verhindern, dass er hyperventiliert.»

«Das klingt nach Hetzel, ja. Und was ist ihm diesmal widerfahren?»

«Er hat einen Brief bei sich. Die Firma *Greenparc* zeigt ihn an, auf seinem Grund und Boden widerrechtlich den patentierten Mais MON 810 ausgebracht zu haben.»

«MON 810», murmelte van Appeldorn und sah, wie Ackermann einen Satz machte.

«Ja, und Norbert, die Anzeige kommt aus St. Louis, Missouri, USA.»

«Verdammte Scheiße! Er soll warten, ich drücke einem anderen das Training aufs Auge und bin gleich da.»

«Hetzel?», fragte Ackermann kurzatmig.

Van Appeldorn konnte nur nicken.

«Hab ich et dir nich' gesagt? Ich komm mit.»

«Ich bitte darum, Jupp.»

Neunzehn Wenn ein Leichnam aufgrund einer unklaren Todesursache obduziert werden musste, war die Anwesenheit eines Kripobeamten Vorschrift, aber in der Regel drückte sich jeder, so gut er konnte, da war Bernie bisher keine Ausnahme gewesen.

Wenn der Pathologe zum Y-Schnitt ansetzte, spätestens aber, wenn das Sirren der Säge, mit dem das Brustbein durchtrennt wurde, einsetzte, hatte er sich immer schleunigst nach draußen verzogen und war erst wieder in den Raum zurückgekehrt, wenn alle Organe entnommen, gewogen und sicher verstaut worden waren.

Heute jedoch hatte er sich vorgenommen, von Anfang bis Ende dabeizubleiben, auch wenn es ihn einige Überwindung kostete, denn der Verwesungsprozess an Vermeers Körper war schon fortgeschritten.

Er setzte eine Haube auf, band sich einen Mundschutz um, zog Kittel und Handschuhe an. Bonhoeffer hielt ihm einen rosa Tiegel hin. «Eine Salbe aus Kampfer und Eukalyptus. Tupf dir etwas davon unter die Nase, dann lässt es sich besser aushalten.»

Er musterte Bernie genau. «Glaubst du, du schaffst es, mir gleich beim Umdrehen zu helfen? Sonst müsste ich mal eben nach einem Assistenten telefonieren.»

«Ich will es gern versuchen», antwortete Schnittges, besonders unwohl war ihm eigentlich nicht.

Bonhoeffer begann mit der äußeren Leichenschau. Er tastete Gliedmaßen, Brustkorb und Abdomen ab, untersuchte den Schädel, schaute in Ohren, Nase und Mundhöhle.

«Hm, das hat der Bestatter wohl übersehen», stellte er fest. «Erbrochenes.»

Er holte ein Becherglas und einen Löffel und begann, die Flüssigkeit auszuräumen.

Bernie zwang sich, den Blick nicht abzuwenden.

«So», meinte Bonhoeffer dann. «Jetzt müssen wir ihn auf den Bauch drehen. Warte, ich zeige dir, wie man am besten anfasst.»

Bernie stellte sich recht geschickt an. «Man braucht schon Kraft», bemerkte er. «Wie kriegt Marie das hin?»

Bonhoeffers Augen über der Maske waren von Schmunzelfältchen umgeben. «Genau wie ich – mit Hilfe.»

Dann tastete er wieder den Körper ab, besonders gründlich Nacken und Schädel.

«So, jetzt das Ganze wieder zurück.»

Diesmal ging es noch glatter.

«Wenn du irgendwann einmal einen Ferienjob brauchst ...», lächelte Bonhoeffer.

«Eine Menge Blutergüsse», erklärte er dann und deutete auf die Stellen. «Und dies hier sind Abschürfungen, großflächig, da muss die Schutzkleidung abgeschält worden sein.»

Er trat vom Tisch zurück.

«Der Tote hat eine Beckenfraktur, und der linke Arm sowie das linke Bein sind völlig zertrümmert. Die Halswirbelsäule und der Schädel scheinen intakt, aber das werden wir später durch Röntgenaufnahmen verifizieren müssen. Jetzt wollen wir erst einmal schauen, was uns sein Innenleben erzählt.»

Bernie verschränkte die Hände. «Das ist jetzt der Moment, in dem ich normalerweise das Weite suche.»

«Verständlich», nickte Bonhoeffer und rollte den Instrumententisch heran. «Wenn man selbst etwas zu tun hat, ist es gleich leichter.» Er hielt Schnittges eine große Pinzette hin. «Aber du musst natürlich nicht.»

«Ich probier's.» Bernie atmete hörbar aus. «Aber ich will kein Hohngelächter hören, wenn ich doch noch umkippe.»

Bonhoeffer nahm das Skalpell zur Hand. «Du siehst eigentlich nicht so aus, als würdest du zu Schwächeanfällen neigen.»

Eine knappe Stunde später wussten sie, woran Gereon Vermeer gestorben war. «Milzruptur und Aortenabriss», sagte Bonhoeffer, «eins davon hätte schon gereicht. Jetzt kommt die feinfieselige Arbeit: Mageninhalt, Blutproben, Gewebeschnitte.»

Er streckte seinen langen Körper und drückte sich die Faust ins Kreuz. «Aber das verschieben wir auf morgen. Jetzt bin ich hungrig und ehrlich gestanden auch ein bisschen schlapp.»

Er zog die Handschuhe aus und die Maske herunter. «Chapeau, Bernie, du warst eine echte Hilfe.» Dann grinste er. «Übrigens, an deiner Stelle würde ich jetzt keinem unter die Nase treten. Nimm erst mal eine ausgiebige Dusche und stopf deine Kleider gleich in die Waschmaschine. Es kann auch nichts schaden, während der Heimfahrt die Autofenster geöffnet zu haben.»

«Wat is' dat denn für'n komischer Heiliger?» Ackermann wirkte wie erschlagen, als sie Hetzel endlich losgeworden waren. «Un' wie der spricht! Dat macht einen ganz bekloppt. Mutig wie 'ne Maus, ich glaub, der dreht schon am Rad, wenn der Briefträger 'ne Viertelstunde später kommt wie sonst.»

Viel hatten sie für Hetzel erst einmal nicht tun können. Sie hatten die Anzeige durchgelesen und eine Kopie angefertigt.

«Was denn für ein MON?», hatte Hetzel immer wieder gefragt. «Was denn für ein MON? Ich weiß noch nicht mal, was das ist?»

Sie hatten ihm von genverändertem Mais erzählt, von *Monsanto* und von den Patenten.

Hetzel hatte feuchte Augen bekommen und wiederholt: «Mit so was hab ich nichts zu tun? Ich doch nicht. Davon weiß ich doch gar nichts?»

Dann hatten sie ihm zu erklären versucht, dass er sich einen Anwalt nehmen müsse. Ackermann war in sein Büro gelaufen und hatte eine Liste von Anwälten besorgt, die schon einmal mit ähnlichen Fällen zu tun gehabt hatten.

«München?», war Hetzels entsetzte Antwort gewesen, als er nach langem Hin und Her einen Blick auf die Liste geworfen hatte. «Ein Anwalt aus München? Wer soll den denn bezahlen?» Dann war er trotzig geworden. «Ich zahle gar nichts! Ich habe doch nichts getan?»

Und noch einmal hatten sie versucht, ihm zu erklären, wie die Dinge zusammenhingen, wer dahintersteckte.

Ackermann hatte in seiner Verzweiflung versucht, Piet Zomer anzurufen – vielleicht wusste der Rat –, aber Zomer war nicht mehr in seinem Büro gewesen, das Handy hatte er ausgeschaltet, und seine Privatnummer hatte Ackermann nicht.

«Wieso hab ich dem seine Nummer nicht?» Ackermann hatte sich den Bart gerauft. «Die hätt' ich mir längst aufschreiben sollen?»

Van Appeldorn hatte ihn lange anschauen müssen, bis der Groschen fiel und Ackermann sich gegen die Stirn schlug. «Jetz' fang ich schon genauso an!»

Irgendwann dann hatte Ackermann seine Hand ausgestreckt. «Ich heiß übrigens Jupp.»

Und Hetzel hatte sie dankbar ergriffen. «Volker?»

«Jetz' pass ma' auf, Volker, ich komm morgen bei dir vorbei, un' dann gucken wir uns deinen Mais ma' zusammen an. Un' dann überlegen wir, wie et weitergeht, okay?»

Und da war Hetzel dann tatsächlich gegangen.

«Wenn ich mich recht entsinne, stand Babysitten nicht in meiner Berufsbeschreibung.» Van Appeldorn streckte ächzend die Beine aus.

Ackermann gähnte ungeniert. «Hattes' du so wat? 'ne Berufsbeschreibung? Ich nich'.»

Cox und Penny waren nach Hause gegangen, es war sehr still im Gebäude.

«Lass et gut sein für heute, Norbert.» Ackermann knipste die Schreibtischlampen aus. «Den Bericht kannste auch morgen noch schreiben. Geh nach Haus, nimm deine Ulli inne Arme un' knuddel den Paul. Dann haste alles genug.»

Als van Appeldorn am nächsten Morgen ins Präsidium kam, dröhnte laute Rockmusik aus dem Labor, Jimi Hendrix' «Machine Gun». Keine Frage, Klaus van Gemmern war zurück von seinem Ausflug.

Van Appeldorn blieb stehen und überlegte. Was Klaus sich da geleistet hatte, war eigentlich ein Grund für eine fristlose Kündigung, mindestens aber für eine Abmahnung. Alle wussten das, auch wenn es keiner ausgesprochen hatte. Und es war natürlich ein Unding, dass er keinen Stellvertreter hatte, aber im Grunde ging ihn das alles nichts an, damit konnte Toppe sich beschäftigen, wenn er wieder aus dem Urlaub zurück war.

Was sollte er lange nach Worten suchen?

Er lief die Treppe hinunter, zog die Labortür auf und hatte das Gefühl, von der Lautstärke fast umgeblasen zu werden.

Van Gemmern bemerkte ihn nicht. Er stand, eine Lupe in der Hand, über den Tisch gebeugt und sah schrecklich aus, graues Gesicht, eingefallene Wangen, Tränensäcke.

Van Appeldorn durchquerte den Raum und schaltete den Recorder aus.

Van Gemmern zuckte zusammen und schaute hoch.

«Pass auf, ich sage dir das nur einmal, Klaus: Du hast

verdammten Bockmist gebaut!» Van Appeldorn klang sehr beherrscht. «Aber da das noch nie vorgekommen ist und du so viele Überstunden auf dem Buckel hast, dass du sie in hundert Jahren nicht abfeiern könntest, werde ich deinen Aussetzer nicht an die große Glocke hängen.»

Van Gemmern stierte durch ihn hindurch und sagte nichts.

«Man hat uns mitgeteilt, dass du auf einem Kongress in Italien bist», sagte van Appeldorn, plötzlich nervös. «Wieso bist du dann schon wieder hier?»

«War doch nicht mein Thema», antwortete van Gemmern heiser. «Mit der Auswertung der Fingerspuren bin ich gleich durch.» Er zeigte auf den Labortisch. «In einer halben Stunde bei euch im Büro?»

Van Appeldorn hatte die Tür noch nicht ganz hinter sich geschlossen, als die Musik wieder einsetzte, noch lauter als eben – «Foxy Lady».

Penny und Cox saßen über den Spurenakten, und Schnittges schrieb einen Bericht.

«Klaus ist wieder da.»

Cox schaute auf. «Das ist nicht zu überhören. Hast du mit ihm gesprochen?»

Van Appeldorn nickte. «Nur kurz. Er ist noch mieser drauf als sonst, aber er kommt gleich mit der Auswertung der Fingerspuren vom Tatort.»

Penny lehnte sich zurück. «Wenn man nur wüsste, was plötzlich in ihn gefahren ist ...»

«Ach, Mann», Bernie rang mit sich. «Wenn ihr mir

versprecht, dass es unter uns bleibt, sage ich es euch. Klaus war auf keinem Kongress, er war bei Marie in Bologna. Offenbar hatte er etwas in den falschen Hals gekriegt und sich Hoffnungen gemacht.»

Cox schlug die Hände vors Gesicht. «Ich hab's euch gesagt, der macht sich zum Affen!»

«Und wieso weißt du davon?», fragte Penny, auf einmal sehr neugierig.

«Weil ich mit Marie telefoniert habe. Sie hatte mich gebeten, sie wegen Schraven auf dem Laufenden zu halten, bis sie wieder zurück ist», antwortete Bernie leichthin. «Wahrscheinlich ist es ihr gar nicht recht, dass ich euch das von Klaus erzählt habe, also haltet bitte den Mund.»

Penny stützte das Kinn in die Hände. «Ist irgendwie traurig, er tut mir schon ein bisschen leid.»

«Ach komm!» Cox wollte sich gerade wieder ereifern, als die Tür aufging und Bonhoeffer hereinkam.

Er roch nach Eukalyptusbonbons, und Bernie lief ein Schauer über den Rücken.

«Lass mich raten», sagte er. «Du hast gestern Abend doch noch weitergearbeitet.»

Bonhoeffer lächelte reuig. «Die Macht der Gewohnheit. Ich schaffe es einfach nicht, etwas halbfertig liegenzulassen. Außerdem ging die eigentliche Sektion ja zügig, dank deiner willkommenen und sehr hilfreichen Assistenz.»

Bernie spürte, dass er rot wurde, und ärgerte sich.

«Du hast bei der Obduktion assistiert?» Van Appeldorn mochte es kaum glauben. Ausgerechnet Bernie, der sich immer die abenteuerlichsten Ausreden einfallen ließ, wenn seine Anwesenheit in der Prosektur erforderlich war. Meist mussten seine Geschwister herhalten: Eine seiner Schwestern hatte vorzeitige Wehen bekommen und brauchte ihn an ihrer Seite, oder sein jüngster Bruder war mit dem Auto liegengeblieben und musste abgeschleppt werden. Einmal hatte er behauptet, der Geruch von Formalin löse bei ihm eine allergische Reaktion aus, die zu schwerer Luftnot führe.

Penny betrachtete Bernie noch ein bisschen neugieriger und nickte vor sich hin.

Bonhoeffer zog seinen Trenchcoat aus und setzte sich. «Gereon Vermeer hatte eine hohe Dosis Digitalis im Blut, Digoxin, ein Herzmittel.»

Van Appeldorn schaute Penny an. «Hatte Vermeer Probleme mit dem Herzen?»

«Nein, er war kerngesund!»

«Er hat das Mittel oral zu sich genommen», fuhr Bonhoeffer fort. «Ich habe noch pulverige Rückstände davon in seinem Mageninhalt gefunden. Der bestand aus Flocken, Körnern, Früchten und Milch, also vermutlich einem Müsli, und war noch relativ unverdaut, außerdem Kaffee.»

«Gereon ist vergiftet worden?» Cox schluckte.

«Nun ja, das Digoxin war nicht tödlich, aber die Konzentration im Blut weist darauf hin, dass es schon kurz nach der Einnahme zu heftigen Reaktionen gekommen sein muss: Erbrechen, Durchfall, Herzrhythmusstörungen und einem massiven Blutdruckabfall.

Gestorben ist Vermeer letztendlich an inneren Blutungen, verursacht durch den Motorradunfall. Aber nach meinen Berechnungen muss er das Digoxin nur kurze Zeit vor seinem Unfall zu sich genommen haben, ungefähr sechzig Minuten vorher. Deshalb gehe ich davon aus, dass seine körperliche Reaktion auf das Gift zu dem Unfall geführt hat.»

Penny schossen die Tränen in die Augen. «Ich habe es immer gesagt, er ist die Kurve nicht zu schnell angegangen.»

«Die Dosis war nicht tödlich?», bohrte van Appeldorn nach.

«Nein», bestätigte Bonhoeffer. «Es wäre ihm sehr schlechtgegangen, aber daran gestorben wäre er nicht.»

«Wir müssen mit seiner Frau sprechen: Wer wusste von der Motorradtour? Was war an dem Morgen? Ich übernehme das», beschloss van Appeldorn nach einem Blick auf Penny und Cox.

Van Gemmern stolperte herein. «In Schravens Küche finden sich Fingerspuren von drei verschiedenen Personen», nuschelte er. «Die meisten stammen von Schraven selbst.»

«Einige könnten von meinem Onkel sein», sagte van Appeldorn. «Er hat jeden Abend bei Schraven Milch geholt.»

«Und die anderen müssen vom Schwager stammen, der den Hof versorgt hat, als Schraven im Krankenhaus lag», meinte Penny, «Markus Heller.»

Van Gemmern überlief ein Zittern. «Ich bin etwas übermüdet», brummte er und wandte sich wieder zur

Tür. «Ich schicke jemanden raus, der die Vergleichsabdrücke nimmt. Wo finden wir deinen Onkel, Norbert?»

Van Appeldorn sagte es ihm. «Zu Heller brauchst du keinen zu schicken, mit dem müssen wir sowieso sprechen. Es könnte sein, dass ihm auf dem Hof etwas Ungewöhnliches aufgefallen ist. Rufst du ihn an, Peter? Er soll möglichst heute noch kommen. Die Telefonnummer seiner Frau steht in Pennys Bericht.»

«Vom Schwager brauche ich auch DNA», sagte van Gemmern.

«Warum?»

«Abgleich», antwortete er achselzuckend. Seine Augen glänzten fiebrig. «Ich fahre zum Hof raus, meine Leute haben dort Brandspuren entdeckt. Rekonstruktion des Tathergangs morgen.» Damit war er schon wieder weg.

Penny und Schnittges durchstöberten noch einmal das sechs Quadratmeter kleine Kabuff, in dem Schraven seine Papiere gehortet hatte. Das Fensterchen hatten sie weit geöffnet, trotzdem nahm einem der Muffgeruch fast den Atem.

«Hier, dieselben Prospekte, die auch Britta hatte.» Penny zeigte Schnittges die Papiere. «Das heißt wohl, dass die *Greenparc*-Leute auch bei Schraven waren.»

Ein Blatt fiel zu Boden. Bernie hob es auf. «Das scheint eine Aufstellung der Beträge zu sein, die Schraven im letzten Jahr durch die Pacht eingenommen hat. Du meine Güte, davon hätte er sich ein verdammt schönes Leben machen können!»

Penny nahm sich den nächsten Stapel vor. «Der hat wirklich überhaupt nichts abgeheftet, nicht einmal Kontoauszüge. Hier ist einer vom September 2007, Guthaben 246 761,28 Euro. Der Mann war reich!»

«Und dann dieses Elend hier?», wunderte sich Schnittges. «Wie geht das zusammen?»

Penny strich sich das Haar aus dem Gesicht. «Seine Schwester meint, er wäre Autist gewesen, aber ob es das erklärt ...»

Britta Vermeer war fassungslos. «Vergiftet?»

Van Appeldorn hatte sie im Hofladen angetroffen, wo sie Waren einräumte.

Sie stöhnte laut auf und ließ sich auf einen Strohballen sinken. «Wer?»

«Das wissen wir noch nicht.» Van Appeldorn setzte sich neben sie und nahm ihre Hände in seine. «Erzählst du mir von dem Morgen vor dem Unfall? Hattet ihr Besuch, Kundschaft vielleicht?»

«Nein, freitags öffnen wir erst nachmittags. Ich hatte um neun einen Vorsorgetermin mit dem Kleinen beim Kinderarzt. Wir haben zusammen gefrühstückt.»

«Was hattet ihr zum Frühstück?»

«Müsli.»

«Und Kaffee?»

Britta Vermeer schüttelte den Kopf. «Ich trinke keinen Kaffee, solange ich noch stille. Und Gereon hat auch keinen mehr getrunken, wenn ich dabei war, weil er wusste, wie schwer es mir fällt, darauf zu verzichten.»

«Gut, ihr habt gefrühstückt, und ihr wart allein auf dem Hof.»

«Wir waren allein, ja. Ich bin um halb neun gefahren, und Gereon hat seine Sachen gepackt. Er wollte um zehn bei Penny und Peter sein, also muss er wohl so gegen zwanzig vor zehn losgefahren sein.»

Sie fixierte ihn. «Willst du mir sagen, dass in der Zeit jemand hier war und Gereon vergiftet hat? Wie denn?»

«Gereon hat wohl doch noch Kaffee getrunken. Möglicherweise hat jemand ihm das Gift hineingemischt.»

«Aber wer sollte das tun? Und warum?» Ihr Blick irrte umher. «Ich habe das von Rainer Schraven gehört ... er hat sich auch gegen die Genossenschaft gewehrt. Denkst du ...?»

Van Appeldorn drückte ihre Hände. «Wir werden es herausfinden.»

Zwanzig Markus Heller war sympathisch.

«Ich hoffe, ich kann irgendwie helfen», sagte er. «Das mit Rainer ist schrecklich, es nimmt meine Frau sehr mit.»

Er folgte van Appeldorn ins Labor und ließ sich bereitwillig Fingerabdrücke und eine Speichelprobe abnehmen, dann kehrten sie ins Büro zurück.

«Er sieht jünger aus als fünfunddreißig», dachte Cox. Ein frisches Gesicht, blondes Haar, blitzblaue Augen hinter einer schicken Designerbrille. Seine Kleidung wirkte lässig, war aber, wie Cox, der eine heimliche Schwäche für gute Dinge hatte, wusste, sehr teuer.

«Ich habe meinem Schwager nicht sehr nahegestanden», begann Heller von sich aus. «Wir haben uns in den fünfzehn Jahren, die ich meine Frau kenne, sicher nicht öfter als sechs- oder siebenmal getroffen. Aber als er dann vorige Woche ins Krankenhaus musste, war meine Frau ganz verzweifelt. Sie ist ja ein Bauernkind und machte sich natürlich Sorgen um die Tiere. Da habe ich nicht lange gezögert und meine Hilfe angeboten.»

Cox nickte. «Ist Ihnen etwas Ungewöhnliches aufgefallen auf dem Hof?»

Es war eine ziemlich lahme Frage, aber irgendwo musste man ja anfangen.

Heller wirkte ein wenig betreten. «Na ja, das ganze Anwesen ist etwas heruntergekommen. Ich habe erst einmal ein bisschen sauber gemacht.»

«Sind in den Tagen, in denen Sie dort waren, Leute auf den Hof gekommen?»

«Der Postbote war einmal da, und der alte Herr, der gegenüber wohnt, ist gekommen, um Milch zu kaufen. Das war's auch schon, mein Schwager lebte sehr zurückgezogen.»

«Hat Ihr Schwager Ihnen erzählt, dass eine Firma an ihn herangetreten ist, die Interesse an seinem Land hat?», wollte van Appeldorn wissen.

Heller schüttelte den Kopf. «Ich habe überhaupt nicht mit meinem Schwager gesprochen.»

«Sie haben ihn nicht im Krankenhaus besucht?»

Heller lächelte. «Man merkt, dass Sie ihn nicht gekannt haben. Besuch wäre ihm äußerst unangenehm gewesen. Aber meine Frau hat regelmäßig mit dem behandelnden Arzt telefoniert und mich auf dem Laufenden gehalten. Man sagte ihr, Rainer müsse sicher drei Wochen stationär bleiben, und wir haben schon darüber nachgedacht, jemanden einzustellen, der den Hof hütet. Schließlich habe ich auch meinen Beruf.»

«Sie sind Immobilienmakler, nicht wahr?»

«Das ist richtig, und ein paar Tage lang kann man da schon mal seine Geschäfte telefonisch betreiben, aber nicht ein paar Wochen. Irgendwann muss man doch wieder persönlich in Erscheinung treten, Besichtigungstermine organisieren, Kundenkontakte pflegen. In meinem Beruf ist eine intensive Kundenbetreuung das A und O, die Konkurrenz auf diesem Markt ist groß.»

«Haben Sie denn jemanden gefunden, der für Sie auf dem Hof einspringen konnte?»

Wieder schüttelte Heller den Kopf. «Dazu ist es gar nicht mehr gekommen. Am Sonntag fuhr auf einmal ein Taxi vor, mein Schwager stieg aus und rief mich. Ich solle den Fahrer bezahlen, er hätte kein Geld dabei. Es war mir ziemlich peinlich, denn Rainer trug dieselbe schmutzige und leider nicht sehr wohlriechende Arbeitskleidung, die er wohl angehabt hatte, als er eingeliefert worden war. Sie war am Rücken voller Blut.»

Er schauderte leicht. «Mir kam er noch ziemlich angeschlagen vor, er konnte kaum richtig gehen. Aber er ist sofort in die Ställe und hat nach den Tieren gesehen. Dann ist er wortlos in seine Kammer gewankt. Ich bin ihm nach und wollte wissen, ob ich etwas für ihn tun konnte, aber daran hatte er wohl kein Interesse. ‹Und tschüss›, hat er gesagt und die Tür zugemacht. Ich meine, ich wusste, wie Rainer sein konnte, aber da war ich dann doch leicht angesäuert.»

«Kein Wunder», meinte Cox.

Heller machte eine wegwerfende Handbewegung. «Ist jetzt auch egal. Ich hab's ja nicht für ihn getan, sondern für meine Frau. Tja, das war's dann. Ich habe meine Sachen gepackt und bin nach Hause gefahren, und danach haben wir nichts mehr von Rainer gehört.»

Schnittges und Penny brachten die Kontoauszüge und Pachtverträge, die sie aufgestöbert hatten, und die Prospekte von *Greenparc*.

«Mehr ist dort nicht zu finden», sagte Penny. «Keine private Korrespondenz, keinerlei Hinweise auf Kontakte zu dubiosen Personen, nichts.»

«Aber wir haben van Gemmern dabei ertappt, wie er sich hinterm Schweinestall die Seele aus dem Leib kotzte», bemerkte Bernie. «Er sei nicht krank, hat er sofort versichert, er hätte nur seit über vierzig Stunden nicht mehr geschlafen. Der Mann ist wirklich verrückt, total manisch. Ich habe ihm angedroht, ihn zwangseinweisen zu lassen, wenn er nicht umgehend nach Hause fährt und sich auspennt. Aber er hat nur die Zähne gebleckt wie ein Totenschädel.» Schnittges war richtig wütend.

«Und dann?», drängte Cox.

«Dann ist Penny ihm um den Bart gegangen, von wegen, in diesem Zustand würde er keinem etwas nützen, wir wären doch darauf angewiesen, dass seine Ergebnisse uns voranbringen. Da ist er dann doch noch zahm geworden und abgedackelt. Penny hat eben mit ihm telefoniert, er ist tatsächlich heil zu Hause angekommen.»

«Dann wird's wohl noch was dauern mit der Tatrekonstruktion», stellte Cox fest.

Ackermann steckte den Kopf zur Tür herein. «Zomer hat grad angerufen, aber er konnte noch nix sagen. Er war bei *Greenparc*, aber die machen freitags schon um zwölf dicht. Montag will er 't nochmal probieren.» Er winkte. «Ich muss wieder, hab noch 'ne Telefonkonferenz wegen Spanien. Sonntag um drei auffem Platz. Un' dat sich mir keiner von euch drückt!»

Ihnen wurde ein freies Wochenende beschert, und sie nahmen es dankbar an.

Van Appeldorns machten einen Ausflug in den Tiergarten, damit Paul Onkel Fricka «die wilden Schweine» zeigen und ihnen die Eicheln bringen konnte, die sie nicht verbastelt hatten. «Denen ihre Gummibärchen».

Ackermann besuchte seinen neuen Bekannten Volker Hetzel. Er hatte Fotos von Genmaispflanzen mitgenommen, aber das war gar nicht nötig gewesen, Hetzel konnte ihm auch so die «Kuckuckskinder» zeigen. Sie schmiedeten Pläne − Ackermann schmiedete, Hetzel stellte Fragen. Oder auch nicht, wer konnte das schon sagen?

Penny und Cox fingen an, ihren Garten winterfest zu machen, schnitten die Hecke, stutzten Sträucher, rechten Laub und tranken viel Tee.

Bernie las und schrieb Mails, durchforstete das Internet nach einer schönen Wohnung für Marie in Kleve, schrieb und las wieder, zweimal telefonierte er auch.

Plötzlich hatten sie einen freien Samstag, aber keiner von ihnen konnte sich wirklich entspannen.

Als van Appeldorn seine Sporttasche packte, stellte er fest, dass er tatsächlich aufgeregt war.

«Hej!» Ulli knuffte ihn. «Auch wenn sich's blöd anhört, es ist nur ein Spiel.»

Er musste lachen. «Ja, ich weiß, ich bin bescheuert.»

«Gar nicht, du bist süß. Und jetzt fahr schon, du hast ja doch keine Ruhe mehr. Wir sind pünktlich eine halbe Stunde vorm Anpfiff da. Wenn ich Fricka so lange noch bändigen kann, von deinem Sohn mal ganz zu schweigen.»

Aber van Appeldorn kam kaum auf den Parkplatz. Mehrere Übertragungswagen standen dort und jede Menge anderer Fahrzeuge.

Er stellte sein Auto einfach quer vor der Garage des Vereinswirts ab.

Menschen wimmelten herum, sprachen in Handys, machten sich Notizen auf Klemmbrettern.

Mittendrin Heinz Winkels, der Vereinsvorsitzende, stolz wie ein Gockel.

Van Appeldorn stürmte auf ihn zu. «Was ist denn hier los?»

Winkels' Blick war die reine Missbilligung. «Benefizspiel. Gott sei Dank hatten wir noch ein altes Banner.» Er zeigte nach oben.

Unter dem Schriftzug «Siegfried Kampfbahn» hatte man, leicht windschief, ein verblasstes Spruchband aufgehängt: «BENEFIZSPIEL». Das «F» von «für» konnte man noch erkennen, der Rest war mit Gaffertape überklebt.

«Das hättest du aber wahrhaftig ein bisschen früher sagen können!»

Van Appeldorn schloss die Augen. «Ackermann!»

«Ja, genau, der hat alles in die Hand genommen, du warst ja nicht da. Ein echtes Organisationstalent, so einen könnten wir brauchen. Hat sogar ein Kassenhäuschen mitgebracht, dabei hätte er das gar nicht müssen. Seine Frau kassiert übrigens den Eintritt. Die ganze Presse ist da, auch aus Holland und sogar RTL. Der WDR schneidet live mit und bringt dann die Ausschnitte die ganze Woche über in der ‹Aktuellen Stunde›.»

Van Appeldorns Magen ballte sich zu einer steinharten Kugel.

«Wo ist der Kerl?»

«Wer?»

«Ackermann!»

«Der sitzt in der Schankstube und gibt Interviews. Ich hab das ja alles gar nicht gewusst. Ich meine, klar hatte ich in der Zeitung von dem Massengrab gelesen, aber dass es keine Verwandten mehr gibt, die die Beerdigung bezahlen können, tja, über so was denkt unsereins ja nicht nach. Der Schiri will dich übrigens sprechen.»

«Welcher Schiri? Ich dachte, Franz wollte pfeifen, das hatten wir doch so abgesprochen.»

Winkels tippte sich an die Stirn. «Nein, mein Lieber, für so ein Ereignis muss ein Profi her. Jupp hat das in meine Hände gelegt, und ich habe das auf die Schnelle tatsächlich noch organisiert gekriegt. Man ist ja lange genug dabei.»

Van Appeldorn mahlte mit den Zähnen. «Ich bring ihn um!»

«Sind Sie der Trainer?» Eine junge Frau mit neongelben Korkenzieherlocken hielt ihm ein Mikrophon unter die Nase.

«Nein!», blaffte er sie an. Sie zog den Kopf ein und entfernte sich rasch.

«Die Holländer sind übrigens schon da, und deine Jungs sitzen auch schon in der Kabine. Die scheinen ziemlich sauer zu sein, dass sie in den abgelegten Trikots von der Ersten Mannschaft auflaufen sollen.»

Van Appeldorn schulterte seine Tasche. «Das wussten sie, und es hat sie bisher auch nicht gestört.»

«Da kamen sie ja auch noch nicht im Fernsehen.»

Auf dem Weg in die Kabine fing ihn der Schiedsrichter ab. Er war schon in voller Montur und hatte sogar zwei Assistenten dabei. Alle drei waren ausgesucht gut gelaunt.

«Sie sind der deutsche Trainer, nicht wahr? Herr Winkels hat mir etwas von zweimal zwanzig Minuten gesagt. Das geht unter diesen Umständen natürlich gar nicht. Sie, wir alle würden uns ja vor der Weltöffentlichkeit lächerlich machen. Volle Distanz, neunzig Minuten, etwas anderes kommt gar nicht in Frage, immerhin filmt das Fernsehen live mit.»

Van Appeldorns Protest schnitt er gekonnt ab. «Das niederländische Team ist sehr erfreut darüber, mit denen habe ich bereits gesprochen. Ihre Mannschaft scheint da eher geteilter Meinung zu sein, aber das ist das Problem des Trainers.» Er schaute auf seine eindrucksvolle Armbanduhr. «Wir sehen uns in fünfundfünfzig Minuten.»

Schuster kam ihm schon entgegengelaufen. «Neunzig Minuten! Das mach ich nicht mit, ich fahre nach Hause. Sieh zu, wie du klarkommst.»

«Das bleibt natürlich ganz dir überlassen.» Van Appeldorn musterte ihn kalt. «Hast du eigentlich schon mal was von gefälschten Protokollen gehört?»

Schuster verschluckte sich an einer Verwünschung und schlich in die Kabine zurück.

Dreißig Minuten lang ging alles gut – Kleve führte durch ein spektakuläres Ackermanntor –, dann begann das Elend. Van Appeldorn konnte gar nicht so schnell auswechseln, wie ihm Spieler auf dem Platz in die Knie gingen.

«Wo ist mein Traubenzucker? Jemand hat mir meinen Traubenzucker geklaut», jammerte Heuvens, dem das Blut über die Finger lief, weil er gar nicht mehr aufhörte, sich zu sticksen.

1:1 – Ausgleich.

Derks kam angetrabt. «Trainer, uns fehlt einer auf links. Wir haben nur zehn Mann auf dem Platz.»

Van Appeldorn drückte Heuvens ein Stück Würfelzucker in die Hand – er hatte mit dem Schlimmsten gerechnet. «Geht's wieder? Dann los!»

Ein Pfiff und Ackermann, der brüllte: «Wo habt ihr denn diese Pfeife her? Dat war doch nie und nimmer 'n Elfer!»

Die Pfeife zeigte ihm die Gelbe Karte.

Zomer war der Elfmeterschütze, und Look, die Bank, der alte Killer, hielt.

Die Zuschauer jubelten.

Der Halbzeitpfiff.

Sie lagen am Spielfeldrand wie auf den Rücken gefallene dicke Käfer, japsend, mit blutunterlaufenen Augen.

«Ab in die Kabine!», bellte van Appeldorn.

«Genau», keuchte Ackermann. «Keiner auf diese Welt will sich dat Elend hier angucken.»

Zomer klopfte van Appeldorn im Vorübergehen auf die Schulter. «Guter Kampfgeist.»

Van Appeldorn verteilte Wasserflaschen, die über Köpfe und Rücken geleert wurden.

«Trinken sollt ihr», schimpfte er. «Okay», sagte er dann. «Wer von euch kann wirklich nicht mehr?»

Neun Hände fuhren in die Höhe, aber dann lachte jemand, und alle entspannten sich.

«Ich würde sagen, jetzt hilft nur noch der Muschiplan», sagte Derks laut.

«Der wat?» Ackermann hielt sich die Hand hinters Ohr.

«Abseitsfalle, und zwar auf vollen Poker. Der Schiri ist ein Korinthenkacker, und seine Assis sind voll auf seiner Linie. Die kriegen jedes Abseits mit. Wir müssen es einfach nur eiskalt durchziehen.»

«Der Plan könnt' von mir sein!» Ackermann hatte sich erstaunlich schnell wieder erholt. «Un' ich hab noch 'ne andere Idee. Norbert, has' du scho' ma' wat von Spielertrainer gehört?»

Die zweite Halbzeit zeichnete sich durch Abseitspfiffe aus.

«Man kann ein Spiel auch kaputtpfeifen», kommentierte der Erste Vorsitzende säuerlich.

«Den Mann hast du doch geholt», erwiderte Franz. «Ich war ja auf einmal nicht mehr gut genug.»

In der 79. Minute fiel das 2:1 für Nimwegen durch

den ausgezeichneten Mittelfeldmann Petrus Zomer, aber dann, vier Minuten später, kam, wie einstmals Günter Netzer, aus der Tiefe des Raumes Norbert van Appeldorn und versenkte das Leder souverän im linken oberen Eck.

Schlusspfiff. 2:2. Benefiz. Kein Waterloo.

Und nicht nur van Appeldorn wusste, dass er in den nächsten Tagen ganz bestimmt keine Treppen steigen würde.

«Is' doch super gelaufen!» Ackermann strahlte ihn an. Er war schweißüberströmt, die Haare klebten ihm im Gesicht, und eines der roten Gummibänder, mit denen er seine Brille hinter den Ohren fixiert hatte, war gerissen.

Und van Appeldorn legte ihm, ebenso schweißnass und knickebeinig, den Arm um die Schultern.

Einundzwanzig Peter Cox war auf dem Weg nach Düsseldorf. Um diese Zeit war der Verkehr auf der A57 sehr dicht, aber damit hatte er gerechnet. Er nahm es gleichmütig hin. Das war früher einmal anders gewesen.

Überhaupt war so vieles anders gewesen, er war anders gewesen, bevor er Penny kennengelernt hatte. Damals hatte er sein Leben einem strengen Muster unterworfen, und jede Abweichung davon hatte ihn verunsichert. Heute konnte er über seine Macken schmunzeln – jeden Dienstag die Bettwäsche wechseln, Mahlzeiten streng nach Uhr, keine Zwiebeln, niemals Knoblauch, abgezählte Zigaretten, eine geregelte Raumtemperatur –, und wenn sie sich manchmal doch wieder meldeten, lächelte Penny sie einfach weg. Sie sprachen darüber, warum sie so waren, wie sie waren, aber eher nebenbei, weil sie es viel zu sehr genossen, miteinander zu sein. Und vor ein paar Wochen war zum ersten Mal das Wort «Kinder» gefallen, auch eher so nebenbei, und seine Panik war ausgeblieben. Warum nicht ein Kind miteinander haben? Es war folgerichtig. Sie würden es einfach darauf ankommen lassen.

Kurz vor Krefeld wurde der Verkehr so dicht, dass es nur noch im Schritttempo weiterging.

Er schaute auf die Uhr, der Kollege beim LKA erwartete ihn erst in einer Stunde, bis dahin würde er es wohl schaffen.

Es war jetzt vierzehn Tage her, dass Bernhard Claassen bei ihm im Büro gewesen war, und seitdem spukten ihm zwei Gedanken im Kopf herum.

Als die kleine Rosel Claassen im September 1944 mit Scharlach im Klever Krankenhaus gelegen hatte, war ein Arzt zu ihrer Mutter gekommen und hatte sie gebeten, das Mädchen nicht mehr zu besuchen, weil ihre Anwesenheit das Kind zu sehr aufregen würde.

Das kam ihm ungewöhnlich vor und unnötig grausam. Wer würde eine Mutter von ihrem Kind fernhalten? Welcher Arzt war das gewesen? Und warum hatte er das getan?

Dann hatte eine Nonne der Mutter mitgeteilt, Rosel sei am Nachmittag des 26. September an der Krankheit gestorben und in die Leichenhalle gebracht worden, nur kurze Zeit vor dem ersten Großangriff auf die Stadt. Dort sei sie verschüttet worden und nicht mehr zu bergen gewesen.

Das konnte nicht stimmen, das hatte ja auch schon Bernie bemerkt. Denn wie sollte die Kleine in das Massengrab am Opschlag gekommen sein, in den Bombentrichter, der dort am 26. September entstanden war? Zusammen mir sieben anderen, alle versehrt oder behindert, aber alle beim Bombenangriff unverletzt geblieben.

Hatte die Nonne wissentlich gelogen? Das würde

bedeuten, dass 1944 im Krankenhaus ein grausames Komplott geschmiedet worden war. Aber das konnte und wollte Cox sich nicht vorstellen.

Am Donnerstag war im *Stern* ein großer Artikel über das Massengrab aus der Nazizeit erschienen, zwölf Seiten mit Fotos von Lis und Lisken, Rosel Claassen auf der Sommerwiese, den Gesichtsrekonstruktionen. Seitdem hatten sich über hundert Leute beim LKA gemeldet, die glaubten, Hinweise zu den noch nicht identifizierten Toten geben zu können, die meisten zu den beiden Jungen mit Down-Syndrom.

«Alles Bullshit», beschied der Kollege, ein grobschlächtiger Mann, den Cox auf Anhieb nicht mochte.

«Aber ich habe etwas anderes für euch, die Frau mit dem Riesenwuchs am Bein, Moment ...» Er blätterte in seinen Unterlagen. «Euer Pathologe hat das ... ja, hier steht's: ‹eine Frau, noch keine zwanzig Jahre alt, mit Klippel-Tréaunay-Weber-Syndrom›. Offenbar wohl eine seltene Missbildung, die auch heute noch nicht ganz erforscht ist. Jedenfalls hat sich ein Professor aus Tübingen gemeldet, dem eine Arbeit aus den dreißiger Jahren vorliegt. Unter den Kranken, die damals in die Studie aufgenommen wurden, ist jemand aufgeführt mit ‹G.L., weiblich, Jahrgang 1927, geboren und wohnhaft in Kleve›.» Er drückte Cox den Zettel in die Hand. «Vielleicht kommt ihr damit ja weiter.»

Cox bezweifelte das, bedankte sich aber höflich und machte sich auf den Weg zu seinem Auto, das er zwei Querstraßen weiter hatte parken müssen.

Das neue GPS, das Penny ihm zum Geburtstag geschenkt hatte, hielt, was die Werbung versprochen hatte, und brachte ihn auf schnellstem Weg aufs Unigelände. Hier fand er auf Anhieb einen Parkplatz, brauchte dann aber fast zwanzig Minuten, bis er das richtige Gebäude gefunden und sich zum Archiv durchgefragt hatte.

Der nette Student, mit dem er schon ein paarmal telefoniert hatte, wartete schon auf ihn.

«Wir sind fertig mit der Archivierung, aber kein Reiter», meinte er bedauernd, «das habe ich Ihnen ja schon am Telefon gesagt. Und ich hätte dessen Dissertation wirklich gern gefunden, besonders nachdem ich den Zeitschriftenartikel gelesen hatte. Aber eine Hoffnung gibt es noch, kommen Sie mal mit.»

Cox folgte ihm in den Keller hinunter.

«Ich würde Ihnen gern noch weiterhelfen, aber mein Job hier ist abgelaufen. Eigentlich dürfte ich gar nicht mehr hier sein, aber ich wollte Sie gern kennenlernen, deshalb habe ich darum gebeten, Sie hierherbringen zu dürfen.»

Er öffnete eine Tür und schaltete das Licht ein, ein quadratischer Raum mit deckenhohen Regalen an drei Seiten voller Kladden und vergilbten Papierstapeln.

«Hier lagern alle Arbeiten, die seit den Anfängen der Medizinischen Fakultät abgelehnt oder gar nicht erst angenommen wurden.»

Cox ging hinein, der Raum war klimatisiert, die Luft angenehm frisch.

«Ich nehme an, hier wurde noch nichts geordnet.»

«Das kann man so nicht sagen», antwortete der Student. «Für mich sieht es so aus, als hätten sich über die Jahre verschiedene Leute daran versucht, ein Teil ist nach Jahreszahlen sortiert, ein anderer nach den Namen der Verfasser oder der Doktorväter, einiges nach Themenbereichen ...»

Cox spürte ein angenehmes Kribbeln, dies hier war eine Arbeit nach seinem Geschmack.

«Das könnte allerdings ein paar Tage dauern», murmelte er. Reiter, Zirkel als Doktorvater, Tierversuche, eingereicht in den Vierzigern ...

«Ich habe alles für Sie geregelt. Sie haben jederzeit Zutritt. Wir müssen nur eben zusammen zum Pförtner, wo Sie sich ausweisen müssen. Dann bekommen Sie eine Schlüsselkarte.»

Van Gemmern kam früh.

Er sah nicht mehr ganz so schlecht aus, also hatte er sich wohl tatsächlich ausgeschlafen.

Heute setzte er sich hin, bevor er mit seinem Bericht begann, was schon ungewöhnlich genug war, aber als er sich dann auch noch eine Tasse Kaffee einschenken ließ, tauschten van Appeldorn, Penny und Schnittges irritierte Blicke.

Van Gemmern schien es nicht zu bemerken.

«Der Täter hat während der Tat jene Gummistiefel getragen, die wir neben der Waschmaschine gefunden haben», begann er. «Er hat sie zwar abgewaschen, dennoch haben wir Spuren von Schravens Blut an den Sohlen gefunden. Im Inneren der Stiefel fanden sich DNA-Spuren von Schraven und Heller.»

«Von Heller?», fragte van Appeldorn erstaunt.

«Nun ja, er wird die Stiefel bei der Hofarbeit angehabt haben», sagte Schnittges. «Ich würde auch nicht in Straßenschuhen den Stall ausmisten.»

«Und wie kommt DNA ins Innere eines Stiefels?», wollte Penny wissen.

«Wenn man ein Loch in der Socke hat», antwortete van Gemmern.

«Das heißt, wenn unser Täter keine löchrigen Socken getragen hat, ist seine DNA im Stiefel nicht zu finden?»

Van Gemmern nickte. «Genau, aber weiter. Der Täter hat Schraven, der neben dem Tisch mit dem Rücken zur Spüle stand, frontal angegriffen. Schraven hat sich gewehrt, allerdings nicht sehr heftig. Möglicherweise war er noch geschwächt durch die Kopfverletzung, außerdem ist sofort viel Blut geflossen, und die Stiche müssen sehr schmerzhaft gewesen sein. Die Kehle des Opfers wurde ebenfalls von schräg vorn durchtrennt, was bedeutet, dass der Täter völlig mit Blut besudelt wurde. Es spritzt sehr stark, wenn die Halsschlagader durchtrennt wird.

Der Täter ist an der Küchentür aus den Stiefeln gestiegen, hat sie also in der Küche stehenlassen, und ist dann auf Socken hinauf ins Bad und hat geduscht. Zwar hat er die Duschkabine gründlich gereinigt, aber wir haben doch Blut im Becken und im Siphon gefunden, Schravens Blut.»

«Keine Haare?», fragte Schnittges.

«Keine Haare, keine verwertbaren Fingerspuren», bestätigte van Gemmern.

«Ich versuche, mir das vorzustellen», meinte Penny. «Da bringt jemand Schraven auf bestialische Weise um und nimmt sich dann die Zeit, in aller Ruhe zu duschen?»

Van Gemmern zuckte die Achseln. «So, wie er ausgesehen hat, konnte er keinem gegenübertreten. Aber du hast recht, er hatte es wohl wirklich nicht eilig. Nach dem Duschen hat er die Stiefel genommen, ohne die Küche zu betreten, und sie im Kuhstall mit einem Schlauch abgespritzt.»

«Aber die Stiefel standen doch im Wirtschaftsraum», bemerkte Schnittges.

Penny rieb sich den Haaransatz. «Die Küche hat drei Türen, eine, die nach draußen führt, eine zum Kuhstall und zu den Kammern, und die dritte führt durch den Wirtschaftsraum in den Schweinestall.»

«Richtig», nickte van Gemmern. «Der Täter ist außen herum gegangen, vom Kuhstall über die Tenne, am Misthaufen vorbei in den Schweinestall und von dort aus in den Wirtschaftsraum, und zwar auf Socken, darauf weisen die Spuren in der angetrockneten Gülle neben dem Misthaufen hin.»

Penny verzog angeekelt das Gesicht.

«Nun ja», meinte van Gemmern und sah beinahe freundlich aus. «Er wollte keine Spuren hinterlassen, und das hätte er getan, wenn er durch die Blutlache in der Küche gelaufen wäre. Vielleicht konnte er aber auch Schravens Anblick nicht ertragen, es war ja ein ganz schönes Gemetzel. Und dass er sich mit dem Töten auskennt, bezweifle ich. Für mich sieht das Ganze nach einer Affekttat aus.»

Wieder wechselten die anderen Blicke. Van Gemmern ließ sich zu Spekulationen hinreißen – das war neu!

Der trank einen Schluck Kaffee und sprach dann weiter: «Nachdem er die Stiefel abgestellt hatte, ist er zurück auf die Tenne, wo er seine blutbespritzte Kleidung abgelegt hatte, und hat sie dort verbrannt, mit Motoröl übergossen und angezündet. Nun ist Motoröl nicht unbedingt der beste Brandbeschleuniger, aber es war wohl gerade zur Hand. Ein Kanister davon stand gleich dort neben anderem alten Zeug.

Wie es sich mir darstellt, hatte der Täter wohl den Plan, den ganzen Hof abzufackeln. Es scheint so, als habe er, nachdem die Kleider ordentlich brannten, vom Dachboden über der Tenne Heu aufs Feuer geworfen, um dem Brand richtig Power zu geben. Aber dann ist er entweder gestört worden, oder er hat die Geduld verloren, jedenfalls hat er nicht abgewartet, wie das Feuer sich entwickelte. Er hat wohl nicht bemerkt, dass das Heu jahrelang auf dem Boden vor sich hin gegammelt hatte, es war schimmelig und hatte genug Feuchtigkeit gespeichert, um den Brand letztendlich zu ersticken. Vom Feuerlegen versteht der Täter nichts, denn wenn er das Heu weggelassen hätte, hätten die brennenden Textilien das umliegende Gebälk in Brand gesetzt, das sicher über zweihundert Jahre alt und knochentrocken ist. Es hätte gebrannt wie Zunder.»

«Was ist mit der Kleidung?», fragte Penny.

Van Gemmern musste bedauern. «Nichts mehr zu machen, zu verkohlt, um DNA-Spuren zu finden. Ein

Knopf und ein Reißverschluss weisen auf eine Jeans hin, außerdem gab es Fasern von einem Wollpullover, dessen Etikett aber leider aus Kunststoff war und zusammengeschmolzen ist.»

Er trank seine Tasse leer. «Zwei Sachen habe ich noch. Erstens: Die Reifenspuren am Bahndamm stammen von Schravens Mercedes, was wohl bedeutet, dass er in seinem eigenen Auto dorthin transportiert worden ist, und zwar bewusstlos. Der Schlag auf den Kopf muss ihm anderswo beigebracht worden sein, denn am Bahndamm weist nichts auf einen Kampf hin, dafür gibt es dort Schleifspuren, wie ihr ja schon wisst. Und zweitens: Im Inneren des Mercedes haben wir auf dem Rücksitz eine kleine Lache von Schravens Blut gefunden. Den Fingerspuren nach haben nur zwei Leute den Wagen gefahren – Schraven selbst und sein Schwager Markus Heller.»

«Schon wieder Heller», sagte Schnittges düster. «Was wissen wir über den Mann?»

Van Gemmern erhob sich rasch. «Im Moment braucht ihr mich wohl nicht mehr ...»

«Nein, danke erst mal», sagte van Appeldorn. «Gute Arbeit, Klaus, wie immer.»

In van Gemmerns Gesicht regte sich nichts, er ging einfach hinaus.

«Was wir über Heller wissen?», griff van Appeldorn den Faden wieder auf. «Wie es aussieht, zu wenig.» Er berichtete von seinem kurzen Gespräch mit Schravens Schwager. «Nett, fürsorglich, für meinen Geschmack ein bisschen zu sehr Yuppie», schloss er, «aber die Makler, die ich kenne, sind alle so.»

«Wo makelt er eigentlich?», fragte Bernie.

«Keine Ahnung.»

«Wäre aber interessant.»

«Durchaus.» Van Appeldorn kramte auf seinem Schreibtisch herum. «Und es gibt ja auch noch ein paar andere Fragen, die er uns beantworten sollte. Irgendwo habe ich doch seine Visitenkarte ... Ah, da ist sie ja!»

Er wählte die Nummer und wandte Penny und Schnittges den Rücken zu.

«Herr Heller? Van Appeldorn hier, Kripo Kleve, Sie erinnern sich? Richtig! Es sind leider noch ein paar Fragen aufgetaucht, die Sie uns vielleicht beantworten können ... Nein, am liebsten heute noch ... In Kalkar? Na, das trifft sich doch gut! Dann könnten Sie ja in einer halben Stunde hier sein ... Fünfundvierzig Minuten? Okay, ja, richtig, im Präsidium, selbes Büro. Ich erwarte Sie.»

«Ich würde gern wissen, ob Britta Markus Heller kennt», sagte Penny.

Die beiden Männer schauten sie an. Es dauerte ein paar Sekunden. «Ja, ich auch», erwiderten sie dann gleichzeitig.

«Peter werden wir heute nicht so schnell wieder zu Gesicht bekommen, nehme ich an. Da waren's nur noch drei ...» Schnittges stand auf. «Ich mache mich auf den Weg, und ihr seht zu, dass ihr was aus dem Yuppiemakler rauskriegt.»

Noch vor einem Jahr hätte van Appeldorn Schwierigkeiten damit gehabt, wenn ihm einer einfach so die Entscheidung aus der Hand genommen hätte, aber jetzt ... Zwei Leute mussten bei einer Vernehmung zugegen sein, und Penny war nicht die erste Wahl für eine Befragung Britta Vermeers. Bernie hatte die einzig sinnvolle Schlussfolgerung gezogen.

«Fein», sagte er deshalb. «Dann frisch ans Werk!» Das war ein bisschen daneben, aber etwas Besseres fiel ihm nicht ein.

Schnittges wartete, bis Britta Vermeer eine Kundin zu Ende bedient hatte.

«Sie ist viel zu dünn für eine Frau, die gerade ein Kind geboren hat», dachte er.

Schließlich wandte sie sich ihm zu. «Meine Mutter sagt, ich soll euch vom Hof jagen, ihr macht uns nur alle verrückt.» Sie klang müde und wütend. «Was ist das für ein Mist, dass Gereon vergiftet worden sein soll!»

Bernie legte einfach den Arm um sie und drückte sie kurz an sich. «Es tut mir so leid.»

Ihre Schultern entspannten sich. «Was denn jetzt noch?»

«Nur ein paar Fragen.» Schnittges ließ sie los. «Kennst du einen Markus Heller?»

Sie runzelte die Stirn. «Ja, den kenne ich. Warum? Was ist mit dem?»

«Erst mal nichts», antwortete Schnittges. «Und seit wann kennst du den?»

«Ich weiß nicht genau.» Sie überlegte. «Er hat bei uns eingekauft vor ein paar Monaten ... ich glaube, da war ich schon schwanger ... Ja, genau, er ist mit Gereon ins Gespräch gekommen, und es stellte sich heraus, dass Markus auch ein Motorradfreak ist und sogar schon zweimal auf der Isle of Man dabei war. Seitdem kommt er immer mal auf einen Kaffee vorbei, wenn er in der Gegend zu tun hat, und fachsimpelt mit Gereon.»

Schnittges hörte einen Unterton. «Magst du ihn nicht?»

«Ich weiß nicht recht.» Sie rieb sich die Oberarme. «Er ist ganz nett, aber er ist eben Makler, und dieser Beruf hat für mich irgendwie immer etwas Halbseidenes. Was vermutlich ungerecht ist.»

«Heller makelt also hier in der Gegend?»

«Ja, soweit ich verstanden habe, arbeitet er gern im ländlichen Bereich. Und er ist wohl ganz gut im Geschäft, jedenfalls hat er irgendwas mit diesem neuen Golfparadies in Moyland zu tun.»

Schnittges hatte davon in der Zeitung gelesen. Ein holländischer Multimillionär hatte in Moyland ein riesiges Areal Land zusammengekauft, auf dem er einen Luxus-Golfplatz mit dazugehörigem Fünf-Sterne-Hotel anlegte.

«Was genau, weiß ich allerdings nicht. Ich habe nur gehört, wie er sich hier im Laden mit unserem Bürgermeister darüber unterhalten hat.»

Markus Heller stellte seine Aktenmappe neben dem Stuhl ab und strich sich eine blonde Strähne aus der Stirn. «Ich kann Ihnen doch noch helfen?»

«Das hoffen wir», antwortete Penny und betrachtete ihn interessiert.

«Mittlerweile haben wir alle Spuren am Tatort ausgewertet, und daraus ergeben sich ein paar Fragen.» Van Appeldorn entschied sich für den Frontalangriff. «In den Gummistiefeln, die der Täter getragen und am Tatort hinterlassen hat, haben wir Spuren Ihrer DNA gefunden.»

«Was?» Heller wich alle Farbe aus dem Gesicht. «Glauben Sie etwa, ich hätte Rainer umgebracht?»

«Wir glauben gar nichts, wir sind hier ja nicht in der Kirche», gab van Appeldorn zurück.

«Wir hätten nur gern ein paar Erklärungen», sagte Penny milde. «Wie ist denn wohl Ihre DNA in diese Gummistiefel gekommen?»

«Was weiß denn ich?» Heller klang verzweifelt, fing sich dann aber. «Ich habe auf dem Hof ein Paar alte Stiefel von Rainer gefunden, und die habe ich die ganze Zeit getragen.»

«Auch im Haus?»

«Ja, dort ist es ja auch nicht viel sauberer als in den Ställen, und ich wollte mir meine Schuhe nicht verderben.»

«Was haben Sie mit den Stiefeln gemacht, als Sie am Sonntag den Hof verlassen haben?», fragte van Appeldorn. «Haben Sie sie gereinigt?»

Heller guckte verblüfft. «Warum hätte ich das tun sollen? Nein, ich habe sie im Kuhstall stehenlassen, wo ich sie auch gefunden hatte.»

«Auf welchem Weg haben Sie das Haus verlassen?»

«Hintenraus über die Tenne, dort stand ja auch mein Wagen.»

«Haben Sie die Dusche gereinigt?», wollte Penny wissen.

«Wie bitte? Ach so, ich habe das ganze Bad geputzt, ja. Gott sei Dank hatte Rainer einen Hochdruckreiniger, sonst hätte ich den Schmutz gar nicht abgekriegt.»

«Und wann haben Sie das Bad geputzt?»

«Na, als ich angekommen bin, vorletzten Dienstag. Glauben Sie mir, so, wie das dort aussah, hätten Sie auch keinen Fuß darein gesetzt.»

«Waren Sie von Dienstag bis Sonntag die ganze Zeit auf dem Hof?», übernahm nun van Appeldorn wieder. «Oder sind Sie zwischendurch einmal weggefahren?»

«Nein, ich war die ganze Zeit dort», antwortete Heller bestimmt, besann sich dann aber noch einmal. «Am Mittwoch bin ich nach dem Füttern zum Supermarkt gefahren, um ein paar anständige Lebensmittel einzukaufen.»

«Mit Ihrem Wagen?»

«Nein.» Heller wirkte verlegen. «Ich habe Rainers Benz genommen. Den wollte ich immer schon mal fahren, ist ja fast schon ein Oldtimer.»

«Und der Blutfleck auf der Rückbank ist Ihnen nicht aufgefallen?», fragte Penny spitz.

«Da war ein Blutfleck? Nein, den habe ich nicht bemerkt. Na ja, kein Wunder bei dem Krempel, der in der Karre rumfliegt.» Er kniff die Augen zusammen. «Woher stammt denn der Fleck?»

«Das tut im Moment nichts zur Sache», beschied van Appeldorn. «Wo waren Sie am Dienstag, den 20. 10.?»

«An dem Tag, als Rainer ins Krankenhaus musste?

Da muss ich überlegen ...» Heller fummelte an seiner Brille herum. «Vormittags war ich daheim im Büro und habe mich um die Buchführung der Apotheke gekümmert, und nachmittags habe ich Golf gespielt.»

«Mit wem?»

«Allein.»

«Und wo?»

«In Moyland.»

«Und wo waren Sie am letzten Dienstag, dem 27. 10.?»

Heller schüttelte heftig den Kopf. «Ich kann es wirklich nicht fassen, dass Sie mich nach meinem Alibi fragen! Aber gut, am letzten Dienstag hatte ich zwei Banktermine mit Kunden. Ich kümmere mich nämlich auch darum, dass mit deren Finanzierungen alles glattgeht.»

«Das lässt sich dann ja leicht überprüfen.»

«In der Tat, ich schreibe Ihnen gern alles auf.»

«Das wäre sehr nett», meinte Penny freundlich. «Wann waren denn die Banktermine?»

«Einer vormittags, einer am frühen Nachmittag. Danach habe ich eine kurze Runde Golf gespielt und bin dann nach Hause gefahren.»

«Dafür gibt es doch sicher auch Zeugen.»

«Fragen Sie den Wirt vom Clubhaus.» Heller war sichtlich verärgert.

«Kannten Sie Gereon Vermeer?», fragte Penny unvermittelt.

Heller kühlte schlagartig ab. «Ja, schrecklich, dieser Unfall ... Eigentlich wollte ich zu seiner Beerdigung, aber ich konnte meine Termine nicht absagen. Ich habe oft bei Vermeers eingekauft, Gereon war ein echt feiner Kerl.»

Gegen drei beschloss Cox, für heute Schluss zu machen. Er hatte Reiters Arbeit nicht gefunden, aber morgen war auch noch ein Tag.

Jetzt hatte er Kopfschmerzen, weil er zu wenig getrunken hatte, außerdem war er hungrig. Auf dem Weg zum Auto hatte er plötzlich den Geschmack von Tomatensugo auf der Zunge.

Auf ihrer Motorradtour durch die Toskana im letzten Sommer hatten sie die köstlichsten Sugos gegessen und sich zu Hause gleich Rezepte besorgt, um sie nachzukochen, aber sie hatten nie wirklich gut geschmeckt. Penny glaubte, dass einfach alles besser schmeckte, wenn man in Urlaubsstimmung war, aber er war davon überzeugt, dass sie einfach nicht die richtigen Tomaten hatten auftreiben können.

Hier in Düsseldorf gab es doch diese vielgepriesene Feinkostabteilung im Karsch-Haus ...

Zweiundzwanzig Der Bürgermeister von Bedburg-Hau wurde erst in einer Stunde im Rathaus erwartet, also beschloss Schnittges, Volker Hetzel einen Besuch abzustatten.

Ein handgemaltes Schild «Hetzel's Bauerncafé mit Streichelzoo» wies ihm den Weg. Er stellte sein Auto auf einem kiesbestreuten kleinen Parkplatz ab und schaute sich um.

Ein Rosenrondell, eingefasst mit akribisch gestutztem Buchsbaum, alte Kastanienbäume, unter denen im Sommer sicher Tische und Stühle aufgestellt wurden, Hühner, die herumspazierten, ein Pfau, schließlich eine Koppel mit einem Unterstand für Ponys. Wie aus der Zeit gefallen.

Die Tür zum Café stand offen, rechts und links davon hatte jemand bunte Kürbisse arrangiert, in einigen flackerten Teelichter.

«So früh hatte ich noch gar keine Gäste erwartet.»

Frau Hetzel war das, was man am Niederrhein eine «patente Frau» nannte, bodenständig und selbstbewusst. Dass Schnittges von der Kripo war, beeindruckte sie wenig, und die Anzeige gegen ihren Mann hatte sie nicht aus der Bahn geworfen. «Das wird sich alles aufklären, schließlich haben wir nichts Ungesetzliches getan. Kommen wir über den Hund, kommen wir auch über den Schwanz, sage ich immer.»

Ob sie einen Markus Heller kannte?

«Heller ... Heller ...» Sie lutschte an ihrem Daumennagel. «Helfen Sie mir mal auf die Sprünge.»

«Er ist Immobilienmakler.»

«Ach, der! Ja, der kommt öfter auf ein Stückchen Möhrenkuchen, wenn er in der Gegend zu tun hat.»

«Und Ihr Mann kennt ihn auch?»

«Ja, sicher.»

Sie unterhielten sich noch eine Weile über verschiedene Möhrenkuchenrezepte, wobei Frau Hetzel sich beeindruckt zeigte. «In letzter Zeit könnte man ja denken, die Männer hätten das Kochen erfunden, so wie die sich aus dem Fenster hängen. Aber ein Mann, der backt, alle Achtung!» Dann machte Schnittges sich wieder auf den Weg zum Rathaus.

Der Bürgermeister war erfrischend uneitel, ein großer Mann mit einem offenen Lächeln und sanften Augen.

«Trinken Sie einen Tee mit mir?»

«Gern», antwortete Bernie, «manchmal kann man keinen Kaffee mehr sehen.»

«Sie ermitteln in der Mordsache Schraven?»

«Ja, unter anderem. Ich würde Sie aber gern noch etwas anderes fragen: Wissen Sie, dass ein Agrarunternehmen gerade versucht, halb Bedburg-Hau unter Glas zu bringen?»

Der Bürgermeister schmunzelte über die Formulierung, wurde dann aber gleich wieder ernst.

«Ich bin natürlich in die Planung der Wirtschaftsförderung diesbezüglich involviert, aber dass ein privates Unternehmen in meiner Gemeinde unterwegs ist, habe ich gerade erst erfahren.» Er überlegte einen Moment. «Ich persönlich kann mich mit dieser neuen Anbaumethode nicht anfreunden, aber leider habe ich da keinerlei Einfluss. Das Gebiet, um das es geht, ist im Flächennutzungsplan als landwirtschaftliche Fläche ausgewiesen, und da haben die Landwirte Gestaltungsspielraum. Wenn sie sich entschließen, in diesem Gebiet Hunderte von Treibhäusern zu bauen, kann die Gemeinde überhaupt nichts dagegen tun.»

«Und wie sieht das mit dem Anbau von Genpflanzen aus?»

«Genauso: Solange der Anbau der betreffenden Pflanzen von der EU genehmigt ist, sind der Gemeinde die Hände gebunden.»

Schnittges konnte nur den Kopf schütteln.

«Man darf aber auch die positive Seite der privilegierten landwirtschaftlichen Nutzung nicht vergessen», gab der Bürgermeister zu bedenken. «In den ausgewiesenen Gebieten darf nicht gebaut werden, und es darf sich keine Industrie ansiedeln.»

Bernie schnaubte. «Wenn man den Boden so verdichtet, dass er hart wie Beton wird und durch das Glas darüber jeden Einfluss des Wetters auf das natürliche Wachstum der Pflanzen verhindert – wenn das keine Industrie ist!»

Der Bürgermeister guckte interessiert. «Ist das so beim modernen Unterglasanbau? Das wusste ich gar nicht.»

Es dauerte noch eine gute halbe Stunde, bis sie endlich auf den Mordfall Schraven zu sprechen kamen.

«Kannten Sie Rainer Schraven?»

«Nein, leider nicht. Aber so, wie ich gehört habe, hat er wohl ziemlich zurückgezogen gelebt.»

«Aber Sie kennen seinen Schwager Markus Heller, nicht wahr?»

«Flüchtig.»

«Man hat mir erzählt, dass Heller an der Realisierung des Golfparks beteiligt ist.»

Der Bürgermeister schlug die Augen gen Himmel. «Mit dem Mund, ja. Er hat alle glauben gemacht, er arbeite als Makler für die Bauern, die ihr Land an den Golfpark verkauft haben, und habe besonders gute Preise für sie rausgehandelt. Aber wie sich jetzt herausstellt, hat es keinerlei Verträge mit Heller gegeben, weder von Seiten der Bauern noch vom Golfparkbesitzer.»

«Also nur heiße Luft.»

«So könnte man es ausdrücken, ja.»

Cox fuhr von Düsseldorf aus gleich nach Hause.

Er hatte eine ganze Steige italienischer Tomaten gekauft, die Früchte waren vollreif und mussten sofort verarbeitet werden. Sie hatten ein kleines Vermögen gekostet, aber ihr Aroma war überwältigend. Er würde sie alle heute Abend noch zu Sugo verarbeiten und das dann portionsweise einfrieren.

Munter vor sich hin summend häutete er die Tomaten und schnippelte frischen Knoblauch, feine weiße

Zwiebeln und Chilischoten. Dann stellte er die gusseiserne Kasserolle auf den Herd, die sie sich zu Weihnachten geleistet hatten, goss Olivenöl hinein und sah auf die Uhr.

Wo Penny nur blieb? Irgendetwas musste passiert sein. Kurz entschlossen rief er sie an.

«Wo steckst du, Süße?»

«Wir setzen uns gerade zusammen. Es hat sich da etwas ergeben mit Markus Heller.»

«Mit Schravens Schwager?», staunte Cox.

«Ja, ich erzähl's dir, wenn ich nach Hause komme. Hast du Reiters Arbeit gefunden?»

«Noch nicht, ich muss morgen noch einmal hin.»

«Ach, Mist! Aber okay, bis gleich.»

«Heller hat auf alles eine Antwort», meinte Penny. «Und was er sagt, klingt durchaus plausibel, auch wenn mir das nicht gefällt.»

Van Appeldorn brummte zustimmend.

«Eins geht mir nicht aus dem Kopf», sagte Schnittges. «Nach der Tat nimmt der Täter in aller Seelenruhe eine Dusche, verwischt seine Spuren, verbrennt seine Kleider und macht sich dann plötzlich Hals über Kopf aus dem Staub. Klaus meint, er sei gestört worden, aber das kann ich mir nicht so recht vorstellen. Wer auch immer auf den Hof gekommen ist, er hätte den Täter sehen müssen, wie er weglief oder wegfuhr, bei dem offenen Gelände dort. Und so groß, wie die Zeitungen den Mord aufgemacht haben, hätte sich dieser Zeuge doch längst gemeldet.»

«Ich sehe da noch eine andere Möglichkeit», entgegnete van Appeldorn. «Mein Onkel hat abends immer Milch bei Schraven geholt. Wartet mal einen Moment, ich rufe ihn an.»

Er ging hinaus auf den Flur.

«Fricka war heute ein bisschen muckrig», erzählte Ulli. «Ich glaube, er hat Heimweh. Aber dann habe ich den Grill aufgebaut.»

«Wir haben November!»

«Das ist doch egal, er ist warm angezogen, jedenfalls strahlt er jetzt wieder. Augenblick, ich bringe ihm das Telefon nach draußen.»

Der Onkel fühlte sich eindeutig gestört und war kurz ab. Er habe jeden Abend seine Milch bei Schraven geholt, ja, auch in der Zeit, als der Schwager dort war, und selbstverständlich immer um dieselbe Uhrzeit, um Viertel vor sieben. Und nein, er habe niemanden wegfahren sehen, das habe er doch schon gesagt.

Van Appeldorn kehrte ins Büro zurück und berichtete.

«Bei der Tatzeit hat sich Bonhoeffer sehr genau festgelegt», erinnerte sich Schnittges. «Zwischen 17 Uhr 45 und 18 Uhr.»

«Was auf Heller als Täter hindeuten könnte», vollendete Penny seinen Gedankengang. «Heller tötet Schraven, duscht, dazu hat er genug Zeit, verwischt seine Spuren, überzeugt sich noch davon, dass seine Kleider ordentlich brennen, aber dann wird es eng, denn er weiß ja, dass um 18 Uhr 45 Norberts Onkel kommen wird, und bis dahin muss er über alle Berge sein.»

«Klingt plausibel», nickte Schnittges. «Und ich denke mal, er hatte zunächst gar nicht geplant, den Hof niederzubrennen. Die Idee ist ihm ganz spontan gekommen, als seine Kleider brannten.»

«Wie er ja auch den Mord nicht geplant hatte», ergänzte van Appeldorn. «Dreiundzwanzig Messerstiche, das sieht wirklich nicht nach Vorsatz aus. Und auch sein Vorgehen nach der Tat war nicht wirklich überlegt. Was sollte zum Beispiel die Geschichte mit den Gummistiefeln?»

«Vielleicht liest er keine Krimis und hat geglaubt, es reicht, wenn er das Blut abwäscht», schlug Penny vor.

«Okay, aber warum rennt er ums ganze Haus herum und bringt sie in den Wirtschaftsraum? Das sieht alles nach Panik aus, genauso wie das Verbrennen der besudelten Kleider. Die hätte er doch mitnehmen und anderswo entsorgen können. Wie auch immer, morgen müssen wir als Erstes Hellers Alibis für die letzten beiden Dienstage überprüfen. Was ist mit Peter?», fragte er Penny.

«Der muss morgen noch einmal nach Düsseldorf.»

«Dann schlage ich vor, ich übernehme die Banken, seine Kunden und den Golfclub, und ihr beide fahrt zu Hellers Frau nach Xanten, überprüft, wann ihr Mann zu Hause oder unterwegs war und ob möglicherweise in ihrer Apotheke Digoxin fehlt.»

Bernie und Penny nickten.

«Der Gedanke kommt einem schon in den Sinn», sagte Schnittges. «Aber wo ist das Motiv? Warum sollte Heller Gereon Vermeer vergiften und seinen Schwager erstechen? Was verbindet die beiden Männer? Soweit wir wissen, doch nur die Tatsache, dass sich beide nicht auf *Greenparc* einlassen wollten.»

«Womit sich die Frage stellt: Was hat Heller mit *Greenparc* zu tun?», folgerte Penny.

«Woraufhin ich jetzt mal versuchen werde, Zomer zu erreichen», schloss van Appeldorn.

Aber dazu kam er nicht, denn Ackermann stolperte herein, sein Mobiltelefon in der ausgestreckten Hand. «De zwarte Pit für dich.»

«Norbert, alter Kicker, kannst du schon wieder gehen?»

«Als Gehen würde ich das nicht bezeichnen ...»

«Freut mich, bei mir ist es auch eher ein Humpeln. Ich habe Gott heute schon oft gedankt, dass es in unserem Gebäude einen Aufzug gibt. Aber Spaß beiseite. Ich habe die *Greenparc B.V.* in Nimwegen unter die Lupe genommen. *Greenparc* ist tatsächlich eine *Monsanto*-Tochter und hat ihren Stammsitz auch in St. Louis. Ihr Ziel ist es, den europäischen Markt zu erobern. *Greenparc* liefert den Landwirten ein Komplettpaket, das heißt, sie lässt von Subunternehmern die Treibhäuser bauen, den Boden aufbereiten und stellt auch die Maschinen für die Direktsaat zur Verfügung. Das Saatgut, die Düngemittel und die Herbizide kommen dann direkt von *Monsanto* oder ‹Syngenta›, die ja auch bei euch in Kleve sitzt. Ich habe mit dem obersten Chef gesprochen, Willem de Bruyn. Das ist ein ehrbarer Mann, ein, wie soll ich es sagen, ein honoriger Holländer. Selbstverständlich gibt es hier keinen Porsche und keine bösen Männer mit schwarzen Hüten. Wir haben uns freundlich in die Augen geblickt und beide gewusst, dass man nicht nur beim Treibhausbau, sondern auch für gewisse andere Dinge manchmal ‹Subunternehmer› braucht.»

Zomers amüsierter Unterton verschwand. «Ich finde hier nichts, Norbert, aber das hatte ich auch nicht wirklich erwartet.»

«Unser Bauer Hetzel hat eine Anzeige aus St. Louis bekommen, weil auf einem seiner Äcker patentierter MON 810 wächst.»

Zomer pfiff durch die Zähne. «Verdammt, sind die schnell inzwischen! Darüber muss ich nachdenken ...»

«Könntest du mir wohl noch einen Gefallen tun? Wir haben hier eine Spur. Könntest du de Bruyn fragen, ob er einen Markus Heller kennt?»

«Ja, das tu ich gern. Markus mit ‹k› und Heller mit zwei ‹l›? Gut, ich melde mich dann. Aber ich muss nun gehen. Meine Frau steht hier vor mir und versucht, mich mit ihren Blicken zu töten, wir haben Heiratsjubiläum.»

Van Appeldorn gab Ackermann sein Handy zurück und nahm ihn erst jetzt richtig wahr.

«Wie siehst du denn aus? Gehst du auf ein Kostümfest?»

Ackermann trug dunkelgraue Drillichhosen, eine schwarze wattierte Jacke, Springerstiefel und eine dunkle Wollmütze.

«Geheime Mission», antwortete Ackermann, sein Lachen war verhalten. «Ich hab meinen Schwager un' meine jüngste Tochter mobilgemacht. Wir wollen zu Volker un' dem helfen, dat Scheiß MON 810 auszureißen un' zu verbrennen. Ob et wat bringt, weiß ich nich', aber man hat et wenigstens versucht.» Er sah traurig aus. «Man müsst' eigentlich überall auf Volkers Hof Videoüberwachung anbringen, aber wer soll dat bezahlen?» Dann griff er in seine Hosentaschen, zog ein Paar schwarze Lederhandschuhe heraus und schaute zum Fenster. «Dann will ich mal los, dunkel genug is' et jetz' wohl.»

Dreiundzwanzig Laut Polizeibericht hatte der Lokführer um 12 Uhr 29 Schravens leblosen Körper neben den Schienen gemeldet. Zehn Minuten später war die Streife vor Ort gewesen, dann hatte es noch eine Weile gedauert, bis der Notarzt gekommen war und Schraven ins Krankenhaus gebracht hatte. In der Klinik war dokumentiert, dass Schraven gegen 16 Uhr seine Schwester angerufen hatte.

Heller hatte angegeben, dass er am 20. Oktober nachmittags Golf gespielt hatte, das bestätigte der Wirt vom Clubhaus, Heller war so gegen 13 Uhr eingetroffen.

Außerdem hatte er gesagt, den Vormittag habe er daheim im Büro verbracht, das konnte stimmen. Van Appeldorn wusste, dass Penny und Bernie seine Frau fragen würden, ob sie das bezeugen konnte.

Am 27. Oktober, dem Tag, als Schraven ermordet worden war, hatte Heller tatsächlich zwei Banktermine gehabt, einen um 11 und einen um 14 Uhr, beide hatten nicht länger als eine Stunde gedauert. Danach habe er eine kurze Partie Golf gespielt und sei dann nach Hause gefahren. «Er ist so gegen halb fünf, fünf Uhr weggefahren», sagte der Wirt, «es wurde schon dunkel.»

Penny erschrak ein wenig, Gabriele Schraven-Heller wirkte ganz anders als vor ein paar Tagen, ihr Gesicht war wächsern, ihre Bewegungen ungelenk.

«Sie verdächtigen meinen Mann.» Es war eine Feststellung.

Dann schloss sie die Ladentür ab und nahm Schnittges und Penny mit in ihr Büro.

Dort presste sie kurz die Finger gegen die Schläfen und setzte sich. «Fragen Sie.»

Bernie begann: «Ihr Mann war am letzten Dienstag unterwegs. Wann ist er nach Hause gekommen?»

«Wir sind gleichzeitig zu Hause angekommen. Ich schließe um sieben, also muss es wohl so gegen halb acht gewesen sein.»

«Und an dem Tag, an dem Ihr Bruder niedergeschlagen und auf die Bahngleise gelegt wurde, wo war Ihr Mann da?»

Ihre Augen weiteten sich. «Er hat Golf gespielt. Nachdem Rainer mich angerufen hatte, habe ich es auf Markus' Handy probiert und ihn auf dem Golfplatz erreicht.»

«Ist er dann gleich zum Hof gefahren?»

«Nein, er hat erst noch zu Hause ein paar Sachen zusammengepackt und kam dann noch einmal zu mir in die Apotheke, um sich zu verabschieden und zu fragen, wie die Melkmaschine funktioniert und welches Futter er nehmen muss.»

«Und am Vormittag dieses Tages, wo war er da?»

Sie zuckte die Achseln. «Er wollte Büroarbeit erledigen. Das wird er wohl auch getan haben. Aber als ich in der Mittagspause nach Hause gekommen bin, war er schon nicht mehr da, das muss so gegen Viertel nach zwölf gewesen sein.»

«Wir haben gehört, dass Ihr Mann ein Motorradfreak ist», mischte sich Penny ein. «Besitzt er eine Maschine?»

Gabriele Schraven schien völlig verblüfft. «Markus ist in seinem ganzen Leben noch nie Motorrad gefahren.»

Cox stellten sich die Nackenhaare auf, als er Reiters Arbeit endlich in den Händen hielt.

Er trug sie zu dem kleinen Tisch in der Ecke und setzte sich.

Schreibmaschinenschrift auf billigem Kriegspapier, eingebunden in graues Leinen, auf dem Deckel in Fraktur: «Eugenische Aspekte der Behandlung mit Bariumcarbonat». Eingereicht von Dietrich Reiter im November 1944.

Über 162 Seiten legte Reiter dar, dass Bariumcarbonat im Rahmen des Euthanasie-Programms wesentlich effizienter und vor allem sehr viel preisgünstiger war als alle bisher verwandten Mittel.

Tabellen über seine Versuchsreihe, die optimale Dosierung zu finden.

Versuche an Ratten und Katzen und schließlich «zur Verifizierung unter realistischen Bedingungen bezüglich des Körpergewichts und des Stoffwechsels» Menschenversuche.

Cox war es speiübel. Aber dann schlug er doch den Anhang auf und fand die «Liste der Probanden», Initialen und Geburtsjahre:

E. V., weiblich, Jahrgang 1896
B. G., männlich, Jahrgang 1906
E. V., weiblich, Jahrgang 1914
A. R., männlich, Jahrgang 1921
G. L., weiblich, Jahrgang 1927
M. B., männlich, Jahrgang 1932
P. W., männlich, Jahrgang 1934
R. C., weiblich, Jahrgang 1943

Da waren sie, Elisabeth Velten, Lis, Boris Godunow, Lisken mit dem Buckel, Alexandr Repin, dem man sein Gesicht weggeschossen hatte, G.L., die Frau mit dem Riesenwuchs, die in den dreißiger Jahren in einer medizinischen Studie aufgetaucht war. Jetzt war sie zum zweiten Mal «Probandin» in einer medizinischen Studie gewesen – nur diesmal hatte sie die Untersuchungen nicht überlebt. M.B. und P.W. mussten die beiden Jungen mit dem Down-Syndrom gewesen sein. Und schließlich R.C., Rosel Claassen, die nicht einmal ihren zweiten Geburtstag hatte erleben dürfen.

Cox nahm die Arbeit, schaltete das Licht aus, ging zum Pförtner, bestätigte schriftlich, dass er die Arbeit ausgeliehen hatte, verabschiedete sich freundlich, ging quer über den großen Parkplatz, stieg in sein Auto und blieb dort lange sitzen. Erst als er den Wagen startete, stellte er fest, dass es wie aus Kübeln goss und er bis auf die Haut durchnässt war.

«Können Sie feststellen, ob in Ihren Medikamentenbeständen etwas fehlt?»

«Ja, natürlich», antwortete Gabriele Schraven, «da muss ich nur in meinem Computer nachsehen, aber warum ...» Sie brach ab.

«Ein junger Mann aus Bedburg-Hau ist vergiftet worden», erklärte Penny. «Gereon Vermeer, kennen Sie ihn?»

«Gereon? Der war ein paar Klassen unter mir. Er ist vergiftet worden?»

«Mit Digoxin, ja.»

Gabriele Schraven schien den Tränen nahe. «Und Sie glauben, mein Mann hätte ...»

Dann drehte sie sich zu ihrem PC und öffnete eine Datei. Wortlos stand sie dann auf und ging nach vorn in den Laden. Penny folgte ihr. Sie hatte ein Schubfach geöffnet und zählte Medikamente. Als sie sich umdrehte, war sie noch bleicher als zuvor.

«Es fehlt eine Fünfzigerpackung Metildigoxin.»

Auf unsicheren Beinen stakste sie ins Büro zurück und ließ sich auf ihren Stuhl fallen.

«Ich habe gestern erfahren, dass mein Mann mich seit Jahren belügt, betrügt und ausnutzt», sagte sie, und ihr Mund wurde schmal.

Offenbar wollte sie sich aussprechen, und Penny drückte ihr aufmunternd die Hand.

«Wir haben uns vor fünfzehn Jahren kennengelernt, da war Markus gerade mal einundzwanzig und studierte Jura. Ich habe immer sehr hart gearbeitet, und Markus war so anders, mit ihm hatte ich Spaß. Als mein Vater gestorben ist und Rainer mir mein Erbteil ausbezahlt hat, habe ich die Apotheke hier gekauft. Am Anfang war es nicht leicht, alles musste modernisiert werden, und Markus hat mich sehr unterstützt, er ging kaum noch zur Uni. Und dann hat er mir irgendwann gestanden, dass er das Jurastudium nicht schafft und dass er stattdessen ein BWL-Studium anfangen würde. Ich fand das nicht so tragisch. Die Apotheke lief inzwischen gut, wir konnten davon leben, haben Reisen gemacht, Markus hat sich sein Traumauto kaufen können.» Sie befeuchtete ihre Lippen. «Vor sechs, sieben Jahren hatten wir dann eine erste Krise. Ich war über dreißig und wollte ein Kind, aber Markus war dagegen. Er wollte zuerst sein Studium beenden. Das habe ich irgendwie auch verstehen können. Vor fünf Jahren hat er dann endlich seinen Abschluss gemacht und mit den Immobilien angefangen – und mit Golf. Das wäre unabdingbar, dort würden die wirklich großen Geschäfte gemacht, hat er mir erklärt. Er hat mir die tollsten Geschichten erzählt, nur irgendwie kam nie Geld rein, und von Kindern war überhaupt keine Rede mehr. Voriges Jahr ist mir dann der Kragen geplatzt, und ich habe ihm gesagt, mir reicht es, aber da hatte er gerade den Golfpark an Land gezogen, und er hat mich überredet, ein bisschen Geduld zu haben – und das kann er sehr gut, überreden. Als ich dann gefragt habe, wann denn endlich die Provisionen auf unserem Konto auftauchen würden, hat er mir erklärt, so etwas dauere halt seine Zeit, und außerdem werde er bald in eine ganz große Sache einsteigen, und dann hätten wir bis an unser Lebensende ausgesorgt.» Sie lachte erstickt. «Geradezu angefleht hat er mich, dass ich noch ein bisschen warte.»

«Um was für eine Sache handelte es sich denn da?», fragte Schnittges.

«Oh, das hat er mir nicht erzählt, es sollte eine große Überraschung werden. Dann wollte er erst einmal mit mir auf Weltreise gehen, wo ich schwanger werden könnte, wenn ich es mir denn immer noch wünschen würde. Er hatte schon Prospekte besorgt und sich nach einer Vertretung für die Apotheke umgehört.»

«Haben Sie Gütertrennung vereinbart?»

«Nein, leider nicht. Aber wer denkt schon bei der Heirat über solche Dinge nach?»

«Der Hof Ihres Bruders ist eine Menge Geld wert, und Sie sind vermutlich die einzige Erbin.»

«Sie meinen, deshalb hat Markus meinen Bruder umgebracht? Das kann ich mir nicht vorstellen.» Sie atmete tief durch. «Markus war in den letzten Wochen so seltsam, mal ganz euphorisch, dann brütete er wieder vor sich hin. Und ich war mir sicher, dass er mich mit irgendwas belügt. Es war nur ein verzweifelter Schuss ins Blaue, nur so ein Gefühl, aber es war ein Volltreffer. Ich habe mich an seiner Universität erkundigt, und gestern habe ich dann erfahren, dass er niemals einen Abschluss in BWL gemacht hat. All das Gerede, wir könnten keine Kinder haben, solange er noch Student war. Student! Er hat sich schon nach dem zweiten Semester exmatrikulieren lassen.»

Und dann wirkte sie mit einem Mal erleichtert. «Ich

habe ihn rausgeschmissen. Ich habe es einfach getan, und es war gar nicht so schwer.»

«Wo ist Ihr Mann jetzt, Frau Schraven?», fragte Penny.

«Keine Ahnung, in irgendeinem Hotel, und sicher nicht im billigsten. Vielleicht im ‹Hotel Cleve›. Er ist dort Stammgast in der Saunalandschaft. Das ist nämlich unabdingbar, wenn man die richtigen Geschäftskontakte knüpfen will, wissen Sie?»

Sie hob die Füße vom Boden, streckte die Beine und wackelte mit den Zehen. «Was passiert denn jetzt?»

«Wir werden Ihren Mann vernehmen.»

«Wegen dem Digoxin?»

«Auch. Können Sie ausschließen, dass jemand anderes das Medikament entwendet hat?»

«Na, ausschließen kann ich es nicht, aber es wäre doch höchst ungewöhnlich, nicht wahr?»

Sie betrachtete mit großem Interesse ihre wippenden Füße.

Penny griff wieder nach ihrer Hand. «Frau Schraven, es geht Ihnen nicht gut, Sie brauchen Hilfe.»

«Ha!» Sie stellte die Füße wieder auf den Boden. «Hilfe hätte ich so oft in meinem Leben gebraucht. Jetzt brauche ich sie nicht mehr!»

Während Penny fuhr, wählte Schnittges zuerst Hellers Handynummer, landete aber sofort bei der Mailbox, dann rief er im «Hotel Cleve» an. Ja, Herr Heller wohne bei ihnen. Man könne den Herrn aber leider nicht zu ihm durchstellen, Herr Heller halte sich gerade im Wellnessbereich auf, dort gelte ein Handyverbot.

Dann meldete sich van Appeldorn, und sie tauschten sich aus.

«Na, wunderbar, das reicht für eine vorläufige Festnahme.»

«Wenn du noch eine halbe Stunde wartest, sind wir dabei.»

«Von wegen!» Van Appeldorn wirkte aufgekratzt. «Das machen wir mit großem Trara, ich schicke die Streife hin – mit Sonderrechten wegen Verdunklungsgefahr.»

Heller war empört darüber, dass man ihn «wie einen Verbrecher» behandelte, hatte aber auch diesmal auf jede Frage, die van Appeldorn und Schnittges ihm stellten, eine Antwort. Die düstere Atmosphäre im Vernehmungsraum und das mitlaufende Tonband schienen ihm überhaupt nichts auszumachen.

«Am 27. Oktober haben Sie den Golfplatz um 16 Uhr 30 verlassen. Sie sind aber erst um 19 Uhr 30 zu Hause angekommen. Was haben Sie in diesen drei Stunden gemacht? Wo sind Sie gewesen?»

«Herrgott, ich bin in der Gegend herumgefahren! Meine Frau und ich haben in letzter Zeit ein paar Probleme, okay? Das kommt in den besten Familien vor. Ich musste nachdenken, und das kann ich am besten beim Autofahren.»

«Ihr Schwager wurde zwischen 17 Uhr 45 und 18 Uhr getötet oder besser gesagt abgeschlachtet. Für diese Zeit haben Sie kein Alibi.»

«Sie sind verrückt! Warum, in drei Teufels Namen, hätte ich meinen Schwager töten sollen?»

«Wissen Sie, was Digoxin ist?»

«Keine Ahnung, was soll das sein?»

«Sie sind mit einer Apothekerin verheiratet ...»

«Und was soll das heißen? Ich habe doch nicht Pharmazie studiert. Ich kann eine Schmerztablette nicht von einer Hustenpastille unterscheiden.»

«Gereon Vermeer wurde mit Digoxin, einem Herzmittel übrigens, vergiftet.»

«Gereon wurde vergiftet? Das ist ja ein Hammer! Ich dachte, er wäre bei einem Motorradunfall umgekommen.»

«Und aus der Apotheke Ihrer Frau wurde eine Schachtel Digoxin entwendet.»

«Und da zählen Sie jetzt eins und eins zusammen und kriegen drei raus, prima! Toll, jetzt habe ich also schon zwei Morde auf dem Gewissen. Sie können mir bestimmt erklären, wieso ich nun auch noch Gereon aus dem Weg geräumt haben soll. Nur zu.»

«Sie sind also ein Motorradfreak.»

«Ich bin ein was?»

«Sie haben Gereon Vermeer doch erzählt, dass Sie schon zweimal am Motorradrennen auf der Isle of Man teilgenommen haben.»

«Wer redet denn so einen Mist?»

«Vermeers Frau hat das berichtet.»

«Da muss sie was falsch verstanden haben. Ich hasse Motorräder, die Dinger sind mir viel zu gefährlich.»

Van Appeldorn riss die Tür auf und winkte die beiden Kollegen, die dort warteten, herein.

«Bringt den Herrn bitte in den Gewahrsam.»

«Das gibt's doch nicht! Sie können mich doch nicht einfach so in eine Zelle sperren!»

«Das können wir», entgegnete van Appeldorn. «Und das dürfen wir sogar.»

Heller schaute ihn aus zusammengekniffenen Augen an. «Dann sollte ich mir wohl besser einen Anwalt besorgen.»

Van Appeldorn hielt ihm sein Handy hin. «Einen Anruf dürfen Sie machen.»

Heller schlug van Appeldorns Hand weg. «Leck mich am Arsch.»

Die Kollegen führten ihn ab.

«Ui, was war das denn jetzt?», meinte Bernie. «Verliert unser cooler Yuppie doch ein wenig die Contenance?»

«Nicht genug. Ich bin sicher, er war's. Wir haben genug Indizien.»

«Und keinen einzigen Beweis. Natürlich war er's.» Auch Bernie sah rot. «Aber wir haben ja noch nicht einmal ein schlüssiges Motiv.»

«Das kommt schon noch.»

«Innerhalb der nächsten achtundvierzig Stunden? Ich wusste gar nicht, dass du an Wunder glaubst.»

Penny und Cox erwarteten sie im Büro, ganz still.

«Du hast Reiters Arbeit gefunden», sagte Schnittges.

Cox legte sie vor sich auf den Tisch, sodass beide den Titel lesen konnten: «Eugenische Aspekte der Behandlung mit Bariumcarbonat».

Van Appeldorn und Schnittges setzten sich.

«Reiter weist darin nach, dass die Tötung ‹unwerten Lebens› durch oral verabreichtes Bariumcarbonat wesentlich billiger ist als durch Injektionen von Scopolamin, Morphium, Veronal oder durch Gas. Und auch viel unspektakulärer durchzuführen. Man muss die betreffenden Personen gar nicht deportieren und ‹möglicherweise vereinzeln›, sondern kann sie ‹durch eine ganz normale Speisung, mit Brot zum Beispiel, auf humane Weise dem Tod zuführen›. Auf das größte Problem, das die Nazis damals hatten, nämlich wie man all diese Toten verschwinden lassen konnte, geht er nicht ein. Wohl aber auf die genaue Dosierung des Giftes, so wenig wie nötig, damit ja kein Geld vergeudet wird. Und die Dosierung hat er dann in seinem Labor im Antonius-Hospital ausgetestet, an Ratten und Katzen und ...»

Cox blätterte zum Anhang. Van Appeldorn und Schnittges standen auf und schauten auf die Liste.

«Menschenversuche», sagte van Appeldorn mit halber Stimme.

Bernie stöhnte. «Und ich hatte so gehofft, dass ich mit meinem Gefühl falschlag.»

«Ich habe mir auf der Rückfahrt die ganze Zeit den Kopf zerbrochen», sagte Cox. «Ein Arzt hat Rosel Claassens Mutter gesagt, sie solle ihre Tochter nicht mehr besuchen, weil das der Kleinen nur schade. Frau Claassen hat die Anweisung auch befolgt. Bei diesem Arzt muss es sich um Reiter gehandelt haben, der Rosel in seinem Keller für seine Experimente brauchte und der Mutter nicht hätte erklären können, warum ihr Kind nicht mehr auf der Isolierstation lag. Und dann war da die Nonne, die gesagt hat, Rosel wäre am 26. September an der Krankheit verstorben und ins Leichenhaus gebracht worden.»

«Wo sie dann beim Bombenangriff verschüttet wurde», erinnerte sich Bernie. «Was natürlich nicht stimmen kann. Sonst hätte sie ja nicht im Grab am Opschlag liegen können.» Er nahm einen Kuli und fing an, damit herumzuklickern. «Du denkst, die Nonnen haben von Reiters Arbeit gewusst, quasi mit ihm unter der braunen Decke gesteckt?»

«Das kann nicht stimmen», rief Penny. «In den Aufzeichnungen der Nonnen, die ich gelesen habe, stand immer nur, wie unsympathisch Reiter ihnen war und wie sie sein Labor im Keller gruselte, aus dem man Katzengeschrei hörte.»

«Ja», gab Cox zu. «Das glaube ich ja auch gern. Aber es sieht doch wohl so aus, als ob zumindest eine Nonne Reiter zugearbeitet hat.»

«Und nicht nur eine Nonne», sagte Bernie. «Da müssen noch andere gewesen sein, die Reiter geholfen haben. Allein hätte er die Toten, die bei seinem Experiment wie gewünscht gestorben sind, nicht zu diesem günstigerweise nahe gelegenen Bombentrichter am Opschlag bringen können.»

«Denkt ihr, Zirkel war eingeweiht?», fragte Penny.

«Wer kann das wissen», antwortete Cox. «Er hat zumindest Reiters Arbeit abgelehnt. Aber zu dem Zeitpunkt war ja für die Nazis eh schon alles den Bach runtergegangen, und das hat so einer wie Zirkel bestimmt gewusst.»

«Hat das LKA Reiters Spur inzwischen ausmachen können?», wollte van Appeldorn wissen.

«Nein, als Arzt taucht er nirgendwo mehr auf, aber das hatte Penny ja schon herausgefunden. Auch als Heilpraktiker ist er nicht verzeichnet. Er ist wie vom Erdboden verschwunden.»

«Vielleicht hat er sich erhängt», überlegte Penny. «Das haben doch viele Nazis gemacht.»

«Wunschdenken», knurrte Bernie. «Was wird denn jetzt? Mit den Beerdigungen, meine ich.»

«Alexandr Repins Verwandte haben sich gemeldet. Sie möchten, dass der Leichnam nach Russland überführt wird», antwortete Cox. «Boris Godunow hat anscheinend keine Verwandten mehr. Rosel Claassens Leichnam haben wir schon letzte Woche freigegeben, und soweit ich weiß, hat ihr Bruder sie in aller Stille bestatten lassen. Irgendwie hat er es geschafft, dass die Presse davon keinen Wind bekommen hat. Die anderen ...» Cox war todmüde. «Das geht jetzt seinen Behördengang. Bei eurem Fußballspiel ist übrigens eine Menge zusammengekommen, über 6000 Euro. Das müssen wir irgendwie weiterleiten.»

«Ich finde, wenn die Presse schon so groß über das Benefizspiel berichtet hat, dann muss sie doch auch über die Begräbnisse berichten. Das muss doch alles einen Abschluss haben», meinte Penny. «Könnte sich nicht vielleicht Jupp darum kümmern?»

Selbst van Appeldorn empfand diesen Gedanken als tröstlich.

Und wie aufs Stichwort kam Ackermann herein und

streckte van Appeldorn wieder sein Handy entgegen. «Piet Zomer für dich, Norbert.»

«Hör zu, Norbert, ich muss es ein bisschen kurz machen. Ich habe mit de Bruyn gesprochen. Er hat Markus Heller auf dem Golfplatz in Moyland kennengelernt, ungefähr im Februar oder März. Und er hat ihn ein wenig auf die Schüppe genommen. Sagt man das so? Das behauptet er wenigstens. Er hat Heller erzählt, man würde ihn zum Geschäftsführer von *Greenparc Duitsland* machen, wenn er es schaffen würde, die Leute zu überreden, bei *Greenparc* zu unterschreiben, die noch unschlüssig waren. ‹Unschlüssig›, so hat es de Bruyn ausgedrückt. Und er hat mir auch gern die Namen der Unschlüssigen genannt: Volker Hetzel, Gereon Vermeer und Rainer Schraven. Aber das habe er, de Bruyn, natürlich nur als Scherz gemeint. Heller sei für eine solche Aufgabe gar nicht qualifiziert gewesen.»

«Geschäftsführer für ganz Deutschland?», hakte van Appeldorn nach. Das war eine verdammt große Nummer.

«Ja, genau. Aber hör mal, ich habe eben zusammen mit Jupp noch einmal nachgedacht. Die Geschichte mit Hetzel passt, auch das mit dem Genmais auf seinem Feld. Das sind *Monsanto*-Methoden. Aber diese Vergiftung und der brutale Mord? Nein, das ist nicht deren Handschrift. Selbst der vorgetäuschte Suizid auf den Bahnschienen nicht, auf so etwas würden die sich nicht einlassen. Warum auch? Die haben doch sowieso alle Trümpfe in der Hand. Wenn drei Leute nicht mitmachen, baut man einfach um sie herum alles zu. Und wenn man dann auch noch GVO aussät, haben die Abtrünnigen sowieso keine Chance, weil deren Pflanzen im Nu kontaminiert sind durch den Pollenflug, durch Bienen und so weiter.»

«Ich verstehe.»

«Wenn du mich fragst, sage ich: Dieser Markus Heller ist euer Mann.»

«Das denken wir auch, Piet. Wir müssen es nur noch beweisen. Vielen Dank erst mal, wir sprechen uns noch.» Van Appeldorn gab Ackermann das Handy zurück.

«Da haben wir unser Motiv!»

Bernie dachte laut nach: «Heller versucht, Schraven zu überreden, bei *Greenparc* einzusteigen, aber der hustet ihm was. Daraufhin platzt Heller irgendwann die Hutschnur, er brät seinem Schwager eins über und legt ihn auf die Gleise.»

«Ein ziemlich guter Plan», ergänzte Cox. «Wenn Schraven nicht rechtzeitig zu sich gekommen wäre, hätte wohl jeder an einen Suizid geglaubt.»

«Weil Schuster vor Faulheit stinkt», murmelte van Appeldorn, aber Bernie hörte nicht hin, sondern überlegte weiter: «Schravens Hof wäre dann an seine Schwester gefallen, und Heller hätte sicher kein Problem gehabt, seine Frau zu überreden, mit *Greenparc* ins Geschäft zu kommen, wo er doch selbst so einen guten Posten bei denen in Aussicht hatte, was sie bestimmt gefreut hätte.»

«Schraven hat angegeben, dass er sich an den Vorfall nicht erinnern konnte», sagte Penny. «Aber es kann doch sein, dass ihm alles wieder eingefallen ist, als Heller letzten Dienstag noch einmal bei ihm auf dem Hof aufgetaucht ist, und dass er gedroht hat, Heller anzuzeigen.»

«Woraufhin Heller es mit der Angst zu tun bekommt und seinem Schwager für alle Zeiten das Maul stopft», meinte Cox. «Aber es war nicht nur Angst, da muss auch eine Menge Wut im Spiel gewesen sein.»

«Na ja, sicher», bestätigte Bernie. «Vermeer hätte er niemals überreden können, das wusste er, deshalb hat er ihn aus dem Weg geräumt, und Hetzel hätte er auf Dauer bestimmt weichgeklopft. Also stand seinem großen Lebensplan und der Aussöhnung mit seiner Frau nur dieser schmutzige, sture Bauer im Weg, der nur so vor Geld stank und nichts damit anzufangen wusste.»

Schnittges und van Appeldorn saßen schon im Vernehmungszimmer, als man Heller hereinführte, Penny und Cox schauten vom Nebenraum durch die Scheibe zu, die auf der anderen Seite verspiegelt war.

«Na, ist Ihnen etwas Neues eingefallen?» Heller fläzte sich auf seinem Stuhl.

«Sagt Ihnen der Name Willem de Bruyn etwas?»

«De Bruyn, nö. Ach!» Heller schlug sich gegen die Stirn. «Dieser komische Holländer! Ja, mit dem habe ich ein paarmal gegolft. Wieso?»

«De Bruyn ist der Chef von der *Greenparc B.V.* in Nimwegen.»

«Interessant, und was soll das sein?»

«Das werden Sie wohl am besten wissen, schließlich sollten Sie Geschäftsführer des deutschen Zweiges dieses Unternehmens werden.»

«Geschäftsführer? Ich?» Heller wollte sich ausschütten vor Lachen. «Ja, irgend so einen Quatsch hat er mir ins Ohr geblasen. Und Sie glauben tatsächlich, das hätte ich ernst genommen? Sie sind ja nicht ganz gescheit, der Mann ist ein Schaumschläger.»

Bernie ging einfach hinaus, und nur ein paar Sekunden später folgte van Appeldorn.

Auf dem Flur standen Penny und Cox mit roten Gesichtern.

Schließlich waren sie wieder im Büro.

«Ihr geht einfach falsch mit dem um», sagte Cox, «irgendwie ...»

«Ach ja?»

Sie brüllten sich an, keiner setzte sich.

«Was hast du da eigentlich auf deiner Brille, Peter? Das macht mich schon die ganze Zeit verrückt», schnauzte Bernie.

Cox nahm konsterniert seine Brille ab. «Auf meiner Brille? Wo denn?»

«Da innen an der Schraube.» Jetzt war Bernie wieder leise. «Dieser Fleck lässt dein Gesicht ganz schief aussehen.»

Cox hielt sich die Brille dicht vor die Augen, aber Penny, die wusste, dass er ohne seine Sehhilfe blind wie ein Maulwurf war, nahm sie ihm aus der Hand. Dann fing sie an zu lachen.

«Dein Sugo.»

«Aber ich hatte doch alles abgewaschen ...»

Penny lächelte die anderen versöhnlich an. «Peter hat gestern Abend literweise Tomatensugo gekocht. Und irgendwann, da war's schon ziemlich spät, hat er die Temperatur hoch- statt runtergeschaltet. Und als er dann den Deckel gelüpft hat, ist ihm der Brei um die Ohren geflogen. Er war völlig eingesudelt.»

«Eingesudelt», wiederholte Bernie langsam.

Van Appeldorn und er stürzten gleichzeitig zur Tür. Bernie machte das Rennen, er war als Erster im Vernehmungszimmer. «Ich hätte gern mal Ihre Brille, Herr Heller.»

Heller saß zurückgelehnt da. «Meine Brille, klar. Und warum, wenn ich fragen darf?»

«Spuren.»

Van Appeldorn griff an Bernie vorbei und zog Heller die Brille von der Nase.

«Was fällt Ihnen ein? Ich bin mir nicht sicher, ob diese Behandlung hier mit meinen Persönlichkeitsrechten vereinbar ist.»

«Ihre Persönlichkeitsrechte gehen mir am Arsch vorbei.»

Als Bernie ihm auf den Gang hinaus folgte, sah van Appeldorn nicht mehr ganz so selbstsicher aus.

«Ich drehe doch jetzt nicht komplett am Rad, oder? Als er Schraven die Kehle durchgeschnitten hat, ist das Blut nur so gespritzt. Er hat geduscht und sicher auch seine Brille abgewaschen, aber es könnte doch sein ...»

«Himmel, Norbert, was quatschen wir hier herum?

Wir hatten doch beide denselben Gedanken. Ist Klaus noch im Labor?»

«Eben brannte noch Licht.»

Dann saßen sie alle in ihrem Büro. Und keiner sagte etwas.

Cox schob Reiters Arbeit von rechts nach links und wieder zurück, und alle beobachteten ihn dabei.

Ab und zu ging einer in den Nebenraum und warf durch das Spiegelfenster einen Blick auf Heller. Der saß einfach da, entspannt, den Hintern bis an die Stuhlkante geschoben, trommelte mit den Fingern gelangweilt auf der Tischplatte herum, kratzte sich unter den Achseln, rieb sich die Augen und blinzelte kurzsichtig.

Aber die meiste Zeit saßen sie einfach nur da. Keiner kochte Kaffee, keiner wollte Wasser.

Als dann die Tür aufging und van Gemmern hereinkam, Hellers Brille in der nach oben gereckten Faust, hielten alle vier den Atem an, aber diesmal gab es keinen Zweifel:

Van Gemmern lächelte.

Vierundzwanzig «Meine Bücher, meine Möbel und alles, was ich sonst noch so mein Eigen nenne, sind schon auf dem Weg an den Niederrhein, um erst einmal in Arends und Sofias Scheune eingelagert zu werden. Ich muss nur noch meiner Vermieterin unten im Haus den Wohnungsschlüssel zurückgeben. Ich mag diese Stadt, habe gern hier gelebt und geglaubt, es würde mir schwerfallen, von hier wegzugehen. Aber jetzt spüre ich eigentlich nur Aufregung, Vorfreude und Prickeln.

Du gehst also auch nie vor Mitternacht ins Bett. Das ist gut, denn viel früher werde ich wohl nicht da sein können.

PS: Hast du wirklich so viele Geschwister? Als kleines Mädchen habe ich mir immer Brüder und Schwestern gewünscht.

Umarmung von Marie»

Petra Hammesfahr

«Spannung bis zum bitteren Ende.» Stern

Der Puppengräber
Roman. rororo 25704

Lukkas Erbe
Roman. rororo 25705

Die Sünderin
Roman. rororo 25706

Das Geheimnis der Puppe
Roman. rororo 22884

Meineid
Roman. rororo 22941

Die Mutter
Roman. rororo 25707

Die Chefin
Roman. rororo 23132

Roberts Schwester
Roman. rororo 23156

Merkels Tochter
Roman. rororo 23225

Bélas Sünden
Roman. rororo 23168

Das letzte Opfer
Roman. rororo 25709

Mit den Augen eines Kindes
Roman. rororo 23612

Ein süßer Sommer
Roman. rororo 23625

Die Lüge
Roman. rororo 25708

Seine große Liebe
Roman. rororo 24034

Die Freundin
Roman. rororo 23022

Der Schatten
Roman. rororo 24051

Am Anfang sind sie noch Kinder
Roman. rororo 24350

Ein fast perfekter Plan
rororo 23339

Erinnerung an einen Mörder
Roman.
rororo 24805

Weitere Informationen in der Rowohlt Revue *oder unter* www.rororo.de

Roman Rausch bei rororo

«Für Krimifreunde ein Genuss.»
Bayernkurier

Die Kilian-Krimis:
Tiepolos Fehler
Kommissar Kilian ermittelt
rororo 23486
«Ein neuer Tatort oder gar ein Schimanski? Kilian braucht den Vergleich nicht zu scheuen.»
Bayerischer Rundfunk

Wolfs Brut
Ein Fall für Kommissar Kilian
rororo 23651

Die Zeit ist nahe
Kommissar Kilians dritter Fall
rororo 23837

Der Gesang der Hölle
Kommissar Kilians vierter Fall
rororo 23890

Der Bastard
Kommissar Kilian bekommt Konkurrenz. rororo 24495
Mit Blanka Stipetic

Das Mordkreuz
Kommissar Kilians sechster Fall
rororo 24763

Die Seilschaft
Kommissar Kilians siebter Fall
rororo 25332

Das Caffeehaus
Historischer Roman
rororo 24977

Die Levy-Thriller:
Und ewig seid ihr mein
rororo 24106
Profiler Levy jagt einen Serienkiller.

Weiß wie der Tod
rororo 24604
Ein selbsternannter Richter foltert seine Opfer...

Weitere Informationen in der Rowohlt Revue *oder unter* www.rororo.de

Felicitas Mayall

Kommissarin Laura Gottberg ermittelt

Nacht der Stachelschweine
Laura Gottbergs erster Fall.
Während deutsche Urlauber in einem italienischen Kloster Ruhe suchen, wird die junge Carolin in einem nahen Waldstück tot aufgefunden. rororo 23615

Wie Krähen im Nebel
Laura Gottbergs zweiter Fall.
Eine Leiche im Zug aus Rom und ein Bewusstloser auf den Gleisen des Münchener Hauptbahnhofs. Hängen die beiden Fälle zusammen? rororo 23845

Die Löwin aus Cinque Terre
Laura Gottbergs dritter Fall.
Das italienische Aupair-Mädchen ist tot. Laura muss in ein kleines Dorf in Cinque Terre, wo die Frauen der Familie ein dunkles Geheimnis hüten. rororo 24044

Wolfstod
Laura Gottbergs vierter Fall.
Ein deutscher Schriftsteller wird in seiner Villa bei Siena leblos aufgefunden. rororo 24440

Hundszeiten
Laura Gottbergs fünfter Fall.
In München machen Jugendliche nachts Jagd auf Obdachlose. rororo 24623

Die Stunde der Zikaden
Laura Gottbergs sechster Fall.
Ihr erster gemeinsamer Urlaub hat ein Ende, als Laura und Angelo beim Baden mit einer Leiche zusammenstoßen.

rororo 24808

Weitere Informationen in der Rowohlt Revue *oder unter* www.rororo.de

Das für dieses Buch verwendete FSC®-zertifizierte Papier
Lux Cream liefert Stora Enso, Finnland.